广州市中学德育研究会
广州教育学会中学德育专业委员会

启德新钥

——广州市中学德育研究会成立二十六周年获奖论文集

孟源北　主编

廣東省出版集團
广东人民出版社
·广州·

图书在版编目（CIP）数据

启德新钥：广州市中学德育研究会成立二十六周年论文集
/孟源北主编. —广州：广东人民出版社，2012.11
ISBN 978-7-218-08364-3

Ⅰ.①启… Ⅱ.①孟… Ⅲ.①中学－德育工作－广州市－文集
Ⅳ.①G631-53

中国版本图书馆CIP数据核字(2012)第268921号

Qi De Xin Yue
启德新钥——广州市中学德育研究会成立二十六周年论文集
孟源北　主编

出 版 人：曾　莹

责任编辑：曾　之
封面设计：霍海鹏

出版发行：广东人民出版社
地　　址：广州市大沙头四马路10号（邮政编码：510102）
电　　话：（020）83798714（总编室）
传　　真：（020）83780199
网　　址：http://www.gdpph.com
印　　刷：广东东莞市翔盈印务有限公司
书　　号：ISBN 978-7-218-08364-3
开　　本：889mm × 1194mm　1/32
印　　张：9.5　　插　页：24　　字　　数：300千
版　　次：2012年11月第1版　2012年11月第1次印刷
定　　价：38.00 元

如发现印装质量问题，影响阅读，请与编辑部（020-38486113）联系调换。
售书热线：（020）38486139　邮购：（020）38486139

启德新钥

寻找创新德育工作的金钥匙

广州市教育局副局长 孟源北

自2011年4月广州市教育工作会议以来，广州市教育系统贯彻落实国家和省、市“中长期教育改革和发展规划纲要”的相关精神，以科学发展观为指导，坚持育人为本，德育为先，把立德树人作为教育的根本任务，畅通育人渠道，创新工作机制，把握教育契机，凸显活动特色，服务学生成长，未成年人思想道德建设成果丰硕，为广州市成为全国文明城市作出了重大贡献。在这一过程中，全市教育工作者准确把握德育工作的新机遇和新要求，创造和积累了许多好经验、好做法。这些鲜活的经验是推动德育工作更大发展的宝贵财富。

过去一年，广州教育学会中学德育专委会勤勉执着、开拓创新，取得了较好的成效。作为群众性德育研究团体，中学德育专委会成立26年来，不断推出德育研究成果集。现在，他们又推出《启德新钥》。这本成果集总结提炼了中学德育专委会过去一年的经验和做法，是德育一线实践智慧的结晶。翻开这本成果集，我们能够窥斑见豹，理解广州市中学德育理念、方法和成就，了解中学德育队伍的专业化成长足迹。

这本成果集，反映了广州市中学德育工作者对于“育人为本、德育为先”的理性思考。这种思考坚持“以学生的发展为本”的价值取向，发扬广州市学校德育的优良传统，谋划和推动广州中学德育的规范管理，促进中学德育科学发展和素质教育的全面实施。作为一线德育工作者，理论研究不是他们的强项，但他们努力学习、善于学习，以现实工作为参照来思考中学德育的理论问题。对于校本德育课程开发、德育特色打造、学生德育实践活动、学校德育品牌形成和维护等问题，他们没有将思考停留在理念上，而是积极、认真地寻找理论和实践的沟通和联系，为教育实践提供比较便捷的行动指南。虽然这些成果在理论的构建、理论的深度等方面，还有许多需要改进之处，在行文方面也有不少粗疏和漏洞，但呼应了“育人为本、德育为先”的主题，代表了对学校德育创新发展和德育队伍专业发展的不断尝试和探索。

这本成果集，还真实记录了广州市中学德育工作者贯彻落实“育人为本、德育为先”的实践探索。收录的成果以操作较强的经验和案例分析为主，凸显出中学德育校本行动研究的特点。浏览成果集目录，就可以发现，大家研究的问题，是自己的工作范围内、适合自己研究的问题，有利于本职工作与科研工作的结合。广大德育工作者边实践边研究，边研究边实践，在实践与研究的相互促进中，不断深化，学校德育和管理取得了积极的实效。更重要的是，这些问题是大家工作中有兴趣、有决心要解决的问题。他们根据未成年人思想道德建设创新发展的需要，同学校的整体发展和中心工作紧密结合，了解现状、找准问题、分析原因、提出解决问题的思路和建议。由于不是奉命选题或立题，收录的几十篇文章选题有大有小，程度有深有浅，质量有高有低，都围绕“育人为本、德育为先”这一主题，体现出不同的个性和风格。

目前，我市正全面贯彻落实国家和省、市“中长期教育改革发展规划纲要”，争取率先实现教育现代化，教育改革和发展呈现良好发展态势。在这一背景下，广州教育学会中学德育专委会推出这本成果集，值得广大德育工作者学习和借鉴。正如书名《启德新钥》，这本成果集是大家在中学德育实务工作中找到的金钥匙。这些成果展现了德育在中小学素质教育中的核心引领作用，总结了广州市中学德育工作创新发展、科学发展的一些经验。在学习和借鉴这些经验的时候，要把促进学生健康成长作为工作的出发点和落脚点，增强学生的创新精神、实践能力和社会责任感，提升适应未来社会变化的能力；要与时俱进，观念更新，方法科学，过程规范，确保德育工作持续不断地处于学校教育的核心；要用科研引领德育工作创新发展，以理论研究与实践探索的结合为切入点，立足校本实际，立足德育难题的有效解决。

希望广州教育学会中学德育专委会能不断总结、提炼优秀经验和做法，找到属于自己又得心应手的“金钥匙”，担负起促进德育创新发展的历史重任，推动广州德育工作迈上新台阶。

目录

图片展示

德育科研

获奖论文

广州市中学德育研究会成立二十六周年

图片展示

践行科学发展观，加强和改进未成年人思想道德建设

2011年，广州市中学德育研究会继续坚持严谨深入的工作态度和工作作风，坚持践行胡锦涛总书记倡导的科学发展观，组织和协调全市各区中学德育骨干大力开展创新德育的研究和实践，开展社会主义核心价值体系的渗透教育，开展加强和改进未成年人思想道德建设的操作方略研究，取得了明显的效果。举行了学会25届年会，对年会获奖论文进行了表彰，在市教科所支持下花大力气出版了年度论文集《践德新履》，组织了海珠实验中学和从化市从化中学的德育工作现场会，组织了到增城市荔城三中的德育调研交流活动，组织了全体常务理事参加的赴宜昌三峡高中的德育考察专项活动，工作得到广大同行的好评和市教育局的充分肯定。

2012年7月26日

省、市教育系统德育工作领导李小鲁（前排右三）、潘煦杭（前排右四）等出席第25届年会，并在前排就座

出席广州市第25届德育年会的省、市教育系统德育工作领导李小鲁（左四）、潘煦杭（右四）等合影留念

从化中学副校长李跃建发言

原国家督学、广州市教育学会会长姚继业讲话

市教育局丘毅清处长讲话

研究会会长陆小林等领导参加了会议

教科所熊少严所长发言

广州市德育研究会秘书长吴秀英主持广州市第25届德育年会

研究会老会长冯志伟在广州市第25届年会上聆听荔湾德育工作经验

越秀区教育局德体卫艺科林家乐科长发言

越秀区教育局党委副书记、纪委书记何少兴（右）为德育研究会理事颁发聘书

越秀区教育局党委副书记、纪委书记何少兴为《践德新履》论文获奖者颁奖

2012年6月，广州市中学德育研究会领导到湖北宜昌三峡高中考察与交流

广州市第五中学开展书香校园活动成效显著

荔湾区每年一届的中小学生经典美文诵读比赛精彩纷呈

广州市第五中学师生共同表演经典美文诵读《屈子恨 家国情》，节目获广州市第三届中小学生诵读中华经典美文表演大赛决赛一等奖，并在广州市第七届中小学生读书节启动仪式上展演

广州市第五中学积极开展家校教育合力的课题研究，定期召开家长学校工作研讨会，充分听取家长的建议

荔湾区德育干部在西柏坡革命根据地重温入党誓词

黄埔区副区长冼银崧，关工委主任马永志、副主任伍锦媚参加六一儿童节活动

广州市第五中学经常开展生动活泼、形式多样的“家长进课堂”活动，收效良好

黄埔区区委书记、区人大主任陈小钢十分重视教育工作，亲临校园体育活动现场

黄埔区职业技术学校学生参加首届岭南民俗文化节的表演

2011年，花都区未成年人思想道德建设现场交流会

2012年，花都区邝维煜纪念中学通过广东省德育示范学校的评估（邝中全体行政与广东省德育示范学校评估专家合影）

第一届德育论坛

增城市实验中学综合素质训练营开营仪式

白云区成立中小学德育研究与指导中心

广园小学承办创文明迎亚运宣传周启动仪式

广州大学附属中学

广州大学附属中学校长　邓云洲

以生为本，与时俱进

广州大学附属中学是一所从部队怀抱诞生的学校，罗荣桓元帅夫人林月琴任首任校长。学校数迁校址，十易其名，60余载风雨历程，现在的广大附中已成为具实验性和先进性的“国家的示范性普通高中”。

学校有博士研究生学历的教师占专任教师的88%。该校坚持“以生为本，与时俱进”的现代教育理念，创办了奥数班、国防生班、国际班等特色班级，教育教学彰显出优、新、高三大特色。毕业班工作连续20年荣获市特等奖或一等奖。2012年高考重本率为41.3%，本科率为98%，中考名列市公办学校第一名。

南方日报社和该校共同主办的“与青少年畅谈道德与责任”论坛在该校大学城校区举行。邓云洲校长致开幕词

拓展学生思维空间的广州大学附属中学“博士讲坛”启动仪式（邓云洲校长在致词）

领导们在礼炮声中揭牌（左起邓云洲校长、省军区何晓庚大校、广州大学庾建设校长 广州军区张穗云大校、省教育厅胡振敏部长、市教育局屈哨兵局长）

以“感恩的心”为主题的毕业典礼

广州市第三届历史话剧汇演在该校举行，市教育局江东副局长、教研室黄宪主任莅临观看

品牌德育活动之环城行军拉练

学生干部的加油站——学生干部冬、夏令营

歌舞飞扬的校园文化艺术节

品牌德育活动之释放、提升、超越——高考加油站

最后一节德育课——毕业典礼

从化市从化中学

传承孔子文化，培育现代君子

从化市从化中学校长 邱榕基

从化中学，前身是明代从化学宫，建于1495年（中学建制时间为1926年），是从化市基础教育的"窗口"学校、广东省一级学校、广东省国家级示范性普通高中、广东省普通高中教学水平优秀学校。学校先后荣获"广东省绿色学校"、"广东省安全文明校园"、"广州市先进集体"等多项荣誉，连续15年荣获"广州市普通高中毕业班工作一等奖"。

学校注重传承优秀的办学传统与开创现代教育相结合，确立"以人为本，和谐发展"的办学理念，形成了"依本、质疑、合作、共进"的教学理念，以"打历史品牌，建现代名校"为办学目标，以"传承孔子文化 培育现代君子"为办学特色。学校文化底蕴深厚，有保存完整的明代孔圣殿和民俗博物馆。学校学生社团活动丰富，校风、学风淳朴，近三年参加学科奥赛有15人获国家级奖项、26人获省级奖项，获广州市级奖项超100人。高考成绩突出，高考上重点分数线的比例约25%，上本科线的比例近70%，多名学生考上北京大学、清华大学、复旦大学等著名学府。

美国纽约州罗马市市长一行访问从化中学

法制副校长在校进行法制教育

魏书生为该校办学特色题词

从化中学纪念孔子诞辰2557年仪式

学校首届传统武术大赛表演

学校校园内保存完整的明代从化学宫大成殿（孔圣殿）

2011年,广州市中学德育专业委员会年会在该校举行

美国纽约州罗马市市长与从化中学学生合影留念

从化中学榕园广场

从化中学新大门“树门”，寓意“十年树木，百年树人”

从化中学榕园全貌

广州市第十三中学

广州市第十三中学校长 陈支南

激励教育，自主发展

广州市第十三中学始于1902年的教忠学堂。百年砥砺造就可持续辉煌。学校以“继承、和谐、创新”的办学理念为引领，先后被评为广东省首批绿色学校、广东省一级学校、省普通高中教学水平优秀学校、省现代教育技术实验学校、省健康教育促进学校金牌学校。

十三中秉承“志、勤、严、责”的校训，倡导“激励教育、自主发展”，以德育心，文化育人，构建起“三全”德育管理模式，使学生全面、自主发展。学生志愿服务活动是十三中德育创新的亮点，该成果曾被评为2011年广州市优秀志愿服务项目及越秀区德育创新成果一等奖，数十次的社会媒体报道为学校赢得美誉。

十三中人凝心聚力，锐意创新，为把十三中办成一所环境优雅、校风淳正、师资优异、质量过硬，有着鲜明育人特色和先进教育发展模式的南粤一流优质品牌学校而迈步奋进！

爱心赠书

2012百日誓师初三留影

2012校友助学教学金发放仪式

军训汇操

元宵节爱心义卖

义工队在西关小屋服务

义工队活动

从化市第四中学

从化市第四中学校长　罗世聪

尊重个性，包容多元
优化提升，协同发展

从化市第四中学创办于1972年，是一所市直属完全中学。学校以“多元、包容、优化、提升”作引领，围绕“人人都是德育工作者”这个大德育观，提出了“尊重个性，包容多元，优化提升，协同发展”的德育理念，以艺术教育为突破口，形成了“崇艺厚德，以艺育德，立美育人”的德育特色。近三年来，在教育教学上取得了令人瞩目的成绩：国家级成果5项，广东省级成果9项，广州市级成果43项，从化市级成果111项；在学科竞赛和各类比赛中，学生获个人奖项共546人次。学校先后被授予广东省无吸烟学校，广州市首批德育示范学校，广州市普通高中教学水平优秀学校，广州市、从化市社会治安综合治理先进集体，从化市精神文明建设先进单位，从化市创建和谐校园先进单位，从化市优秀家长学校，高考连续受广州市、从化市的表彰奖励，中考综合评价从2009年到2011年连续三年跃居同类学校第一，获从化市初中毕业班综合质量一等奖。

第二届班主任技能大赛

学校邀请华南师范大学心理学研究会到校开展“健康之路，从心做起”为主题的心理专场活动

骨干班主任参加广东省中小学德育工作论坛

学校德育处与政治科组携手共同开展主题为“走法治之路，谱和谐之曲”的“少年包青天”法制话剧比赛

学校志愿者服务队到流溪小学探望智障儿童

2009年，学生参加“清廉薪火从化行”辩论比赛第二名

2010年10月，该校学生参加“读经典 诵中华 做好人”从化市第二届中小学生诵读中华经典美文表演大赛决赛

从化市首届经典美文诵读“诵伟人诗篇 扬中华气节”

从化市第三届经典美文诵读“有一种思念叫雨”

学校组建了文学社、英语沙龙、体育协会、艺术协会、青年志愿者协会、心灵氧吧、电脑制作等十九个学生社团组织，参加人数近1000人。学生社团会员实行等级认证制：分为A、B、C三个等级（A级为最高级）

从化市第六中学

从化市第六中学校长、党支部书记　戚锦明

让自信照亮心路历程，让成功燃烧青春激情

创办于1996年的从化市第六中学坐落在风景秀丽的流溪河畔，是全寄宿完全中学、国家级示范性普通高中。

学校认真践行“文化引领，活动育人”德育理念，以“育之至和、学之长能”办学理念为统领，以“自主德育”（自我教育、自我管理、自我完善）为主要模式，让学生教育学生、学生管理学生，充分尊重学生、信任学生，使他们学会为人处世，培养服务意识，提高管理能力，提升思想境界，逐步达到人格自尊、行为自律、学习自觉、生活自理、理想自立的目的。学校的德育实践课程大多由学生自主开展，教师只做辅导。

德育工作在学校的高度重视下实效性显著提升，2008学年来，获得“广东省安全文明校园”、“广州市心理健康教育示范学校”、“广州市优秀家长学校”、“广州市‘清廉薪火行’活动先进单位”等荣誉。

我校舞蹈《芭莎邦哟生》获广州市舞蹈比赛一等奖

学校合唱队参加中国第五届童声合唱节获金奖

经典美文诵读大赛获从化市一等奖、广州市总决赛三等奖

奋飞塑像

舞蹈《我家门前过大军》获广州市艺术团比赛一等奖

学校合唱队参加中国第十一届国际合唱节获铜奖

勤劳、细心的值周生

腼腆的同学被推出来主持班会

志愿者到敬老院服务

优秀志愿者与赵广军先生合影

历届校园才艺PK大赛由学生组织并当评委

“亲子教育”家校互动，共托明天的太阳

从化市吕田中学

从化市吕田中学校长　曾汝光

传承革命精神，彰显德育特色

从化市吕田中学位于从化最北部山区，始建于1958年，是一所有着优秀革命传统的公办初级中学。

学校坚持“以人为本、科学发展，以德立校，全面育人”的办学理念，秉承“明德尚志，忠信勤朴”的吕中精神，践行“全员德育，全程德育”的德育理念，强化学校内部管理，以“红色教育”为特色，充分挖掘老区德育资源，以“叙事育德”理念引领德育工作，善用激励教育，注重学生的自主管理，培养学生的责任意识和良好的行为习惯。

学校是“广州市一级学校”，首批“广州市德育示范校”，“从化市特色学校示范校”，教育教学质量一直位居从化市同类学校前列，享有较高的社会声誉。在各级党委、政府和教育局对革命老区学校的关心和支持下，学校的软硬件设施都得到很大改善，相信不久，将成为广州北部山区学校的一颗璀璨明珠。

重走革命路活动

关工委巢福能老师在革命烈士纪念碑前给学生讲述革命烈士的故事

学校党支部和团委一起举行保护流溪河活动

广州市团校老师暑期到学校进行学生干部培训

广州市教育局局长屈哨兵（在从化市教育局局长罗树仁）陪同下到学校指导工作

教师合唱团参加从化市级比赛

学生干部参观吕田革命根据地展览室

第三届经典美文

从化市城郊中学

从化市城郊中学校长　邹志光

自强、严谨、开拓、创新

从化市城郊中学创建于2000年，其前身为横江中学。2004年6月，学校晋升为从化市一级学校。

学校的办学理念是：致力于人文关怀，满足师生可持续发展的需要。学校坚持“以人为本、以德治校”的办学思想，努力营造温馨、和谐的育人环境，规范教育管理，深化教育改革，推进教育创新，提升教学质量。在年级管理上实施级长负责制，学校各项管理日趋完善，逐渐形成“团结—文明—求实—勤奋”的良好校风，呈现“稳定—和谐—发展”的良好局面。

近年来，学校教育教学质量稳步提高，2008年，荣获广州市中小学大课间体育活动评比一等奖。2007—2011年，学校连续五年荣获从化市初中毕业班工作质量优良单位一等奖，受到社会各界人士的一致好评。

德育工作研讨会

教学管理研讨会

名家书画进校园活动

国旗护卫队事迹报告会

上级视察

领导关怀

“文明出行”主题实践活动

漫画比赛

文艺汇演

知识竞赛

师生同乐

课间操

广州市中学德育研究会成立二十六周年

德育科研

广州大学附属中学承担的中小学德育科研课题《提高中学家长学校教育实效性的对策研究》达到预期研究目标，准予结题。
结题结论：优秀
课题编号：GDZXXDY0902
课题负责人：邓云洲
主要参加人：林朝霞　黄翠婉　胡 静　侯德清
林朝霞评为“广东省中小学德育科研课题研究先进个人”
发证机关：广东省教育厅思想政治教育处
广东省中小学德育研究与指导中心

把脉家长学校存在问题，探究办好家长学校对策

——“提高中学家长学校教育实效性的对策研究”结题报告

广州大学附属中学　林朝霞

广州大学附属中学（以下简称广大附中）是一所具有示范性和先进性的“国家级示范性普通高中”，是广东省首批省一级学校和广州市市属重点学校。学校坚持“以生为本，与时俱进”的现代教育理念，在办学目标上突出优（教学质量优、校风优）、新（办学理念新）、高（品位高）三大特色。学校在教育科研、学科竞赛、体育和艺术教育等方面均居广州市先进行列。学校实行专家治校，校长邓云洲是广东省著名的教育专家，广州大学教育学院硕士生导师，广东省教育学专业委员会秘书长。广州大学附属中学家长学校的校长、副校长分别由学校校长、副校长兼任，他们的职责分别是负责制定学校办学宗旨和方针政策及负责制定工作计划及有关制度。德育处、教务处等部门承担相应的管理责任。六位级长、优秀家长代表、北京四中网校的专家等承担家长学校的授课任务。

教学实施主要以年级为单位，以专题培训为主，学习材料辅导。家长学校每学期分年级各举办两三次不同主题的活动。每次授课后，都安排班主任及任课教师与家长们见面，相互交流教育孩子

的信息，使学校教育和家庭教育同步。同时，学校可以了解到家长需要提高哪些方面的家庭教育知识。家长学校每年都成立新一届学校家长委员会和年级家长委员会成员，各年级中每个班推荐两名家长参加年级家长委员会，再由每个年级推荐两名家长参加学校家长委员会。家长委员会定期研究当前家庭教育、学校教育、社会教育的动态，商讨如何办好本届家长学校，密切联系本校、本班的家长，及时反馈家庭教育的信息，收集并反映家长对学校工作的意见和建议。

2008年，广大附中家长学校被评为广州市市属中学中唯一一所示范性家长学校。2010年，我校作为项目学校参加了广州市妇女联合会儿童部牵头的家长学校特色项目，该项目实施以来，项目领导小组在有关理论的指导下，按计划实施研究，做到领导到位，人员落实，经费有保障。我校家长学校从探究家长学校存在的主要问题入手，在探究提高中学家长学校教育实效性的对策等方面得出了不少可供借鉴和推广的经验。

一、选题背景及意义

（一）研究背景

学校教育、家庭教育、社会教育是现代教育的三个方面，家庭教育是学校教育和社会教育的起点和基础，家长自身的素质直接关系到下一代的身心成长。家长学校作为连结学校教育和社会教育的基础和纽带，发挥着越来越重要的作用。国家对家长学校的工作十分重视，以法规的形式写进了《中国儿童发展纲要（2001—2010）》：提高家庭教育水平，建立多元化的家长学校办学体制，增加各类家长学校的数量；提高儿童家长家庭教育的知晓率。《全国家庭工作规划》提出：“家长学校是普及家庭教育知识的有效渠道，是学校开展家长工作的较好形式，也是学校与家长沟通的最好途径。”

办好家长学校，提高家长的整体素质和合作能力，让家庭教育与学校教育同步，实行学校、家庭、社会教育一体化，是培养新世纪合格人才的重要工作。近年来，在贯彻落实《中共中央国务院关于进一步加强和改进未成人思想道德建设的若干意见》的过程中，各级党政、妇联、教育、关心下一代工作委员会等部门各尽其责，为家庭教育和家长学校发展做了大量积极推进工作，家长学校像雨后春笋般迅速在全国各地遍地开花。但是，家长学校实际工作效果并不尽人意，许多家长学校只是个空牌子，并没有开展实效性的工作，家长学校未能发挥其应有的功能和作用。

（二）选题意义

由于当前社会多数用人单位仍以学历为衡量标准，家长期望过高而引起的学生心理负担过重的情况与日俱增。为此，在呼吁社会提升教育理念的同时，我们更应向家长进行心理保健教育，有目的、有计划、联系实际地向家长传授并与他们一起研究科学的教育理念和方法，探索最佳的教育途径；提升父母自身的素质，树立正确的教子理念，培养现代的民主平等精神，学习现代家庭教育的双向互动的运作特点，把握沟通和指导的种种技巧和方法。所以举办家长学校是现代社会迫切的呼唤，是提高家庭教育质量的必由之路。但目前对家长学校认识到位的依然是少数，很多家长学校的建设出现了偏差。关于家长学校的实效性、管理模式、教育质量、社会效益等方面的问题，已成为社会教育研究中面临的重要研究课题。

对家长学校存在的问题进行研究，有助于从认识上提高人们对家长在教育体系中的地位和作用，有助于深化人们对新形势下家长学校形态与发展方向的认识，并可为解决相关的问题提供某种参考。

二、研究思路及方法

（一）研究思路

本研究选取了具有代表性的广大附中家长学校进行了个案研究，通过对家长学校负责人、教师、家长以及学生的问卷调查和访谈，比较全面地了解目前家长学校工作中所存在的问题，然后进一步对其成因进行分析，并在此基础上提出改进的策略。

（二）研究方法

文献法：通过文献研究，了解国内外家长学校研究的现状，从而为该研究提供研究方法。

问卷调查法：通过对广大附中的家长、教师、学生进行问卷调查，进一步阐述该类研究已经发现的问题以及本探究新发现的问题。问卷以客观题和开放题两种形式进行编制。问卷最后的开放性问题征询家长对教学内容、教师、管理者等的要求及建议，希望为笔者建构办好家长学校的对策提供依据。

访谈法：通过对广大附中的教师、管理者、学生家长、学生进行深度访谈，掌握第一手材料，挖掘问题的实质。

三、研究的理论依据

（一）国内有关家长学校的相关政策

1992年政府颁布的《90年代中国儿童发展规划纲要》规定要"发展社区教育"并要求：在城市以社区为依托，举办新婚夫妇学校、孕妇学校和婴幼儿、小学生、中学生的家长学校，向不同年龄阶段儿童的家长提供较全面的家庭教育知识的方法；在农村，通过广播父母学校与县、乡、村的家长学校、家庭教育辅导站、辅导员相结合的方式，推广正确的保育、教育方法。

1994年8月发布的《中共中央关于加强和改进学校德育工作的若干意见》中第15条明确提出：要通过家长委员会、家长学校、家长接待日等形式，同学生家长建立联系，大力普及家庭教育知识，吸收家长参与德育过程。建立校外教育网点，使学校德育向校外延伸。

在《全国家庭教育工作"九五"计划》中明确规定：各级教育行政部门负责指导中小学、幼儿园开展家庭教育工作，举办家长学校。并充分肯定了家长学校是普及家庭教育知识的有效途径，是中学、小学、幼儿园开展家长工作的较好形式，是学校、家庭、社会教育相结合的重要途径。国家对家长学校的工作十分重视，以法规的形式写进了《中国儿童发展纲要（2001—2010）》：提高家庭教育水平，建立多元化的家长学校办学体制，增加各类家长学校的数量；提高儿童家长家庭教育的知晓率；要让家长学校工作做得更加扎实，走向科学化、制度化、流程化的轨道，充满发展的活力。

2004年在全国妇联、教育部颁布的《全国家长学校工作指导意见》中提出：家长学校在普及家庭教育知识，促进学校、家庭、社会三结合教育中发挥着重要作用。其中还对家长学校的性质和任务、家长学校的指导与管理、家长学校的组织与领导、家长学校的检查与评估提出了具体要求。2004年4月，在《中共中央办公厅关于适应新形势进一步加强和改进中小学德育工作的意见》中提出要切实加强和改善对家庭教育的指导和管理。各级党委和政府要关心支持家庭教育，各级教育行政部门要承担组织和指导家庭教育的责任。

（二）相关家庭教育理论

家庭教育对人一生的发展起着特别重要的作用。身心的发展。个性的塑造。品质的培养。潜能的开发。对于我们每一个人来说。都是在家庭打下基础的。研究表明。一个人的人格。在孩子6 岁前就已基本形成。我国也有古谚："染于苍则苍，染于黄则黄。"家庭是儿童生命的摇篮，是人生的第一个课堂，家长是儿童的第一任教师，所以良好的家庭教育对于儿童的一生起着至关重要的作用。古今中外对家庭教育所作的论著可谓不胜枚举。1633年，夸美纽斯在其《母育学校指南》中就专门论述了学前儿童的家庭教育问题，德国教育家洛克的《家庭漫话》、亚米契斯的《爱的教育》、我国古代颜之推的《颜氏家训》、赵忠心的《家庭教育学》等等，都显示家庭教育历来广受关注。特别是现代，家庭教育作为一门独立的学科，进入理论化、系统化研究阶段。例如：陶行知用他的"生活即教育"的教育观指导家庭教育。不仅可以教育子女。还可以教育家长。提升家长的素质。并指出想过什么样的生活。就要接受着什么样的教育。要子女接受好的教育。那么家长就必须营造好的家庭生活。比如健康的、文明的、和谐的、具有创造意味的生活。纵观各家庭教育论著，可以看出：家长需要具备较高的家庭教育素养和科学的教育方法，才能教育儿童健康成长，良好的家庭教育是培养高素质人才的必备条件。

家庭教育是一种终身教育，是学校教育与社会教育的基础。前苏联著名教育家苏霍姆林斯基说过，社会教育是从家庭教育开始的。家庭好比植物的根苗，根苗茁壮才能枝繁叶茂，开花结果。他曾把儿童比作一块大理石，他说把这块大理石塑造成一座雕像需要六位雕塑家：（1）家庭；（2）学校；（3）儿童所在的集体；（4）儿童本人；（5）书籍；（6）偶然出现的因素。从排列顺序上看，家庭被列在首位，可以看出家庭在塑造儿童的过程中起到很重要的作用。家长是家庭教育的执行者和参与者，他们的家庭教育理念、行为直接决定家庭教育的现状。苏霍姆林斯基还说过："只有学校教育而无家庭教育，或只有家庭教育而无学校教育，都不能完成培养人这一极其细致、复杂的任务。最完备的教育是学校与家庭的结合。”苏霍姆林斯基朴素的语言告诫我们，学校要搞好教育，离不开家长的密切合作。为了使家庭教育与学校教育并行、协作、互补并形成合力，学校和家长到底应该怎么做？家长学校的设立正好可以解决这一难题。

四、家长学校存在的问题及原因

办好家长学校对提高父母教育素质和促进孩子健康成长，对促进家庭教育和家校教育发展，对破解家庭教育低效难题和形成学校、社会、家庭“三结合”教育网络具有重要的理论和实践意义。但是，家长学校实际工作效果并不如人意，很多家长学校的建设形同虚设，并没有开展实效性的工作，家长学校未能发挥其功能和作用。笔者选择广州大学附属中学为案例，以实地调查为基础，通过对相关文献的分析及对家长、教师、学生、学校管理人员的访谈及问卷调查，发现家长学校存在的主要问题集中在规章制度不健全；办学经费不足；缺乏系统教学计划和课程体系；教材缺乏指导性和实用性；师资队伍参差不齐；教学活动形式单一等方面。产生这些问题的主要原因有：一、社会对家长学校关注不足，导致家长学校作用被忽视；二、家长忙于生计，影响家长对家长学校的重视；三、学校压力重，对家长学校投入不足；四、理论和实践研究不足，办学缺乏指导性。

五、办好家长学校的对策

在分析原因的基础上，并借鉴国内外的相关经验，我们建议办好家长学校的对策是：

（一）形成共识，引导家长转变教育观念

家庭就是一所学校，家长就是孩子最亲密的老师，良好的家庭教育完全可以弥补学校教育的某些不足。广大附中家长学校培训有意识地指导家长形成“儿童发展为本、促进家庭幸福”和“育德为先、和谐发展”，以及“民主交流”、“互动成长”的现代家庭教

育理念。

（二）明确目标，强化家长学校理论和实践研究

作为校方，非常希望家长们都来参加培训，以便让家长们更好地配合学校教育，但现在家长学校的有效运转确实存在着一定的困难。如有些家长认为培训内容主要是理论上的，而实际中每个家庭有不同的情况，需要采取不同的做法；有些方法在一些家庭教育的应用中取得了很好的成效，可未必会在其他家庭取得同样的效果；又如有些内容是可学亦可不学的，而有些内容则是成功培养一名孩子成长的关键。因此，广大附中根据家长的特点及家长学校的教学目标，设置家长学校科学的培训内容和形式。

讲座主题	主讲内容	主题分类
如何营造良好的家庭学习环境	有效的亲子沟通，成长型家庭教育环境的营造	亲子沟通，心理调适类主题
你的心思我能懂	与青春期孩子的对话	
让期望成为孩子成长的魔法	家庭教育中适度期望，常识教育的适度运用	
解析“高考家长综合症”	指导家长采用科学的方法调节情绪，减轻压力	备考策略，方法类主题
唠叨不是沟通，责备不是教育	指导家长如何正确看待孩子的分数	

第一，专题培训和一般培训相结合。如：

第二，理论知识学习和实践经验交流相结合。家长学校的授课对象是已为人父母的成年人，因此他们各自都或多或少有着教育孩子的经验，可以让他们各自在课堂上把成功的家庭教育经验作为经验交流讲述给大家听，也可以让他们把在教育孩子过程遇到的困难作为案例提出来让大家出谋划策。但家长们很难把自已的实践经验上升到理论高度，所以在进行实践经验交流的同时应聘请专家学者到家长学校上课。但他们在讲课过程中必须能深入浅出，把专业的理论知识用通俗的语言传授给家长们，或者能现场结合家长们的实践帮助他们分析现象背后所蕴含的心理健康教育理论。

第三，分层次培训和全面培训相结合。家长的文化水平参差不齐，尤其是现在隔代教育的情况较普遍，因此在培训的时候应根据不同身份的家长分别开课。这里指的不同身份是指与孩子的亲缘关系不同。可以根据家长们与孩子的亲缘关系分别进行指导；同时，也可以针对所有家长共同面临的问题对他们进行全面的培训。

第四，短期培训和长期培训相结合。家长不像学生们那样有充分的学习时间，特别是那些没有稳定工作或是工作特别繁忙的家长。所以学校可以根据需要在开展长期培训的同时，为特殊的家长提供系统的短期培训。这样可以满足从事不同工作的家长的需求，让所有的家长都有机会接受学习。

第五，强制教育和自愿教育相结合。我们经常强调父母是孩子的第一任教师，但这一神圣的第一任教师队伍竟多为“师盲”，即很多人缺少科学的教育方法，家长学校的培训课程不屑一顾。所以要开设一些必修课强制但很多家长对家长们学习，并进行相关的考核。

（三）健全组织，确保家长学校领导与监管力度

为保证家长学校的开展有明确的管理网络与指导体系，一般由所在学校校长任家长学校校长，学校分管德育的副校长任家长学校副校长，由学校德育处、团委相关负责人、家长委员会及各级组负责具体工作。家长委员会应分层次成立，首先，应由每班推荐2至3名关心学校工作、有一定知识水平、教子有方的家长组成年级的家长委员会，再由年级推荐2至3名具有代表性的家长担任学校家长委员会成员，参与家长学校一些重要事务的决策和管理。

仅仅建立相关组织还不能保证家长学校工作顺利进行，也不能保证这些组织能够良好地运作，因此，还应重视组织的自身建设。例如，工作人员必须配备到位。除校长室和德育处人员相对比较固定外，各级组和家长委员会属于相对松散的组织，人员变动较为频繁，特别是家长委员会中的成员，往往随着自己子女的毕业而自行退出该组织。为此，要及时调整家长委员会成员，并对新上任的成员进行必要的岗前培训。

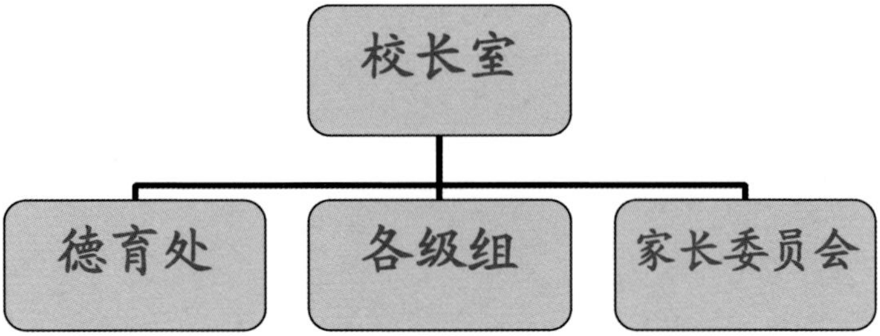

家长学校组织结构图

（四）建章立制，优化家长学校制度和管理机制

为了使家长更有效地协助学校做教育工作，巩固延伸学校教育，帮助学生更好地解决学习、生活、心理等方面出现的问题，促进学生综合素质的全面提高，帮助家长深入了解学校各项工作，提高家长学校办学水平，推动家庭教育与学校教育的有机结合，应制定具有学校特点的家长学校章程，对家长学校的宗旨、原则、内容、方法等各项重要问题作具体、明确、严格的规定。如通过制定《家长学校例会及计划、总结制度》来保证家长学校工作有计划、有总结，并能及时解决遇到的问题，及时对一些重大事务做决策；制定《家长学校教学管理制度》来约束、规范教师的教学，避免教学的随意性；制定《家长学校工作家长评价制度》来及时反馈家长对家长学校的意见，对好的做法继续发扬，不足的地方及时调整，进一步保证家长学校的教学效果，并为教师提供了解学员想法的渠道，有利于促进家长学校进一步发展；制定《家长学校学员学习制度》来约束家长参加家长学校学习，给教育创造机会等。除了各项制约机制，还应制定相应的评估奖励制度，如《家长学校专兼职教师评比奖励制度》、《家长学校学员考核奖励制度》等，通过《家长学校开放日制度》、《家长学校家校联系制度》来增强家长、教师双方的沟通。

（五）分工合作，提升家长学校办学和教学水平

家长学校的教师是完成家长学校办学目标的主体，主要由四部分人员构成：一是学校内部志愿从事家长学校教师工作而又具有相应能力的管理者和教师；二是相关方面的专家；三是教育行政官员；四是部分优秀家长。这四部分人员由于自身工作特点不同，所承担的任务不同。学校的管理者和教师根据多年从事学生教育教学的实践经验，主要针对学校日常教育教学而对家长进行如何指导孩子养成良好的道德行为习惯和学习方式方法指导等，达到学校教育与家庭教育的融合，提高教育效果；相关方面的专家主要是针对心理、法律法规、教育方法等专业知识对家长进行指导，为家长在教育方法上提供理论支撑和具体指导；教育行政官员主要是进行教育发展形势介绍、教育政策解读、学校发展定位及依据介绍等，使家长了解教育发展态势，增加对教育的信心，更好地配合学校教育；部分优秀家长主要是针对自身孩子的教育问题，进行经验交流，使其他家长从中吸取有益的知识及做法，少走弯路。总之，这种分工是相对的，不是一成不变的，如有的教师在学生心理方面很有研究，也可承担某些专家的职责。

（六）结合实际，开发家长学校的系列实用教材

首先，家长学校的教材应具有先进性和前瞻性，符合教育发展的趋势。即家长学校所设置的课程应让家长清楚地认识到孩子在随后一段成长过程中可能会出现的问题，一方面，加强常规问题的超前培训，如孩子在升上高一年级前，让家长了解环境、学习和生理的变化可能对其产生哪些不适；另一方面，重视非常规问题的超前培训，针对学生因特殊的社会环境影响而可能出现或已经萌芽的非常规性问题，如中学生网络游戏上瘾等，给家长进行必要的指导，为他们提供可供参考的家教策略。

其次，家长学校的教材应具有实用性，满足家长的实际需要。学校应不断研究开发家长学校教材，将家长最需要的内容及时编入教材，并以通俗、易懂的形式呈现出来。

最后，家长学校的教材要校本化，满足不同学校、不同学生的个性发展需要。家长学校的教材完全依赖教育部门进行开发是不现实的，地区的不同，学校的不同，家长的教育水平、经济条件的不同以及学生自身存在的个体差异，都要求家长学校的教材必须根据各个学校的具体情况和办学特色，充分借助各方面的教育力量实现教材校本化开发。

例如：经过问卷调查数据可知，无论是教师还是家长都认为家长学校的教材应该理论联系实际，其指导意义才更强。基于此，根据孩子成长过程经常出现的问题，在教师、家长中广泛征稿，把学校里发生的真实的教育案例与理论联系起来，编写家长学校校本教材——《与孩子一起成长》。下面是该教材的框架结构：

第一篇　情绪情感

1. 孩子孤独了怎么办
2. 孩子抑郁了怎么办
3. 孩子的情绪情感易走极端怎么办
4. 如何提高孩子的抗挫折能力
5. 如何进行青春期性教育
6. 如何看待孩子与异性同伴交往
7. 家长教育理念不一致时怎么办
8. 如何消除家庭矛盾对孩子的影响

知识专栏

专栏一：中学生身心发展特点

专栏二：归因和归因理论

第二篇　行为发展

1. 如何对待孩子的谎言
2. 如何对待孩子的偷窃行为
3. 孩子沉迷于手机和电脑怎么办
4. 如何对待孩子追星
5. 如何对待孩子吸烟
6. 如何和孩子进行有效的沟通
7. 如何看待孩子的攀比心理
8. 特殊家庭的孩子怎样更好地成长

知识专栏

7. 孩子偏科怎么办

8. 如何帮助孩子缓解学习压力

知识专栏

专栏一：记忆规律及其应用

专栏二：学习动机与学习效率的关系

专栏三：系统脱敏法治疗焦虑症

专栏四：青少年的心理发展特点

专栏五：教育中的十大心理效应

专栏六：家长怎样培养孩子的学习兴趣

专栏七：缓解高考生压力，家长避开四大误区

（七）遵循规律，制定系统的家长学校教学计划和内容

家长学校的教学内容要以各个时期家庭教育的热点、焦点与难点为中心，结合家庭教育的现状与特点，按照教育规律由低到高、由浅到深、由表及里而设置，并形成系列。例如：

七年级：帮助子女做一名合格中学生，帮助子女顺利完成小学到初中的过渡

第一讲：树立正确的家庭教育观念

第二讲：初中与小学学习规律和教育管理的异同

第三讲：初中生心理特点及调整

第四讲：调整学习状态，开始快乐学习

八年级：指导子女迈好青春第一步，鼓励子女追求进步

第一讲：提高孩子的情绪能力，帮助孩子拥抱成功

第二讲：家长言行对子女学习、思想方面的影响

第三讲：初中孩子常见的心理问题及对策

第四讲：构建学习型家庭与孩子一起成长

九年级：指导子女做一名合格初中毕业生，帮助子女顺利过好毕业关

第一讲：初三阶段学生特有的心理障碍与疏导

第二讲；法制教育在青少年道德习惯形成中的作用

第三讲：如何帮助孩子提高成绩

第四讲：初三阶段家庭教育误区和家庭教育要点

高一年级：指导子女树立正确的人生观

第一讲：教育孩子的艺术

第二讲：子女进入高中后的基本变化及给家长的建议

第三讲：高一学生学习心理、行为发展特点

第四讲：提高子女的学习能力和进行立志成才的品德教育

高二年级：培养子女认识社会适应社会能力，为子女将来改造社会打下基础

第一讲：高中生人际交往的标准和社会信息的选择

第二讲：高二学生阶段特征与学习的关系

第三讲：如何提高学习效率

第四讲：帮助子女克服偏科现象，全面提高学习成绩

高三年级：帮助子女圆满告别中学时代

第一讲：高三阶段的学习特点和生活节律

第二讲：体育锻炼、营养调理与心理保障

第三讲：高三级长应注意的几个问题

第四讲：升学考试指导要点、填报志愿的原则与技巧

（八）开拓创新，丰富家长学校的教学活动形式

提高家长学校教育教学效果和质量水平，遵循儿童心理发展规律和家长学习特点规律开展教学活动，丰富家长学校教学活动形式。提高不同年龄孩子父母对儿童心理需要和自身角色作用的正确认识和掌握科学的教育方法；注重教育对象的主体参与性和互动交流，采用叙事教育、经验分享、情感体验和亲子康乐活动等有效方式教学，增强教学方法的可操作性和实效性。

1．开展专题讲座

针对各年级学生特点，依据课程体系的内容计划，开展专题讲座与知识讲座相结合，系统、全面地向家长讲授家庭教育知识，提高家长素质。

初一级家长学校知识讲座

宋晓明教授为家长作专题讲座

2. 定期召开家长会和家长经验交流会

每学期分年级分别召开家长会，会上家长们首先听取学校的工作报告，听取本班任课教师的情况介绍，会后每位家长填写家长意见反馈表，各年级将各班家长的意见汇总后交由部门进行答复。另外还应定期举行家长经验交流会，倾听优秀家庭教育案例，互换家庭教育经验与意见，针对存在的问题进行重点研讨与商榷，达成共识。

3. 活化家长学校主题活动

家长学校授课如果总是以大课的形式为进行，家长只是一个听者、一个接受者，是单方面的灌输，家长没有陈述的机会，没有体验的感受，久而久之会令人厌倦。所以，家长学校应以授课为主，活动为辅。可举办家长开放日活动，这种活动一是能促进教师课堂教学水平的提高，因为每当“开放日”到来之际，每一个教师都要认真钻研教材，设计教案，都想在家长面前展示自己的教学技艺。二是促进了家长教育孩子责任感的不断强化。三是促进了教师与家长、家长与学生之间关系的优化。“开放日”活动使教师、家长、学生之间的距离拉得更近了，从而增强了相互之间的了解、尊重和关心。

举行中考行军拉练、高考誓师活动。通过行军拉练和誓师鼓动学生士气的同时，更让教师、家长、学生感受中、高考的压力并将之转化为动力，群策群力为共同目标奋斗。

初三级“环大学城拉练”活动家长助威团

以“感恩的心”为主题举行毕业典礼。在学生毕业时仍给其上最后一课，使学生懂得感恩父母、感恩学校、感恩同学，同时也让家长注重学生的感恩教育，增进家长与学生之间的亲子关系。

家长参加学生毕业典礼并参与访谈

以“书香校园”为主题举行阅读节、语言艺术节等。邀请家长一起参与，与孩一起互动阅读。家长学校的主题活动只要能根据本校实际，就能举办出精彩的活动，让家长学校的教学活动更能显成效。

以“军训成果”开放日，让家长一起分享孩子成长的快乐。

家长分享孩子军训成果

六、结语

家长学校是系统地开展学生家庭教育指导、提高家长家教能力和家教质量、树立正确的成长观念的有效途径。开办家长学校，组织开展多种形式的家长学校的学习活动，有助于家长掌握学生的成长特点，有助于家长掌握科学教育孩子的方法，有助于形成学校、家庭、社会的教育合力。家长是孩子的第一任老师，家庭教育是学校教育和社区教育的基础，学校与家庭在教育学生的总目标基本是一致的，总希望他们成才，有出息，成为对社会有用的人。但是，家长在人才观、教育观、家教合作观等方面与学校教育的矛盾差异和对立不一致的情形也是客观存在的，这些矛盾处理不好，就影响家庭与学校之间的和谐合作关系。笔者选择广大附中为案例，以实地调查为基础，通过对相关文献的分析及对家长、教师、学生、学校管理人员的访谈及问卷调查表明家长学校在制度、办学经费、课程体系、教材、师资队伍、教学活动形式等方面存在问题，而造成这些问题的原因有社会方面的、家长方面的和学校方面的。在分析原因的基础上，并借鉴国内外的相关经验，笔者认为要解决当前家长学校存在的主要问题应从以下几个方面着手：一、明确意义，是办好家长学校的动力。办好家长学校不仅能促进家校合作，还能取得家长的大力支持，帮助学校改善办学条件并且发挥家长的社会影响力，向社会宣传学校教育成果，扩大学校的社会声誉，赢得社会对学校教育工作的支持。二、健全组织，是办好家长学校的前提。三、保障经费，是办好家长学校的基础。四、规范管理，是办好家长学校的关键。五、提高质量，是办好家长学校的保障。六、丰富活动，是办好家长学校的核心。

显然，由于相关条件的局限，本文对上述问题的探讨是相当初步而欠缺深度的，有待通过进一步的调查和分析来把研究引向深入。

广州市中学德育研究会成立二十六周年

获奖论文

侯德清

中学语文高级教师
广州大学优秀教师

格言　做一个快乐的种花人。——侯德清

挑除心中的那根刺，种下一片芬芳的花

——一个初中生的心理健康教育案例

广州大学附属中学　侯德清

【摘　要】近几年来，中学生心理健康现状令人担忧。本文通过一个真实的案例，介绍了处理学生心理障碍时的一些具体做法，并对优化适应学生心理发展水平的班级心理环境的相关举措进行了初步的探讨。

【关键词】中学生心理障碍　班级心理环境　心理健康教育

著名心理学家王极盛先生对全国中学生进行了多年调查，据称32%的中学生有不同程度的心理问题。中国青少年研究中心和共青团中央国际联络部发布的《中国青年发展报告》称，在我国17岁以下儿童和青少年中，约3000万人受到各种情绪障碍和行为问题的困扰。我就碰到了这样一个有着严重心理障碍的孩子，在帮助他的过程中，我越来越意识到，中学生的心理健康已经成为了我们教育工作者不可回避的问题。

一、案例回放

（一）基本情况

初二上学期，我接手了一个新班级。这个班级里，有一名特殊的学生。他成绩不错，也很努力，除了听课时爱插嘴外，看不出有其他的毛病。但编座位时，没有一个同学愿意和他同桌。秋游时，没有一个同学愿意和他同一个小组。他也公开宣称："我不愿意和别人一个组！"秋游中，他一个人孤独地游荡，没有人搭理他。同学眼里的他脾气粗暴，性格孤僻，自以为是，喜欢用暴力来解决问题。老师眼里的他容易冲动，性格狭隘偏执，从小学开始打架一直打到中学，做事不考虑后果。

他在作文中曾叙述了他小学时候的一件事，因为数学奥赛没有取得名次，他爸爸不肯给他买电脑。于是他仇恨那些获奖的同学，决定采取报复手段。他偷偷地买来了汽油藏在平台上，决定伺机大干一场，他说既然要杀人就要多杀几个。幸好后来他妈妈答应给他买电脑，他才放弃了报复计划。

对他人的仇恨还表现在他对重点班同学的态度上。他总觉得自己没有考取重点班是一个失误，于是他将不满发泄到重点班同学的身上，他们都成为了他的敌人，他要杀死他们。"杀死XXX"他经常将这句话挂在嘴边。英语老师曾经收缴过他一把工具刀，在刀刃上，他用红色油性笔写了几个大字："×××必将死在此刀下！"×××是班里一个深受同学喜爱的男生，两人并无过节。后来他说，他只是和×××开玩笑。

（二）背景资料

经过正面和侧面的一些调查了解，我了解到该生的家庭背景和他小学时候的一段特殊经历。

该生的父亲是转业军人，母亲是小学教师。父亲出生在内地一个偏远贫穷的山村，依靠自己的奋斗，终于取得了比较理想的社会地位。个人的奋斗史让他意识到知识改变命运的重要性，所以他特别重视孩子的学习成绩，对孩子的教育带有强烈的功利性。相反，他在孩子人格、个性以及兴趣爱好等方面的培养都比较欠缺，而且他在家庭当中说一不二，比较专权，家庭缺乏一种和谐民主的气氛。母亲性格中庸懦弱，毫无家庭地位，用该生的话说："我母亲对我没有任何影响和帮助。”这样的家庭直接导致了他基本性格的形成。

小学三年级的时候，班级搞活动需要买乐器，他发现了一个地方的乐器又便宜又好用，于是介绍很多同学去买，结果大部分同学都没有在老师推荐的地方买。据他所说，老师认为他是在故意作对，从此对他另眼相看，处处打击报复。在这样的环境下，他的成绩一落千丈，和老师的关系高度紧张，也导致了他的家长和学校的严重对立情绪，最后只好以转学的方式来解决问题。

由于小学这个惨淡的经历，考初中的时候他与重点班失之交臂，这成为了他人生中的又一个遗憾。为了弥补缺憾，进入初一以后，他在班级事务中显得很积极，班主任选了他做班长。可是他空有一番热情，做事急躁粗鲁，不讲究方法，碰到同学不配合他的工作，他就用拳头去解决，在多次冲突之后，他被解除了班长职务，并且遗留下极其恶劣的同学关系，和一颗孤独敏感的心。

当我来到这个班级的时候，他正处于这样一个四面楚歌的境地。

（三）理论诊断

根据这些情况来判断，他的心理健康的确出现了问题。根据公认的人格障碍类型的描述，在他身上具有“偏执性”和“冲动性”人格的一些特征：

对挫折和遭遇过度敏感；

对侮辱和伤害不能宽容，长期耿耿于怀；

明显超过实际情况所需的好斗，对个人权利执意追求；

易与他人发生争吵和冲突，特别在冲动行为受阻或受到批评时；

有突发的愤怒和暴力倾向，对导致的冲动行为不能自控；

容易产生人际关系的紧张或不稳定，时常导致情感危机；

专家指出，像他这样天资聪明又过分“偏执”的孩子，其人格和认知的发展是畸形的。过早地成人化也导致青少年时期应有的课余运动、兴趣、幽默、嬉戏等非智力、非理性因素都没有得到正常发展。在人际关系紧张的环境里，很容易诱发他的冲动性行为，形成一种更加恶性的循环。

（四）辅导策略

当我意识到该生存在心理健康问题以后，我开始有意识地对他进行疏导。

1. 利用班会课对全体学生进行教育。让学生达成共识，知道一个和谐的班集体应该要关心每一个同学，包括有缺点、犯了错的同学。我还和一些在班级比较有影响力的同学谈话，让他们多关心这位同学。

2. 和他建立一种平等的朋友式的沟通关系。当他思想上有什么想不通的地方时，他可以随时来找我交流，我则采取一种很客观的态度帮助他进行分析。在交流之后，他能感觉到老师对他的关心，逐渐对我产生了信任。

3. 利用一些辩论，转变他头脑中的非理性观念。如：爸爸怎么能喜欢听流行音乐呢？真是庸俗堕落；世上没有好人，我只相信我自己；对别人的错误，我必须用暴力才可以解决问题；那些人（他认为庸俗的人）都没有资格活在世界上……我用辩论的形式指出这些观念中语言逻辑的不合理性，情感态度的偏激性，引导他逐渐接近正常人的思维。

4. 顺其自然，不刻意关注他的行为。不让他感觉到自己是独特的，同时也淡化同学头脑中认为“他不正常”的观念。

5. 信任他，鼓励他，让他积极展现自我。比如，同意他做纪律委员，让他在实践中体会到与人沟通的技巧；让他代表班级参加演讲比赛，用成功的体验激发他积极的情感等。

（五）教育效果

经过一个学年的努力，初三大半个学期里，他的情绪稳定性有了增强，没有再发生过和同学打架斗殴的事情，大家都觉得他已经有了很大的进步。但突然有一天，他在课堂上为一点小事暴跳如雷，并辱骂任课老师，造成了很恶劣的影响。当时，我刚好有课，不能够亲自处理这件事，级长就先出面做工作。谁知道，他根本不接受级长的批评，态度极端恶劣。级长通知他的家长中午两点钟来学校。他不知道该怎么办才好，急得四处找我。后来，我们坐在小花园里，谈了整整一个小时。我和他进行了方方面面的分析，指出他的错误，分析问题的根源，解决问题的办法等等。谈话期间，我接到另一位学生家长电话，才知道，他已经在另一位同学面前流露出“是不是该把级长杀了”的念头。我当时真是吓了一跳，在他情绪极端失控的情况下，如果我们不能够及时做好他的思想工作，会发生什么事真是很难想象。谈了一个中午，他终于认识到自己的错误，他说：“我以为自己走的是最短的一条捷径，没有想到我是绕了远路。我今天真是太愚蠢了，我的表现就像是剥光了衣服给大家看，偏偏自己还不知道。”

这件事带给我很多的思考。我知道，他的心胸还没有完全的放开，他的心结还存在，他需要解决的思想问题还很多，在他以后的成长道路上，他还需要学校、社会和家庭的宽容和帮助，还需要我们付出更多的心血。

二、案例反思

每一个学生的心灵都是一个花园，而存在心理障碍的学生，他的心灵是一片荒芜，甚至荆棘满地。对于这样的学生，我们不仅要拔掉他心灵的刺，还要想办法创造良好的心理环境，让他的心灵开满鲜花。

“心理环境”原是法国心理学家K·勒温提出的拓扑心理学中的一个基本概念，指对人的心理发挥着实际影响的社会生活环境，包括对人产生影响的一切人、事、物。世界卫生组织心理卫生处指出：“学校是促进学生心理健康最适宜的场所，学校可以教给学生一些解决问题的技巧，并通过特殊问题的干预和心理咨询，转变学生的行为。”而班级，是学校施加教育影响，学生进行各种活动的基本单位。所以，在心理健康教育过程中，离不开对班级心理环境的创设。我们可以从三个方面来优化班级心理环境。

（一）人性化的教室环境是保障鲜花开放的肥沃土壤

教室环境的创建要以三个理念为基础，即教育理念、生态理念和实施理念。就是说环境的设置要符合班级的实际情况，保证实用需要的同时，又要体现出育人的作用，最后达到人与班级环境的有机结合，相互影响，形成具有浓厚文化底蕴的和谐统一体。

在环境美化时，我充分发挥学生的创造力和动手动脑能力，让学生自己设计、布置教室，在创造美的过程中，体验美的愉悦心情和自豪情感。班训、奖杯、锦旗是班集体共同努力奋斗的见证；名人画像、名言警句，可以激励学生奋发向上；学习园地里的班级活动照片让心情平添几分亲切和欢愉；千纸鹤、红灯笼悬挂在日光灯下，让教室宛然有了家的感觉。一个美丽、温馨的物化环境，可以给学生一种积极向上的心理暗示，对学生产生强烈的感染作用，从而油然而生一种健康向上的愉悦体验，促进学生心理的和谐发展。

（二）和谐的人际关系是促进花儿成长的阳光雨露

班级内部和谐的人际关系有利于学生保持乐观向上的积极情感，克服消极悲观的不良情绪。这种人际关系既包括学生与学生的关系，也包括老师和学生的关系。

处于青春期的学生都害怕孤独，比任何时候都渴望友谊，渴望获得同伴的认可与接纳。上述个案中的学生以前是单人单座，缺少和同学正常途径的交流。通过做思想工作，我安排成绩比较好而且比较懂事的女生和他同桌。女生慢慢发现，原来他也不是一无是处，他非常爱学习，也不会故意对女生捣乱闹事。通过加强人际交往，他在班上的孤立现象得到了很大的改善。

青春期的学生叛逆性很强，家庭教育在这一阶段往往不能够起到正面积极的作用。而和谐的师生关系能够加深师生的情感交流与沟通。这种关系要注重尊重、包容、平等的原则。尊重学生的人格，就要消除权威意识，切不可以高高在上，让学生仰着头和你说话。尊重学生，你的语言才会像春风般温暖柔和，才不会粗暴地伤害学生纯净的心灵。包容学生的错误，就要让自己的心胸无比的宽阔，切不可以斤斤计较，让学生失去和你交流的勇气。包容学生，你的教育才会像春雨一样滋润甜美，才不会如暴雨般打击学生脆弱的心灵。对学生要平等对待，切不可因为学生成绩的高低、经济的贫富、表现的好坏而心存偏见。平等待人，你的关爱才会像春天的阳光一般撒向每一个角落，才不会让某些学生在阴暗中孕育孤独的心灵。

有了和谐的人际关系，学生就会处处感受到来自同学和老师的关怀和爱护。“随风潜入夜，润物细无声”，心灵无处不受到滋润，试想，心灵的花儿怎么会不开放呢？

（三）个性化的自我发展是催发花儿绚烂缤纷的养料

美国哈佛大学心理学家加德纳的实验研究证明，单凭纸笔不能测出人的智能的高低，人的智能是多元的。因此，教师要理解并相信：“每位学生都是独一无二的，都能以其独特的方式对人类文化作出有价值的贡献。”成绩好并不等同于成功。班主任要善于创设各种条件，开展丰富多彩的活动，让学生拥有个性化的自我发展空间，在不同的领域上获得成功的体验，从而让学生形成正确的自我概念。

对自我有正确的认识，积极的发展自我，对那些成绩不理想或是在某方面有障碍的孩子，尤其具有积极的意义。只有悦纳自我，走出误区，才能让心花开放。一枝独放绝不是我们教育者的终极目标，万紫千红始是春，不管是什么色彩，它都是独一无二的美丽。

三、结束语

马克思曾经说过："人创造环境，环境创造人。"学生的成长需要一个和谐的大环境，学校的文化建设、社会的时代氛围以及家庭的教育观念都会对学生的心理健康产生影响，所以，心理环境的建设不能仅仅局限在班级内，必须延伸到家庭和社会。尤其是家庭，从某种意义上说，对学生的影响比学校更为持久和深远。子女与父母以血缘为纽带的亲子关系是师生关系、同伴关系所无法替代的。只有在大教育的合力下，才能够尽可能少地出现上述个案中有着严重心理障碍的青少年，才可能让青少年的心灵里充满爱和美。

我相信，爱心最终能够剔除那根利刺，教育一定能够播种一片鲜花！

【参考文献】

【1】郑希付、吴发科：《中学生心理健康教育案例分析》，广东高等教育出版社2004年版。

【2】林崇德、王耘、姚计海：《师生关系与小学生自我概念的关系研究》，《心理发展与教育》2001年第4期。

【3】蔡笑岳：《广州市中学生心理教育研究》广东教育出版社2003年版。

【4】吴发科：《彰显校园心理环境的心理健康教育中的突出作用》，《中小学心理健康教育》2004年第5期。

【5】LindaCampbell等：《多元智能教与学的策略》，中国轻工业出版社2001年版。

【6】李百珍：《学校心理咨询》天津人民出版社2000年版。

曾翠眉

中学地理一级教师
越秀区教坛新秀
学校优秀班主任
区教坛新秀教师技能比赛一等奖

格言 路漫漫其修远兮，吾将上下而求索。——曾翠眉

浅议中学生的德性养成教育

广州市二中应元学校 曾翠眉

【摘　要】在推行素质教育的今天，学校作为学生主要受教育的基地，应创设条件推进学生的德性养成教育，这对培养学生的健全人格及提高国人的综合素质有重要意义。本文作者就中学教育中必要的若干德性养成教育进行阐述，论述了德性养成教育的推行方式及其意义。

【关键词】中学生　德性养成教育　性情之德　道德之德　伦理之德　理智之德

德性，在希腊语中原指事物的特性、品格、特长、功能，亦即一事物成为该事物的本性。从小悦悦事件体现的人性冷漠，从毒奶粉事件中体现出的人性贪婪，从众多轻生事件中体现出人们对生命的漠视，从不断被报道的高分低能“人才”的涌现，都说明人的德性正走向虐质发展的道路，时代的发展呼唤德性。贝多芬曾告诫后人：“把‘德性’教给你们的孩子。使人幸福的是德性而非金钱。这是我的经验之谈。在患难中支持我的是道德，使我不曾自杀的，除了艺术以外也是道德。”在孩子心灵中播下道德的种子，越早越好。

一、德性教育的重要性

“人之初，性本善”，德性之“善性”原本就是人固有的一种潜能，只是在充满诱惑的金钱社会中被遗忘与篡改。我们希望通过教育能唤醒这种潜能并使之现实化。一个人的德性形成通常要经历一个从自发形成到自觉养成再到逐渐完善的过程，在整个过程中，德性养成教育具有非常重要的作用。没有常规的德性教育，就形成不了各种具体意义的德性，也不可能使得德性养成一种习惯，更不用提德性的完善了。所以说德性是教育的结果，有效的德性教育能促使德性的自发形成、养成并完善。

二、德性教育的必要性

我们可以把中国古代德性论的全体区分为四种类型：性情之德：齐、圣、广、渊、宽、肃、明、允；道德之德：仁、义、勇、让、固、信、礼；伦理之德：孝、慈、悌、敬、爱、友、忠；理智之德：智、咨、询、度、诹、谋。

从幼儿园开始，学校教育已经按孩子的认知水平进行了相应的德性教育，如幼儿园孩子就会唱《一分钱》的儿歌，这使孩子自小具备“明、礼”之德；小学语文《孔融让梨》的故事使得孩子具备“让、敬、爱”等德性。那么中学教育应侧重哪些德性养成教育呢？

（一）学会宽容，退一步海阔天空（性情之德）

英国学者西德尼·史密斯说，生活中有许多这样的场合：你打算用忿恨去实现的目标，完全可能由宽恕去实现。前苏联著名教育实践家和教育理论家苏霍姆林也有句这样的名言：有时宽容引起的道德震动比惩罚更强烈。我们亦经常教育学生要学会忍让，退一步海阔天空。现在的孩子在家里受尽宠爱与迁就，往往易形成娇惯、执着的个性，眼里容不得一颗沙子，遇摩擦易大发雷霆。有些人还使用了一些过度的不恰当方法来对待不满，甚至造成不可逆转的遗憾局面。设想这样的局面：甲同学路经操场时被乙同学踢来的足球击中大腿，疼痛不已。场景一：甲立即恶言相向，指责乙技术低下乱伤人，乙推卸责任，反责甲走路不长眼。你一言我一语之下，瞬间大打出手。两人因为不能宽恕对方的错误而使得事件升级，后果严重。场景二：乙迅速跑到甲前表示歉意，并询问甲的伤情；甲则因为乙的诚心道歉而怒火顿失，表示实为自己误入禁区被撞，是自身责任，两人进而成为好朋友。两种不同的处理方法，两种不同的结果。假如两人都不愿意承认自己的错误，反而去指责对方，剧情只会愈演愈烈。在同学间的相处中，具备宽容的德性，学会允许别人犯错，学会接受别人犯错，少计较得失，方能使矛盾大事化小，小事化无。人与人的相处，宽容是一种珍稀的润滑剂，拥有这种德性的人拥有“宰相肚里能撑船”的胸襟，会受到大家的尊敬和喜爱。而具备这种德性将使得学生在社会往来中赢得亲情、爱情、友情，生活美满。

（二）守信用，恪守人类社交道德底线（道德之德）

小华盛顿用斧头砍倒了父亲的一颗樱桃树。父亲为心爱的树被砍而感到非常气愤，扬言要给那个砍树的一顿教训。而华盛顿在盛怒的父亲面前勇敢地承认了自己的错误。父亲被感动了，称华盛顿的诚实比所有樱桃树都宝贵得多。这个故事相信好多学生都已经熟知。而同样是美国总统的尼克松却在“水门事件”中撒谎败露而被迫引咎辞职；克林顿总统也因为在不光彩的绯闻案中撒谎而险遭弹劾。一个因诚实而受到爱戴和尊敬，另两个因撒谎而在政史上留下污点，由此可见诚信的重要性。从大头婴儿到三聚氰胺超标的毒奶粉，从瘦肉精到人造鸡蛋，一连串的商品质量问题，使得我们的社会出现严重的诚信危机。当信用消失的时候，肉体就没有了生命，形同行尸走肉。所以，要珍惜生命，先呼唤诚信。在学生的道德德性教育中，诚信是重要的一员。在日常管理中，我们应严抓失信细节，及时引导学生认识错误并改之。如学生中出现抄作业（抄别人的作业和抄答案）、考试作弊、对所犯事推卸责任或矢口否认等现象，都不能当小事而略之，以防学生形成失信的恶习，愈演愈烈。没有信用的人也会丧失相应的责任心，没有责任心的人其能力也将失去用武之地，不但一事无成，还有可能对社会造成伤害。诚信教育中又宜以正面教育为主，如形成诚信的人文氛围、树立诚信的榜样、施教者以身作则等，这些都能帮助学生形成道德德性。

（三）孝顺长辈，传承中华民族的美德（伦理之德）

百善孝为先，尊老爱幼是中华民族的传统美德。具备这种德性是传承中华民族博大文化精粹的保证。而懂得孝顺长辈是孩子懂得爱自己、爱别人的前提。现在的独生子女都是在爱的包围中长大，对被爱往往习以为常，却不知道怎么去爱自己、爱别人。天气转凉了，父母马上关注孩子的保暖问题，孩子却很少会去关注父母这个问题，就更加不会想到去看看别人穿暖和没有。进行孝道德性教育，可以帮助学生更加懂得爱。比如当孩子知道“妈妈喜欢吃鱼头”的个中缘由，他就会懂得抢着去吃鱼头，懂得把好吃的鱼肉让给妈妈吃。他与同学一起用餐时也懂得把好吃的鱼肉与大家分享。而他的这种分享，也会让同学们感知到这种爱，然后大家也赠之以爱，从而实现了爱的传播。学校可以借着一些重要的宣扬孝道的节日广泛开展孝道活动，如三八妇女节、母亲节、父亲节等。日常校园生活中，鼓励学生互相帮助，团结友爱，关心社会，关注弱势群体等，享受爱与被爱的感觉，从而健全性格。

（四）学会变通，不死板“克隆”（理智之德）

有这样的学生：他智商很高，但是情商很低，不懂与他人相处，生活自理能力差；他能很好地完成老师交给的任务，遇到班里有突发情况却不知如何处理；他把每篇课文都背得滚瓜烂熟，面对作文题目却一筹莫展。这些同学都是缺乏应变能力的典型代表，很难适应变化万千的新时代。日常教学中，我们响应新课标号召，对学生努力做到“授之以渔”而非“授之以鱼”。而事实上，不少学生反而愿意接受“鱼”而非“渔”。原因是学生习惯了被动地接受知识、记忆知识和使用知识，在学习中缺乏灵活变通，缺乏主动探索的精神，只会死板地“克隆”。“授之以渔”是希望学生掌握学习方法后能举一反三去自学更多的知识；掌握原理后能迁移到同类型的现象中去研究、去运用。这样学生能主动学习，提高学习兴趣和提高学习效率，并且激发学生的创造思维。人们常道：四大发明出自中国而光大于外国。也许，就是因为我们缺乏创造性，不会把这些伟大的发明好好改造与利用，而这些，别人做到了。另外，我认为学生缺乏创造性的其中一个元凶是“应试教育”，它培养了许多“高分低能”的机械操手，却没能培养出更多的新一代设计师。社会进步日新月异，只有具有创造性的人才能跟上其进步的步伐，甚至推进其进步。培养具有创造性思维的学生是时代的需要，也是新课改中一个重要课题。

三、开展德性教育的有效途径

（一）树立榜样，营造氛围

一岁的幼儿就学会模仿身边各种人的各种语言和动作，父母们都很注意给孩子做个好榜样，并教导大一点的哥哥姐姐给小朋友做好榜样。“孟母三迁”的故事讲述了孟子的母亲为了使孩子拥有一个真正好的教育环境，煞费苦心，曾两迁三地。环境对一个人的影响是巨大的，他甚至可能决定人的前途。老师从小教育学生应该向善者学习，不要与恶人亲近，免得“近墨者黑”。这些都说明了我们的孩子身边需要善者，需要榜样，需要可以模仿与学习的对象。在家里父母首先应是个好榜样。俗话说“养不教，父之过”（《三字经》）。父母应该在利用各种机会教会孩子明辨是非、善恶与忠奸，清楚哪些是应该或不应该做的事。那些牵着孩子闯红灯的父母，又如何能教育孩子注意安全勿闯红灯呢？学校是学生接受知识教育的基地，更是形成德性教育的重要阵地。教师随时洞察学生的言行，对有利于德性形成的言行及时给予鼓励并推广，对于不利于德性形成的言行给予批评和纠正，使学生在生活实践中逐渐养成道德行为习惯并进而形成德性品质。“学高为师，德高为范”，这是对教师高尚职业的评价。所以教师自然也应该以身作则，成为学生学习的榜样，以德传德！此外，社会各阶层人士都应该提高自身修养，随时随地成为青少年学习的榜样。

（二）从细节抓起

《学生守则》和《学生日常行为规范》从整体着眼，从细处着手，对学生各种行为提出规范要求，要求学生严于律己，旨在培养学生良好的行为习惯。这对学生形成良好的品格德性有重要意义。我们利用主题班会课和校园文化技术活动，如读书节、艺术节、体育节和科技节等，鼓励学生多参与实践活动。各种实践活动使得学生更加充分认识自己，并实现自我教育与自我完善，形成良好德性。各任课老师也结合学科特点抓紧契机进行行为习惯的渗透教育，使得学生随时随地得到立体式的德性教育，耳濡目染，变被动为主动，成为内在的修养。

新型社会需要新型人才，也就是德才兼备并且具有创造力的人才。学校是学生接受教育的主要基地，我们要适时教会学生掌握知识，还要掌握生存的本领，懂得与人相处，要勇敢、有耐心、仁爱、宽容等，这些都属于德性教育的范畴。在悲悯于社会人性扭曲的同时，我们应加大力度进行青少年的德性教育，共建和谐社会。

【参考文献】

【1】http：//www.frchina.net/data/personArticle.php?id=5618中国学术论坛网，孔子与亚里斯多德的德性论。

【2】张志义：《现代化与中国优秀伦理道德传统的继承》，《教育研究》1994 年第6期。

谢春娥

中学数学一级教师
广州市第四届初中数学
十佳青年教师

格言　活动比理论更有效，德育的养成教育要通过活动来体验。
——谢春娥

德育中注重实践、体验、养成教育
——主题班会游戏活动课初探

广州市黄埔区港湾中学　谢春娥

【摘　要】主题班会游戏活动课是根据现代教育理念及学生道德学习特点对传统主题班会加以改进的基础上提出的。本文分析了该课与传统主题班会的区别，将“活动”、“体验”、“领悟”、“引导”作为其核心要素，认为人类道德的学习可分为道德事实知识的学习、道德规范的学习和价值、信念的学习三种形式。主题班会游戏活动课的教育方式与学生道德学习方式相吻合，是通过活动体验激发了学生道德学习的兴趣，对学生道德教育发展发挥了积极的作用；让学生通过自身的体验活动去感悟许多道理；促进学生人格的健全发展；为学生积极地适应社会生活奠定基础。

【关键词】主题班会游戏活动课　实践教育　体验教育　养成教育

一位学生问古希腊教育家、哲学家苏格拉底“怎样才能成功”？苏格拉底说：“我带你搞个试验，你感受感受。”于是，苏格拉底带这个学生走到河里，把学生的头按到水中，过了不到一分钟，学生已憋得受不了，全身猛地向上一拱，头露出了水面，苏格拉底问学生，“有什么感觉？”学生说：“水下没有空气，快把我憋死了。”苏格拉底说：“这就对了，当你对成功的渴望像需要空气一样时，你离成功就不太远了。”如果学生问老师“怎样才能成功”？我们的老师就会说：要想成功就要从小事做起，要想成功就要有奋斗目标，要想成功就要刻苦学习等一番道理。显然，两种教育方式是不同的，前一种是用体验的方式让受教育者去领悟，教育者再加以引导。后一种是用语言传授的方式让受教育者去接受。在传统主题班会中，基本是以后者的教育方式为主。即使表面形式上是学生在演讲或发言，实际上学生说什么与怎么说都是按教师的旨意进行，只不过是将语言传授换了一种形式罢了。

长期以来，中小学班主任利用主题班会对学生进行德育教育取得了一定的效果，特别是在帮助学生掌握道德知识方面发挥了积极的作用。但传统的主题班会存在着明显的缺陷，即教育方式与学生道德学习方式还有不相吻合的方面。人类道德的学习可分为道德事实知识的学习，道德规范的学习，价值、信念的学习三种形式。在这三种道德学习形式中，前者属于认知性学习，而后两种则基本上是情感体验性学习。认知性学习十分重要、不可或缺，但情感体验性学习同样不可或缺，甚至更为重要。其实，中小学班主任利用班会对学生进行道德教育，重点是进行道德规范的教育和价值、信念的教育，而传统主题班会缺乏的正是与学生后两种道德学习相匹配的“体验性”教育方式。

现在我校重点研究改进传统主题班会，为了凸显以体验为核心的知情意行整合的教育方式，我们将“主题班会”增设了“主题班会游戏活动课”，并在我班加以实践，在我校加以推广。

主题班会游戏活动课是指班主任依据社会需要和本班学生成长需要，遵循学生身心发展规律和思想品德形成规律，有主题、有目的、有计划地组织学生开展道德学习活动的一种课程形式。主题班会游戏活动课不以传授系统的道德知识为主要任务，而是强调通过各种游戏活动，让学生在游戏活动中感悟、丰富或调整原有的认知结构，探求在具体情景下的最佳行为方式，更确切地说，主题班会游戏活动课是一种感悟，一种体验，它是一项让每个参与的学生在心灵和精神上都有一个新的超越——重新认识自我、认识生命的活动。是对人深层次的心理施加影响的教育方式，把游戏活动引入班会课，在引导完善学生世界观方面的优势是“说服式”和“管教式”的传统班会课教育模式所无法比拟的。它可以令学生在十分开放的状态下，认识到自身在性格等深层次方面的优势和劣势，是对学生的态度进行教育的最有效的方式之一。通过这种在人的心灵最深处施加影响的方式，可以产生以下五大方面的效果，下面分别加以阐述：

第一，激发学生道德学习的兴趣

主题班会游戏活动课给学生提供了发挥主观能动性的空间，学生全员参与、全身心参与到课堂上来，表现出极高的积极性，使课堂充满了生命的活力。我们曾在部分班级调查学生对主题班会的态度，百分之六十的学生对主题班会感兴趣，我们调查学生对主题班会活动课的态度，百分之九十以上的学生对主题班会活动课感兴趣。

第二，通过体验活动去感悟道理

我在室外上了一节以团队游戏为主的培养班集体凝聚力的班会课，上课伊始，孩子们很激动，因为这将不是一堂传统的班会课。我把全班同学分成四个小组，还有四个评委，四个小组长，设计了丰厚的奖励，通过三个游戏的团队竞拼，决出一、二、三名。游戏分别是龙舟竞渡、蜈蚣翻身、飞毯，这三个游戏要求各组组员必须同心协力，出谋划策，再加上组长的得力组织，才能取得最终的胜利。

游戏结束时各组派代表发言，一等奖组感言：我们一个集体无论做什么事要想取得成功，必须大家的力往一处使，心往一处想，绞尽脑汁，遇到任何困难也毫不退缩。一个班级要在学校中出色，更应如此，任何一个人做不好，将会给班级摸黑。最后一名的组长起来感言：我们组之所以输了，第一，有些人比较自私；第二，大家没有想取胜的想法；第三，我的组织不够好。大家不同心，连想取胜的斗志都没有，没有比就已经知道会输了，一个班级要是大家没有集体荣誉感，那是注定不会优秀的，而且一个好的班干部队伍也是相当重要的，他们是班级的核心，是领头羊，对造就优秀班级至关重要。在上班会课之前，我没有想到作为一名初一的学生会有这么深刻的感言，让我意识到通过学生的体验和感悟，让学生明白一些道理。打破班队会说教式的方式以及教室封闭的空间，给了学生一个全新的感受，室内课搬到了室外上，课上还以活动为主，学生别提有多高兴、多兴奋！这节课我看到了学生乐学的劲头，来自于他们是否喜欢这样的课，只要他们喜欢，就会促使学生积极思考、主动参与。让他们自己明白的道理比我们苦口婆心的说教效果好得多，而且深刻得多。事实证明在班会课后的日子里，学生做得真的很自律，让我感到很欣慰。

第三，有利于班主任发现问题

有一次课外活动，我组织全班学生玩一个“喜羊羊和灰太狼”的游戏，该游戏是首先所有人闭上眼，主持人一边唱歌，一边轻拍一下一位同学（他就是灰太狼），再轻拍两下另一位同学（喜羊羊），然后要求每个同学都问别人：“你是喜羊羊吗？”如果喜羊羊或灰太狼被问了三次，就必须回答“我是喜羊羊或我是灰太狼”，当有人回答“我是喜羊羊”时，所有人就依次扒在喜羊羊的身后，这时灰太狼也会跟上去，在灰太狼身后的那部分人被灰太狼吃掉了。可是喜羊羊是一位女副班长，等了好久居然没有三个人去问她，因为她是喜羊羊，没有被问出来，所以这个游戏没有成功。但我却从中发现了问题，这位女副班长在班里很不受欢迎，我深入调查才知道，她的管理方法太过死板，别人都讨厌她，还有她很自私，很高傲，性格比较怪异。我于是就找她谈，帮助她，同时在班里申明，班干部虽然有些工作方法不对，但那都是为班级好，希望大家能理解，同时班干部也要改。后来在学期结束的优秀班干部和三好学生的选票中，她得票还是很不错的，被评为了“三好学生”。

第四，促进学生人格的健全发展

传统主题班会缺乏“活动体验”的教育方式，因而难以引发学生的情感和自身经验，其结果会有两种情况：一种情况是学生掌握了道德知识却没有相应的道德情感和道德行为；另外一种情况就是学生在感觉到有约束的环境下，“不得不这样做”，在感觉到没有约束的情况下，就“自由自在”，因此，这样的德育可能会培养出知行不能做到统一的“人格分裂”者。主题班会游戏活动课强调以活动为载体，培养受教育者形成与一定道德规范相一致的道德情感、道德意志、道德行为及道德信念等，有利于学生形成健全的人格。

第五，为学生积极地适应社会生活奠定基础

主题班会游戏活动课创设的教育情景取材于社会生活及学生日常生活，学生在其情境中进行着道德判断和道德选择，积累着对生活的理解和反思，掌握了积极适应社会生活的技能，学会在不同的情境中如何去正确行动。调查问卷表明：百分之九十的学生认为上这样的课有收获。有些学生在问卷中回答：“学到了书本上没有的知识，今后遇到这种情况我就知道怎样做了。”

但是主题班会游戏活动课并非体育加娱乐，而是对正统德育教育的一次全面提炼和综合补充。从形式上来看，正统德育就是老师在上面讲，学生在下面听，近乎一种单向的灌输。主题班会游戏活动课更多的是世界观的引导，态度的引导，形式上是以学生为中心，以学生的亲身体验为核心的对人深层次的心理施加影响的培训方式，对人的心理、性格、态度方面的教育具有突出的优势，这就是游戏活动引入班会课的真正意义！通过德育主题活动课，学生在以下方面将有所提高：认识自身潜能，增强自信心，改善自身形象；克服心理惰性，磨练战胜困难的毅力；启发想像力与创造力，提高解决问题的能力；认识群体的作用，增进对集体的参与意识与责任心；改善人际关系，更为融洽地与群体合作；学习欣赏、关注和爱护自然。

“兴趣是最好的老师”，入迷才能叩开思维的大门，情商才能得到发展。游戏可以作为一种很好的手段来诱发学生，在班会课中

设计一个恰到好处的游戏，能让学生主动参与、观察、思考，在合作交流中不断学习。这样比起我们苦口婆心地说教要好得多！而这些手段和方法在班级人数趋少的条件下更能得到比较顺利的实施。因此激发学生浓厚的课堂兴趣和探索的欲望，使学生在游戏活动中真正“悟道”能促进班会课的有效教学。

总之，主题班会游戏活动课体现现代教育理念，符合学生道德学习特点，具有可操作性。通过活动体验统领学生知情意行的协调发展，在学生自我体验和领悟、自主判断和选择以及道德实践的过程中，教师给予恰当的引导，德育教育正是通过这一有效方式深深地植根于学生心灵之中。该班会游戏活动通过在我校实践推广，一方面使班级德育充分焕发了自身的魅力和影响力；另一方面，有效地促进了学生人格的健全发展，为学生积极地适应社会生活奠定了基础。

【参考文献】

【1】皮连生：《智育心理学》人民教育出版社1996年版。

【2】鲁洁、王逢贤主编：《德育新论》江苏教育出版社2002年版。

【3】冯静：《中学德育主题活动课的设计与实施》南京师范大学2007年版。

【4】齐欣：《对德育活动课的认识与实践探索》教育科学研究2001年版。

【5】孔庆：《德育呼唤活动课程》，《班主任》2005年版。

【6】陈林根：《新课程背景下对德育活动课的认识与实践探索》，《中国农村教育》2006年版。

【7】高峡：《活动课的理论与实践初探》，《教育研究》1996年版。

叶广秀

中学政治一级教师
广州市优秀团队干部称号
教育局系统优秀团队干部称号

格言 用心感应孩子的需要，细细聆听花开的声音。
——叶广秀

激活社区资源，凝聚德育合力

广州市执信中学 叶广秀

【摘　要】社会的快速发展，衍生了各种社会问题，学生的教育，尤其是德育建设正面临着新的挑战，如何定位和突破，寻求德育的“活水”。打破界限，激活身边的社区资源，凝聚社群合力，与时俱进，创新德育的内容形式，共同致力德育资源的开发与使用，才能更好地为学生发展服务。

【关键词】社区资源　德育建设　德育合力

当前我们学校教育发展还有很多问题需要不断改进：如课程的设置，以学科知识为本，教学方式以系统讲授为主；学校教学重视知识传授，疏忽品格与做人，尤其是青少年在“心理健康”、“生活能力”和“思想品德”等方面的问题日益凸显；家长现实中只看重读书的功利性，过于强调孩子的升学和就业，学生的活动空间狭窄，由此引发学生在学业与生活的心理问题呈现低龄化、复杂化。随着全球化、信息化、网络化时代的到来，面对社会多元文化发展的态势，我们的文化传承、道德观念的碰撞，对青少年的世界观、人生观与价值观形成产生重要影响。德育建设在这样的背景下，如何定位和突破目前困境，寻找更有利学校发展与学生成长的途径呢？其中，教育社群的深挖，社会资源的激活与整合，凝聚德育合力，将是拓宽教育视野、完善学生人格发展的重要方向。

一、社区资源开发的必要性

美国著名教育政策学家达琳·哈蒙德认为，学校、家庭与社区紧密联系，形成学习共同体，是构成支持儿童成长的关系系统的必要途径，也是深入了解儿童的重要途径。近几年，我们的教育合力重点在学校与家庭，家校合作在教育主管部门、妇联等的干预和支持下，正循着探索——深化——规范的路子发展。而社会层面力量的调动与介入缺乏指引。因此，激活社区公益团体、事业单位、政府机构等的资源，进行学校——社区合作共建，并逐渐固定为德育建设阵地，开展各种类型的体验实践，为学生更好地实现从认知成长走向身份发展打下基础。

（一）新课程发展迫切提出学生活动场所的拓展

《国家中长期教育改革和发展规划纲要》“注重知行统一”。坚持教育教学与生产劳动、社会实践相结合。开发实践课程和活动课程，增强学生科学实验、生产实习和技能实训的成效。充分利用社会教育资源，开展各种课外、校外活动。加强中小学校外活动场所建设。鼓励学生积极参与志愿服务和公益事业。《纲要》明确了学生学习场所除学校外，还要有社会教育资源的介入。

（二）德育改革的重要趋势是回归生活世界

著名教育家陶行知先生曾说：“教育只有通过生活才能产生作用并真正成为教育。”德育回归生活，有利于克服学校与社会的疏离，增强德育的生活化。在生活中激活学生身边的资源，并把这样的资源提升为可持续的德育资源，丰富学生的道德体验和道德情感，更好地形成个人的生活方式与素养。因此，社区资源的多元化与多样性如能进行合理的资源配置，就能满足德育具体目标的达成。

（三）教育科学理论要求重视学生知识建构、心理发展与社会性之间的内在联系

苏联心理学家维果茨基提出了关于人的心理发展的两条基本规

律：（1）人所特有的被中介的心理机能不是从内部自发产生的，只能产生于人们的协同活动和人际交往之中。（2）人所特有的新的心理过程最初必须在人的外部活动中形成，随后才可能被转移至内部，成为人的内部心理过程结构。因此，人的心理发展是个体与社会性的统一，个体的知识建构过程与社会共享的理解过程是不可分离的。随着经济社会的飞速发展，人们在创造物质财富的同时，也衍生了很多负面的现象，这跟经济膨胀所伴随的浮躁心理有关。作为不成熟的社会成员的学生个体也不能置身事外，如果只停留在单一的知识学习，必然与日后的社会角色发展造成激烈的冲突，我们的德育建设必须认真研究心理发展的客观规律和社会实际变化，引领学生逐渐参与社会活动，帮助他适应未来身份发展的要求。

（四）学校发展与学生成长需要社区的关注与投入

学校是社区的重要组成部分，社区是学生校外生活的主要场所，也是学校教育信息和教育效果向外辐射的每一个接受区。学校的发展离不开社区的资源和服务，德育效能的发挥是多方共同努力的结果。因此，社区资源是否深度关注与投入，德育合力是否到位，关系到学生能否充分利用社区广阔的空间去践行理论，体验生活，逐渐完善个人的品格、人格建设，发挥预设的教育成效。

二、发扬社区合力优势，创新德育活动的内容形式

（一）发挥社区的“助长”作用

一个人的学习、成长轨迹大都是由家庭——学校——社区——社会组成，不同的年龄段的发展都有所侧重，如何帮助、教导个体由孩子——学生——居民——社会成员，实现身份、角色的转换与发展。社会学研究表明，一个人在特定群体中，可以进行社会学习、竞争性学习和间接经验的学习，从而助长他的能力。因此，德育除了学校的功能主导，还离不开社会教育社群的参与，尤其是社区资源的充分整合，因此，学校必须依托社区，联合居委、社会团体、大专院校、政府机构等组成教育统一战线，达成教育共识，在实践中不断创新内容与形式，力促学生的多元发展。

（二）深挖社区德育资源，创新德育活动的内容形式

学校学习注重个体认知，真实情境中的学习注重分享的认知。

在真实的工作场所，人的活动具有社会分布性，即工作、生活和创造都发生在社会的系统中，个人的成功与他人息息相关。因此，学校在社区及其他教育资源机构的互动与支持下，要巧用、善用各个特性的社会资源，规划区别于课堂的德育教育目标，在实践中集合教育智慧，关注主体悟性，提升学生的人文素养。因此，发挥学校主导性，整合社会教育资源，挖掘社区人力、自然、设施资源，扬长避短，创造性地规划融知识性、趣味性、专题性、实用性等一体的学习内容和形式，激发学生兴趣，达成情感、态度、价值观教育目标的实现。

1. 通过专业团体的介入，提升学生的艺术涵养

现在的家庭教育普遍重视孩子的艺术素质的培养，学生一般在课外都会接触音乐、美术等的学习和训练，而学校原有的课程设置并不能满足学生在这方面的提升。学校可借助周边的专业团体与公益资源，如音乐厅、美术馆、艺术博物馆等，丰富课堂内涵。

由于这部分社区公共资源面向广大群众，因此，学校应建立畅通的渠道，密切联系并及时了解最新信息，为学生争取更多合适的共享资源。如音乐厅有向公众免费开放的音乐会，学校可指导学生尤其是音乐特长生学会欣赏，提高艺术技能与艺术品位；美术馆不定期推出的各种主题展览，组织学生尤其是美术特长生参观学习，将美术馆开辟为学校的“第二课堂”，增强艺术熏陶；艺术博物馆能够提供更多元的服务，如陶艺制作与展览等，培养学生艺术鉴赏能力，从而提高审美情趣，加强审美感受，有益于身心健康。

2. 发挥社会服务机构的职能，启发学生职业道德教育

通过讲座、参观、技能体验，创设情境让学生近距离认识身边社会服务机构的工作性质及行业要求，对学生而言，这既是生活能力的培养，也是职业道德教育的过程。学校可采取“引进来，走出去”的策略，激活这些机构的社会教育功能，增强学生与社区的联系。

如邀请图书馆专业人士为学生讲解“图书馆的功能与使用”，介绍图书的分类、检索与文献的查找知识；现代图书馆的功能拓展；怎样才能合理高效利用图书馆展开各类课题研究等，为学生提供专业的学习及研究工具开发的培训。联合邮政局举行“小邮票 大历史”讲座，邀请资深的邮政人员及集邮爱好者介绍邮票知识及展示邮政工作的技能，并现场让学生学习和体验邮递员的工作技能；

感受工作中的紧张与强度；设立学生校园邮局，在学生群体中模拟邮政的运行，将真实的“社会版”浓缩成“校园版”；邮局服务进校园，现场介绍报刊订阅手续；用于赈灾的“爱心包裹”的捐赠；校园书信节的举办等等；让学生切身体会我们的服务机构的专业化与多功能性，更好地方便使用，为生活增添色彩。

结合社会上出现的一些矛盾和冲突，我们通过让学生现场体验，在实践中去学会判断，学会分析，学会做人。如各医院的急诊科都承担着大量紧急医疗救援任务，医患关系紧张，怎样理智看待这个社会问题呢？依托学校附近的医疗资源，医院派出急诊科医生对学生进行急救知识的宣讲和培训，并从中选出部分学生代表进行24小时的医疗志愿者体验。学生经历了专业培训、实践体验后，他们重新审视身边的问题。这样的教育效果远比说教更有信服力。

3. 立足基层组织，增强公民意识教育

居委会是城市基层社区管理组织，它承担着管理社区的各种事务，为社区成员提供相关服务的功能。参与和支持居委会的各项工作的推进，既是公民政治生活的重要内容，也是我们社会责任感和归属感的体现。如组织学生参加社区义演，发挥他们的特长做有意义的事情；探访孤寡老人和贫困家庭，关爱弱势群体，对学生既是民生民情教育，也是传承中华民族传统美德的渗透；投身卫生城市和文明城市的创建工作，如工地的外墙整饰，我们鼓励学生围绕美丽城市主题创作宣传画，到公共绿地进行义务清理垃圾工作，文明出行志愿服务等等，鼓励学生在日常生活中做文明使者，参与社区文明共建，提升了学生对社区的认同感。

以社区居委为中心开展的社会实践和社区服务可以让学生更早地接触社会、融入社会，学会与人交往；同时，社会实践和社区服务可以拓展学校教育与课程开发的价值。我们经常给学生灌输帮助学生认识到帮助他人、贡献社会的体验不仅仅是一个抽象的概念，而且是一个自己完全能达到的活生生的过程。引导学生在过程中深化：我要做什么，我会做什么，我能做什么，明确自己的社会责任和公民意识。

此外，学校还建立以法院、派出所（法制教育基地）等校外德育基地，并聘请了法制副校长、校外辅导员，对学生进行法制教育、案例分析、安全教育，让学生从小知法、守法，用法律保护自己。

4. 引入心理干预与心理健康社会教育力量，增强学校心理防控能力

教育类的大专院校大多承担着专项研究课题，尤其是青少年问题，引入他们科研力量的进入，对学生的心理建设更具科学性、指导性，增强了学校心理防控的能力，也令大学能掌握最新的学生心理发展的信息，学校、学院是合作共赢的。具体可开展心理辅导、心理咨询和心理拓展活动系列，满足学生的各种心理需求。

最新德育理论研究的主题中明确提出“尊重人，关心人，理解人，发展人”的教育定位，立足社区，挖掘德育资源，更好地为这一目标达成而努力。

三、建议与反思

教育是一个系统工程，需整个社会的关心和支持。为更好地利用社区资源，凝聚社会教育社群，我们必须与时俱进，深入探索、研究适应学生发展的方式方法。

共识与责任。“以人为本，德育为先”已逐渐成为社会共识，关键是落实相关的举措去支持发展。社会教育资源的启动需要政府的指导，明确各部门、团体机构的社会责任并常态化，德育阵地的建构才能稳定。

渗透与融入。利用社会教育资源是落实新课程理念“拓展学习时空，完善学习方式”的一种载体。在综合实践课程中渗透德育的相关理念，提升课程的教育实效，把社会实践、社区服务等纳入学校德育发展的具体工作。通过加强与社会教育资源之间的整合和协调，紧密学生与社会的联系，为学生未来发展创建成长平台。

反思与导向。探索社区资源有效利用的评价机制，结合学校教育目标，除指导学生进行及时反思、总结外，还应就社区资源的优化利用进行专门的研讨，群策群力，形成德育课程体系，增强社区德育合力的凝聚。我们不能将德育效能简单化、活动化，及时的反馈与反思，才能不断改进工作各个环节，增强德育的导向和精神引领作用，实现社区功能延伸与学校发展双赢。

美国实用主义教育家、哲学家杜威曾经说过：“学校即社会，教育即生活。”激活社区资源，凝聚德育合力，创设多元的体验情

境，让学生在与社会交互中开发学习潜能，激发学习动机，满足学习需要，学会更好地生存与发展！

【参考文献】

【1】《学习共同体的建构》，上海教育出版社2008年版。

李嘉仪

中学语文一级教师
荔湾区优秀团干部

格言　一切从心开始。——李嘉仪

于无声处听惊雷
——在笔谈中育德

广州市第二十四中学　李嘉仪

【摘　要】针对当今社会转型时期，当代中学生出现的新的心理特点，有感于传统的德育方式滞后，对学生的德育教育低效或失败，提出在笔谈中育德的方法，透过笔谈的方式，让德育工作“润物”于“无声”之中。

【关键词】德育　无声处　笔谈　沉默　惊雷　润物

中国在世界上可算得上是最早研究教育的国家之一，从孔子到陶行知，中国历代教育学者提出了各种各样的教育方式方法。然而，自两千多年前孔子提出的儒家理想人生之路“正心、诚意、修身、齐家、治国、平天下”到新中国提出的“德、智、体、美、劳”全面发展，以及江泽民主席提出的“以德治国”方针，都不约而同地将教育的重点放在了“德”——亦即孔子所谓“正心、诚意、修身”上面，可见，德育乃教育的重中之重。

一. 德育工作的重要性及存在问题

（一）我国当前德育工作的重要性

曾经有人做过这样一个比喻：有德无才是次品，无才无德是废品，有才无德是危险品。而社会主义建设最需要的当然是德才兼备的“精品”。但是，如若在“次品”与“危险品”之中作出选择，我想“危险品”更让人担心。毕竟，“次品”所存在的缺陷只是自身的，而“危险品”则会祸及他人与社会。特别是当今科技高速发展，有才无德之人更让人类深受其害。德育工作开展的目的正是为了减少社会的“废品”与“危险品”。我国正处在社会转型期，随着中国加入世贸，走向世界，诚信与才能已成为我们的立足之本。同时，社会文化与价值从传统性、封闭性、一元性向现代性、开放性、多元性转移，这一切也都极需要一批“德才兼备”的生力军去完成，中学德育工作承担了前所未有的重任。

（二）转型期的德育困惑及矛盾

承担起重任的德育工作偏偏在转型时期亦出现了不同的困惑与矛盾。根据有关研究专家指出：转型期的德育工作已成为世界难题。而在中国，随着物质生活的提高，青少年日趋早熟，出现的问题也越来越多，据专家统计，以下面四种情况为甚：1.青少年思想迷惘加深。2.青少年生活能力降低。3.青少年心理障碍增加。4.青少年吸毒和犯罪案件增多。对于新时期出现的情况，传统的德育方式正面临着低效甚至失效的困惑，而过激的行为方法只可泄一时之愤，但收效不大，而且还可能会导致教育者与受教育者之间的矛盾激化。面对转型期德育出现的困惑与矛盾，如何做好德育工作，这是教育界极需解决的一个问题。而学校教育与社会、家庭影响的不一致，道德理想性和与现实性之间的矛盾都使现代德育有举步维艰之感，寻找一种较实效的德育方式是众多德育工作者的当务之急。

（三）方法的选择

记得有一个故事：有一人对佛学很感兴趣，想向高僧问禅。见到高僧之后，他就滔滔不绝地讲他如何如何的烦恼、如何如何的不满。高僧先是静静地听，然后拿起茶壶倒茶给他，茶水满了，高僧还是继续倒，水从杯子里溢出来。那人见了，就说：已经满了，装不下了。高僧说：是啊，满了，又怎么装得下呢？你的心中装满了烦俗事，不空出来，又怎么把禅装进去呢？传统的德育方式很有些像高僧手中的茶壶，拼命向学生的“杯子”里猛灌原则、道理，也不管学生的“杯子”满了没有，结果，那些原则、道理当然就像壶中的茶一样，只是倒向杯子，然后溢出来，始终没能留在“杯子”里面。这里面的问题出在，现代的学生大多有着自己的思想，他们的“杯子”所剩空间实在不多。所以才造成传统的德育方式的失效。如何解决这个问题呢？这还得从根源上去解决，不要急着“倒水”，而应先让学生把自己“杯子”里面原来的东西倒出来，去其糟粕，腾出空间才能“倒茶”。而此方法关键之处就是如何让学生主动倒出他们“杯子”所盛之物。因为这种权利把握在他们手里，旁人要想控制也控制不了。所以，诱发出学生的主动性，引导学生自主发展，让学生在素质教育中充当主角，动态发展，正确取向，才是德育的关键所在。而这样也能更好地落实国家提倡的基础教育改革精神。作为一个教育工作者，笔者发现，为了解决这个问题，很多老师采用了个别谈心的方法。然而，除了极个别学生被极有耐心的老师所感动，真诚地说出自己的心里话之外，大多数老师面对有心事的学生，语重心长的谈话，只是单方面地谈了自己的“心”，而换来学生若无其事的一句“没什么”，甚至更多时候是沉默。究其原因，乃是因社会的复杂令原本心无城府的青少年亦懂得防人之心，再加上当面向老师吐露心声的勇气毕竟不多。沉默、沉默，就在这难测的沉默当中令欲要施教的老师束手无策。鲁迅说过：“不在沉默中爆发，就在沉默中死亡。”如何让学生在沉默中爆发出来，而不选择“死亡”呢？经过近三年的尝试，笔者认为，有一种方法可以较好地解决问题，那就是——笔谈。

二. 在笔谈中育德

曾经有一个教育家说过，要想让学生听话，有三种方法：第一种是“力服”，以力量压服学生，让学生不敢不服；第二种是“才服”，以才能镇住学生，让学生不能不服；而第三种是“德服”，这是以老师的人格、素质、教养令学生佩服，是为不忍不服。当然，三种“服”的层次自有高下之分，“力服”颇有点像训练军人，不管对错，只要绝对听命令。“才服”则是“恃才傲物”和

"仗才欺人"的结合。而"德服"却是让学生从内到外视老师为朋友从而建立自觉、自主的正确人生态度。被自己的学生视为亲密的朋友，这是为人师者所能获得的最大成功。所以，教育者应将"德服"作为最终目标。而师生的笔谈则是达到"德服"的方法之一，在笔谈中育德，目的是在于维护和促进孩子的心理健康。作为教育者，重要的不是传授知识，而是教会学生做人。不妨尝试选择沉默，以笔谈解决这个问题：

（一）创设"无声处"

很多时候，有些事情不方便用语言表达出来的时候，写出来便是一种最好的选择。创设"无声处"，让学生把心中的想法倾诉出来，老师就能对症下药加以引导教育。学生的"杯子"倒空了，才能装入新的东西。我任教的班级是初中一年级，从入学第一天开始，我就要求学生每周至少写一篇周记，内容、体裁、字数不作限制，可写发生在学校、家庭、社会的事情、亦可写自己的心情。特别强调一点：所有周记内容均保密，未经同意绝不透露与第三者。并不以文法、文笔的好坏加以衡量，总之，爱怎样写就怎样写，哪怕是错字连篇的一段话、一句话，也算完成作业。听了如此低要求的一项"作业"，学生们都放松了，并不把它放在眼里，亦就是不会把它当成一项任务去应付。这样，他们的防备之心就大为放松了。

一开始，收上来的周记大多是试探性的，只是简单谈几句自己对新学校、新同学的感觉，大多是客气的场面话。毕竟你是老师啊！谁知道说了真话会不会真的不受批评。有一部分同学更是以一句："本周没事发生"便交差了事。面对这种情况，如果老师只是简单打个分，写个"阅"字，那么，周记便会流于形式，成为师生三年里的一项相互应付的作业，笔谈形式的育德便告失败，"无声处"便会成"无心处"。所以，在开始阶段，我用了多于平时改作业数倍的时间去认真阅读、答复，我的批语往往比学生的周记还长。第二次周记交上来，情况开始发生了变化，客气的场面话少了，一些隐约透露迷惘和烦恼的文字多了。这时也不能急躁，我同样以隐约含蓄的语言去回复，并不直接揭破，而一些用口语的周记得到的批语同样是以亲切的口语写成，让学生感觉到和他们交流的只是一位朋友，一位可以信任、有共同语言的朋友，而绝非高高在上的老师。而作为承诺，学生所有反映的内容，我在课堂上绝对不提，只是在周记中以商量的语气提出自己的意见。两次的试探让学生对老师信任起来，他们发现笔谈解决了面对面尴尬相处的问题，而有一个可藉自己宣泄的地方，而又绝对安全。最关键是每次周记发下来，他们都会发现有一大篇的“红字回应”，那种感觉就象收到一个朋友的回信。于是，很多学生便往往等不到两个星期一次才写周记，而是随时针对老师的回复有所回应，有的甚至一周交两次，有时还特别提醒：“老师该写周记了。”这时，我便知道，他们有话要说了。而部分原来只写“本周无大事”的学生，在连续几次“本周无大事”之后，在看着同学神秘而激动地对着周记皱眉或微笑，也开始尝试从小事写起，去一尝其中交流的乐趣。周记，在学生心目中不再是一项老师布置的作业，而成了他们不愿放弃的项活动，心灵交流的活动，“无声处”便建立起来了。

（二）于无声处听惊雷

“无声处”成功建立起来后，我们便会从字里行间听到来自学生的阵阵惊雷，或许这“无声处”便是让学生在沉默中爆发出来的阵地吧。总体来说，学生的问题反映在以下几个方面：

惊雷一：学生思想迷惘加深，心理障碍增加

这是在学生中表现最为突出的一个问题。十三四岁的初中生大多有着自己不成熟的人生观，一旦遭遇到与理想不相符的现实，常常便会迷惘，从而产生心理障碍。如一男生在周记中写道：“一次偶然的失手，令我来到了这所普通中学读书，我觉得自己很没用，人生似乎没有了什么意义。”我在周记中给予了他这样的答复：“世事岂能尽如人意。这次委屈你了，不过记住，有挫折的人生才是有价值的人生，相信自己，欣赏自己，接纳自己，只要是凤凰，在哪里都会起飞。”经过几次的笔谈，他有所触动，重新振作起来，周记中开始显示了乐观上进的一面。三年后，他以全级最高分数考取了高中。我相信，他的人生将充满意义。又如另一男生在周记中写道：“我自问自己读书差，又没心要做什么大学生、有钱人，但是很多人就将日后父母、家庭的责任这重担在十七岁时压向我……有时真想有人帮我安排好，让我可以享受我的十七岁……”我这样回答他：“十七岁的你要承受重责可有不堪重负之感？真是难为你了。但是，你对于享受的理解是否和‘享乐’混同了？享受可以有许多种啊。比如，辛勤汗水后的收获，突破自己后的喜悦……”感同身受的语言一下子把我们的距离拉近了，然后我让他明白每个人在社会、家庭里都有他的责任，男子汉大丈夫必须有责任心。最后，他告诉我：“我发现，压力有时可以转化为动力，我现在充满了动力……”我知道：我们的生活中又多了一个有责任感的小男子汉。

惊雷二：学生人际关系失衡，与同学、家庭关系紧张

有人群的地方就会有矛盾，学校也不例外。简单的一句“尊敬师长，团结同学”已难以让出现各种心理问题的中学生去严格遵守。一个同学由于性格较内向，少与人沟通，同学们都觉得他古怪，不肯与他交朋友。他觉得受到了歧视，“……这个臭婆娘把我说成是魔鬼一样……我要对付她……我崇拜希特勒，特别是他的复仇主义，因为我发现复仇成功后是十分愉快的……”从他的周记中流露出来的可是个危险的信号。由于他的性情暴躁，处理不好很可能会出现问题。针对他喜欢历史人物故事的特点，我写道：“你对希特勒的了解有多少呢？除了复仇你还尝试了什么让你快乐的事呢？再说，复仇得想个好办法。”果然，他被稳住了。迫不及待交上第二篇周记：“我想能够成为像剑客佐罗一样，以一身好功夫去为一切善良正直的人们伸张正义，将坏人一个个刺死……”我马上回复他：“你和佐罗一样，有着一颗正义的心，你是好样的。但是，如果把同学当成‘坏人刺死，那你在所有人的心目中便也成了‘坏人’，不是佐罗了。有时，宽容别人就是战胜了他，更容易受到尊重。”经过心灵的较量，我获胜了。他放下了杀气腾腾的笔，但随之而来的一句：“我已看破红尘，想出家当和尚……”又让我忙得够呛了。

惊雷三：学生的情感问题——为什么而“爱”？

关于中学生恋爱问题，一直是学校学生核心问题之一。可以说，“禁”已是行不通的一条路，中学生的叛逆性决定了学生恋情越“禁”越多，那么，只能学习大禹治水——“疏”。一女生在周记中提到：“报纸说了‘早恋’一词已经不适用了，而应该改称为‘中学生恋爱’。为什么社会都认同了，家里还反对呢？我本来没有男朋友，但凡是有男的打电话来，爸妈就紧张得不得了。我就干脆找了一个……”哎呀，这可是让家长逼出来的啦。我回答她：“对于中学生恋爱，社会不是认同，是不提倡。只是承认它的存

在，而你却把所谓的恋情当做对抗父母的武器。哎，你的‘男朋友’好惨啊！问你一个问题：这样值不值？该不该？做不做？”她的回答挺有点不好意思：“其实我也不想那么早谈恋爱。答你，不值、不该、不做。”苦海无边，回头是岸，得救的不止是她，还有那位男同学，我可又当了一回普渡众“生”的高僧了。

（三）惊雷过后艳阳天

无论多么恶劣的天气，惊雷暴雨过后多是艳阳一片。学生们在周记中的阵阵“惊雷”让他们压抑的情感得以宣泄。周记，让学生在沉默中选择了“爆发”而避免了“死亡”。周记，也让学生将自己“杯子”中之“水”倒出、过滤、沉淀。通过周记的交流，很多学生懂得了冷静处理问题、思考人生。虽然新的惊雷还是会不断爆发，但我们有理由相信：惊雷过后，学生的天空将会是一片艳阳。

三、课题存在的问题和前景

经过三年的实践，在笔谈中育德收到了很大的成效，但同样也存在一些尚待完善的问题：

（一）无声是为了有声

从创设“无声处”开始，我们便必须有一个目标：无声是为了有声。选择“无声处”只是一种方法、途径，而我们的最终目标是让每一个学生敢于直接表达心中所想。因为周记的交流也毕竟存在局限：时效性。一个老师认真对待几十甚至上百学生的周记毕竟不是一件轻松活。如能即时解决，及时了解学生的思想变化，德育工作的效率便会大大提高。

（二）润物细无声

以笔谈的形式育德，其效果好的话会有“润物细无声”的境界。无声处设立了，惊雷也听了，但如果我们的工作效果不好的话，那就会前功尽弃。学生发现你帮不了他，那么很快就会再次选择沉默。所以，惊雷过后，我们不能大刀阔斧地以一套套大道理去灌输给他们，而应从他们的角度出发，逐步靠近、转化，让“润物”在无声之中进步。这样，你会发现通常在几次的讨论之后学生已或多或少受到你的影响，真正做到“随字潜入心，润物细无声”。

在笔谈中育德作为众多德育方法的一种，很可能所需时间较长，但却是收效较明显的一种。而随着现代学生的思想越来越早熟，遇到问题越来越多，这应该是当代德育方法中较好的一种。让众多的教育者一起来尝试一下“于无声处听惊雷”吧。

罗俊杰

中学建筑装饰高级教师
海珠区人民政府嘉奖
区、市“献血工作先进个人”
2011年学校德育工作一等奖

格言 尊重人、重视人、引导人、培养人。——罗俊杰

中职德育全方位渗透模式的思考

广州市海珠商务职业学校 罗俊杰

【摘　要】中等职业教育学校在发展过程中，中职德育既是职业教育的特色，又是职业教育的难点。以“德育为先，学会做人；技能为本，学会做事”作为培养学生的诚信品质、敬业精神、责任意识和遵纪守法意识的德育工作思路，创新中职德育全方位渗透模式，做好与校企合作、工学结合模式下的德育工作，提高学生的实践能力、创造能力、就业能力和创业能力，从而促进学校各项工作跃上新台阶，切合社会和行业呼唤具有良好职业道德的高素质劳动者这一时代的命题和需要。

【关键词】中职学校　中职德育　全方位渗透模式

中职学生思想道德水平，直接关系到未来产业大军的职业素养和道德水平，影响着经济社会的发展和“两个文明”的建设。因此，中等职业教育培养的学生，不仅要具备必要的文化知识和熟练的职业技能，更要具有良好的思想道德素质。中等职业教育学校在发展过程中，中职德育既是职业教育的特色，又是职业教育的难点。应站在时代的高度，顺应时代要求，以“尊重人、重视人、发展人”为核心，以“德育为先，学会做人；技能为本，学会做事”作为培养学生的诚信品质、敬业精神、责任意识和遵纪守法意识的德育工作思路，中职德育全方位渗透模式，做好与校企合作、工学结合模式下的德育工作，提高学生的实践能力、创造能力、就业能力和创业能力，从而促进学校各项工作跃上新台阶，切合社会和行业呼唤具有良好职业道德的高素质劳动者这一时代的命题和需要。做好中职德育全方位渗透模式的思考如下：

一、思想渗透，系统的课堂正面灌输是做好德育工作的灵魂

毕业生职业道德如何，将直接影响企业、行业和社会道德的形成。应坚持围绕发展中心，着力在提高实效上下工夫，课堂灌输，永远是德育工作的主战场，要实现中职各学科教学改革与德育实行有效衔接。

（一）提高德育课实效性

我们所讲的德育课堂泛指学校以德育课为主的包括其他对就业德育其促进作用相关的所有课程。面对传统德育课道德灌输、空洞说教的流弊，对德育课题教学进行深度改革势在必行。中职德育课是学校德育工作的主渠道，通常分为《职业生涯规划》、《职业规划与就业岗前培训》、《心理健康》、《职业道德与法律》等课程，是各专业学生必修的基础课，是对学生进行就业德育教育的主阵地。德育课改革分为：

1. 着眼教学方法的改革。改变过去单调呆板的教学模式，引进项目教学法、案例分析法和小组协作学习，大大提高学生学习的积极性。

2. 改革陈旧的教学内容。选择相应所学专业的职业要求、工作特点转化为中职德育工作的教育题材，将直接增强德育工作成效，有条件的可请熟悉专业教学的老师任教，编写适合本专业职业要求的德育校本教材，选择贴近学生、贴近职业、贴近专业、贴近社会

的内容，重视学生在学习过程中的实践体验，重视养成，把知识学习与能力培养和行为养成相统一，增强学习的针对性、实效性和时代感，充分发挥德育课在促进学生全面发展和综合职业能力形成中的理论引领作用。

3. 改革学科教学评价。破除过去单一闭卷考试的终结性评价，如进行学生学习过程活性评价的研究，用活的形式、活的标准去评价每一个鲜活的生命，重视学生在学习过程中综合能力的记录与考察。

（二）重视其他课程教学的德育渗透

中职学校有自己的教育特色，专业设置充分结合市场发展前景。专业兴趣的培养、职业能力的发展有助于学生道德的培养。中职生学习的内容和高中生学习的内容相比，前者更具专业性，职业性较强。所以，很多学生在选择自己就读的专业时，考虑到了自己学习的兴趣和能力。即使是学习能力不强的同学对专业也有一定的兴趣。中职专业教学不能只是单纯传授知识，教书必须同时育人，把教书和育人结合起来。职业学校各科教师都应承担起立德树人的重要使命。

1. 文化科教师要认真挖掘教学内容中隐蔽的德育因素，注意隐蔽性教育的教学设计，进行学科教学的德育渗透。语文课可以通过文学作品中的典型人物形象、人文精神和美学思想教育学生；数学课可以通过揭示自然规律的科学知识的传授，培养学生科学、合理的生活态度；体育课可以通过体育活动培养学生集体主义精神、顽强的意志和毅力；音乐课、美术课可以通过音乐、绘画等，培养学生鉴赏美、创造美的能力，陶冶他们的情操，丰富他们的精神生活。

2. 专业课教学结合职业特点和专业技术发展的需要，对学生进行职业理想、职业意识、职业道德与创业精神教育。通过专业技能竞赛，促进学生更好地掌握专业技能，增强职业意识，提高职业能力。重视专业实践课对学生的综合职业能力的磨砺，从出勤到清洁，从仪容到两操，从技能到品德，每一步都有计划、有反思、有总结。教师和实习单位共同加强对学生进行思想教育、品德教育、纪律教育、法制教育和岗位规范教育及其养成训练。

二、氛围渗透，校园文化建设是做好德育工作的关键

（一）优化校园物质文化环境

1. 创设校园文化。学校要以建设优良的校风、教风、学风为核心，以校园自然环境建设和人文环境建设为重点，创设体现社会主义特点、时代特征和中职学校特色的校园文化。校园自然环境建设，要突出校舍和校园的安全、整洁、绿化和美化；校园人文环境建设，要突出学校专业特色，要树立以德治校、以德育人、以德修身的理念，要不断提升校园文化的品位，在校园艺术节、科技节、体育节等传统节日中，要重视道德要求；在校园诗歌、散文朗诵会、音乐作品欣赏会、书画美工作品展等活动中，要挖掘道德内涵。进一步深化活动内容，突出思想内涵，强化道德要求，积极开展丰富多彩的、符合中职学生身心特点的学习教育活动。

2. 严格各项管理制度。建立健全学校班集体、课堂教学、实训实习、社团活动、校园安全、后勤服务等各项管理制度，全面推行整理、整顿、清扫、清洁、素养、安全、节约等现代化管理模式和标准化管理机制，使学生在严格管理中增强自我约束能力。制订并严格执行学校安全制度和突发公共安全事件应急预案，努力维护校园稳定。

3. 精心营造催人奋进的文化氛围。在校园的宣传栏介绍学校的办学特色、专业设置与特点，介绍学生参加各种社会实践活动情况；通过在校园主要活动场所建造高雅的人文景观，在教室、实训室悬挂伟人、名人的画像、语录；通过在教学楼、实训楼、宿舍楼的走廊和墙壁上悬挂学生语录、十佳学生等，让学生得到充分的尊重和肯定。创作体现学校精神的校训、校徽、校歌、校标、校报、校刊等，努力营造健康向上的校园文化。

4. 重视实训(实验)室的环境布置。在各实训(实验)室的墙壁上都悬挂与专业有关的标语、图片、操作流程、实训(实验)室管理规定等，能使学生感受到强烈的职业氛围。

5. 适度引进企业文化。以企业文化作为切入点，阐述现代企业的用人理念及应具备的素养，使学生毕业后能更好地领略企业文化的精髓，更快地融入企业。同时反映学校办学理念，让学生尽早地

接受企业文化教育，融入企业优秀文化，实现学生与企业先进文化的“零距离接触”，在就业时能尽快地进入角色，适应用人单位的需要。

（二）发挥典型榜样教育作用

根据职业教育的生源特点，通过德育科研，以爱心育人、情感育人、就业育人为主线实行主流教育与辅助教育有机组合，把在长期实践中获得成功的典型教育定为学校德育的载体，构建一条“典型带动、创优争先、自我提升、超越发展”的“绿色”通道，贯穿学生在校成长的全过程。

是以典型的品德优良学生的动人事迹，组织主题系列活动推动德育管理机制运用，营造完美的育人气氛。以典型的先进班集体的“成功教育”经验，带动其他班级及各类专线的教育工作，创造良性的竞争局面。以典型的学习成绩优秀的学生的刻苦精神，触动全体同学的心灵，铸造求知进取的坚强斗志，使工作起到“一石激起千重浪，一花引来万花香”的效果，形成了人人争先进，个个学典型的良好局面。

典型教育，发挥了榜样的巨大作用，开创了德育教育的新局面，形成一个“催人奋发、和谐共进”的育人大氛围。学生的价值观将不断提升，“为就业打拼”思想更加牢固。

（三）拓展德育网络资源

完善校园德育网络体系，加强校园网的建设，充分利用网络资源，拓展学校德育途径，通过强有力的网络环境的感染力量实现对学生的道德教育。建立德育网站和网页，可以开设“德育政策法规”、“德育资源库”、“爱国主义教育”、“法制教育”、“心理健康教育”、“时事政治评论”、“团队活动”、“主题班会”、“校园生活”等栏目，为学校德育提供资源；可以设立“德育论坛”、“德育成果展示”等栏目，让师生参与发表见解，为学校德育工作理论学习和交流提供平台；可以设立“家庭教育”、“家校之桥”、“社区活动”等栏目，为师生和家长提供沟通交流的天地。有条件的学校，可以组织有教育意义主题的网页设计制作竞赛，既发挥学生的兴趣特长，又培养学生的信息素养，让学生的创造才能得到充分的发挥。

三、动力渗透，职业生涯规划是做好德育工作的有效载体

中等职业学校的学生有着很强的专业特色，从他们一进入职校的大门起，就选定了某一“专业”，而这一“专业”又和学生毕业后所要从事的“职业”有着密切的联系，因而，在中等职业学校的德育工作中，要以具体的某一职业的职业道德教育为切入口，一方面在专业课程的课堂教学及实操中引导学生了解社会对该专业人才的道德需求；另一方面，加强社会实践基地的建设，在具体职业环境的氛围中，进行有效的思想道德教育，开展有针对性的德育工作，使中等职业学校的德育工作更具针对性和实效性。职业生涯规划是做好德育工作的有效载体，是以科学发展观引领学生将自身发展与经济社会发展结合起来，着力于学生追求职业生涯发展内在动力的形成。学生入校就读三年，可将每年分为一个阶段，每个阶段有相应的重点指导内容，循序渐进，从教育时间的安排上力求科学、合理、务实，以就业教育为重点，利用校内外教育资源，以职业技能人才先进典型为榜样，深入开展创新创业教育。

1. 职一：本阶段主要进行职业指导的理论介绍，使学生树立爱岗创业的意识，通过专业课的学习和本专业职业知识的介绍，让学生了解本专业的内容，将来就业的模式，使学生产生专业的向往和追求。

开展模式：

①明确制度，要求班主任利用班会进行职业思想道德教育。开展如“亮起职业人生的航标”等为题的班会课，教师要根据专业的培养目标引导学生认识社会，了解社会主义市场经济的特征、用工制度、人才需求形势及地方经济的发展状况。

②通过专业科（部）开设专业介绍讲座来传播职业道德教育。如在职一级上学期针对学生刚进入职业中学，不了解自己入读的专业特点，对未来职业的认识是朦胧的、浅薄的。召开一个“学习的专业是你心目中的职业吗？”为题的讲座。讲述以后毕业的就业工作的内容和将来的发展前景，提高学生的职业意识和学习的信心。

③由专业课程的学习着手，引起学生的专业学习兴趣，促使学生增强学习专业信心。如通过设计课程作业，组织学生进行市场调查，接触社会，提高专业认识。为日后更好地将课本知识转化为实

践能力打下基础。

④可以组织职一级学生去观摩毕业班学生的实习见工招聘会，让学生了解专业要求和职业市场的需求。

2. 职二：本阶段可以采取分散讲解和集中对话的形式来丰富学生的职业思想。有讲解，有对话，既有老师的讲解，又有学生的尽量发挥，使学生的就业创业思想成熟。

开展模式：

①组织任课的专业教师统一职业思想，由任课师分别巩固学生的专业理论学习的同时，加强学生的职业思想指导。任课教师结合专业课程教学，不仅传授具体的专门知识和技能，而且阐明这些知识与技能在职业领域中的应用，以及应用中所应遵循的各种规则。这样，学生不仅学到了专门的知识和技能，而且知道这些知识与技能的运用价值，以及如何在职业领域中运用这些知识。

②结合心理健康教育，通过举办心理健康教育讲座或个别辅导，解决学生在学习和将来就业之间的心理冲突，提高学生的心理素质，为将来就业做好心理准备，提高学生的心理素质和社会适应能力。

③组织学习有一定成绩或近期有较大进步的学生开讨论会，传播经验，以好带差，增强激励效应，提高学生个人的“成功效应”。

④继续合理利用班会课时间或组织相应的讲座。开设“在将来的职业生涯中，你懂得善待挫折吗”的讲座，引导对挫折有正确的认识，将来毕业后走向社会，在谋求职位上、工作岗位上、创业道路上都不可避免地会遇上挫折，要懂得善待挫折。

⑤为提高学生的学习兴趣，丰富我校的教学形式，令他们对日后从事的职业有一个直观的印象，争取每学期都带领学生外出参观企业，让学生对职业和社会有一种真切的感受。

3. 职三：本阶段学生面临实习和毕业，注重采取课堂教学与社会实践相结合的形式，让学生多了解社会，多接触社会。

开展模式：

①通过学生学习的专业课程由专业基础课类型向专业技能课类型的转变，在教学过程中，组织参观和实践形式，提高学生的实践认识，为将来就业打下理性认识和基础。

②邀请工作上有经验、有成绩的师兄师姐回来介绍就业经验，帮助学生提高职业意识，逐渐提高就业、创业的能力。鼓励学生要不断学习，既要成功就业，又要不断深造，提高自己的学历和技能。

③开设职业道德讲座。召开一个“学会相处、学会做人”的知识讲座，让学生学会如何与人相处，从而学会生存、学会发展。解决学生学习本专业的疑惑，增强其成功的信心。帮助学生提高求职的技巧和能力，增强其职业意识和法制意识。

④组织学生出外参观企业，通过了解就业市场对中等技术人员的需求以及专业的人才规格要求，使学生增强学习的信心，明确就业需掌握的专业技能及基本要求。

⑤协助学校联系、安排毕业生的实习和见工，为学生提供市场信息、专业技术和管理等方面的指导、支持。在校安排实习招聘见面会，并以此为契机，加大宣传力度，加强低年级学生对本专业就业前景的了解，增加其对自己将来职业的期望，亦是对学生进行职业指导的一个重要环节。

⑥组织实习、推荐就业领导小组，做好学生毕业顶岗实习的指导工作。致力于学生在企业学习实践和顶岗实习中加强德育工作，重点抓好技术研讨和技能操作规范、敬业精神专业思想等教育，实现多赢格局：企业满足了用工需求，学生得到实践锻炼和生活补助，最重要的是学生通过顶岗实习，工学结合，一方面体会到劳动的艰辛和学好专业知识的重要性，另一方面体会到劳动创造价值，更重要的一个方面体会到自身的职业生涯规划的起点和发展方向。帮助中职生树立自信心，培育中职生的成就感，培养学生吃苦耐劳、遵规守纪的良好品质，有利于对学生进行世界观、人生观、价值观的教育，寓思想教育于工学结合之中。进一步更好地了解职业工作技能、行内的职业操守，成为具有工作责任感和严肃认真的工作作风的行业工作者，从而为他们日后的发展与创业打下坚实的基础。

职业生涯教育是学生入学教育这一关键环节的开始，在职业生涯设计教学中，以了解职业、希望就业、努力创业三段式生涯设计相配套，打一组以专业特点为特色的组合拳，有效提高中职学生职业定位的针对性与精确性。完整的、科学的职业生涯设计有力地促进了学生就业目标定位、学校专业培养目标定位、企业用员目标定位三者互动，学校招生与企业招工一线贯通，破解了专业、就业、企业相适应和招生、招工相衔接的难题。帮助学生剖析自我，明确自己的职业生涯目标，然后通过系统化、专业化的职业指导课程，针对不同阶段不同学生的不同特点，细致入微地将理论教学与实践指导融为一体，使学生在树立正确成才观的同时，扎扎实实地修炼出足以纵横社会的内功。引导中职学生树立自强不息、脚踏实地、吃苦耐劳、勇于创新的精神品质，使学生成为就业有优势、创业有本领、升学有希望、终身发展有基础的新一代技能型人才。

四、活力渗透，实践活动是做好德育工作的有效途径

德育过程本身是实践活动，按照实践育人的要求，精心设计和组织开展主题突出、形式新颖、内容鲜活、特色鲜明的中职学生道德实践活动，是学生品德形成和发展的有效途径。中等职业学校的学生正处于青春发育时期，身体已长大成人，渴望得到社会的认同，有较强的自我意识，追求实现自我，彰显个性，无时无刻不洋溢这青春的风光。但是，由于他们生活和知识阅历浅，对事物的判断能力差，心理的成熟、思想的成熟还很不完善，这就需要我们加以教育引导。由于年龄关系，他们喜好活动，因而，寓教于乐，寓教于活动之中，通过和风细雨式的渗透，远比暴风骤雨式的灌输来得好。

（一）严格规范学生的日常行为

所谓“行为决定习惯，习惯决定性格，性格决定命运”，通过行为训练可以塑造人的品德。待人礼貌，可以培养尊敬师长、与人为善、文明交往的品德；整洁内务，能够培养学生有条理、有规律、讲质量、讲认真的品质；励志晨练，能够培养学生刻苦勤奋、意志坚定的品质。

（二）节日活动承传统

利用节日、纪念日开展主题系列活动，以马克思主义基本观点、中国特色社会主义理论体系为重点，开展国情教育、哲学与人生教育、经济政治与社会教育。各种重要节日、纪念日，蕴藏着宝贵的道德教育资源。要充分利用“五四”、“七一”、“八一”、“十一”等革命节日，“五一”等国际性节日以及民间传统节日(清

明节、中秋节等)和重大历史事件(“九一八”、“一二九”等)、历史人物纪念日(孙中山、毛泽东等诞辰日)等举行形式多样的庆祝、纪念活动，组织学生参观德育基地，瞻仰革命圣地，祭扫烈士陵园，观赏名胜古迹，进行爱国主义和民族精神教育。组织学生参加志愿者服务等社会公益活动。提高自我教育能力和社会实践能力。使学生在集体聚会的同时，增强对祖国、对家乡、对自然、对生活的热爱，陶冶道德情操，引导中职学生逐步树立正确的世界观、人生观和价值观。

（三）文体活动展才华

大力开展群众性文化、体育、艺术等教育活动，使学生在活动中张扬个性，培养学生的团体协作精神；在学生中采取小型、分散的形式，充分利用团队活动课、第二课堂，组织开展形式多样的文体活动。通过丰富多彩的文体活动，为广大同学提供提高自我、塑造自我、完善自我的平台。

（四）社团活动塑品质

推行“自我教育、自我管理”活动，鼓励学生创办各种各样的学生社团，举行丰富多彩的社团活动，如摄影协会、舞蹈协会、曲艺协会、声乐协会、武术协会、器乐协会、篮球协会、书画协会等。通过学生社团的活动，使学生在各种社团活动中找到自己心灵的闪光点，受到鼓舞和激励，从而使学生在充当管理者的角色中得到教育。可以使学生发挥特长，提高审美能力，锤炼意志品质。

（五）社会实践活动促成长

组织学生参加专业社会活动，对学生进行职业道德和理想教育，充分利用校内外德育资源，引导学生参加各种有益的社会实践活动，使学生在社会实践中认识社会、适应社会，从而学会做人、学会求知、学会生存、学会发展。如顶岗实习与毕业设计、社会考察与社会调查、公益劳动与社会服务、军事训练与勤工助学等；每学期组织学生徒步深入企业参观学习，既锻炼意志，又了解企业，认知社会；学校义工队承担许多街道组织的义工活动等。

（六）主题教育活动破难题

利用校会和专题讲座进行专题教育，进行日常行为规范教育及法制教育。应结合本校实际，精心设计主题教育活动，制定具体实施方案，力求围绕主题、体现特色，形式多样、生动活泼。如时政教育、形势教育、创业教育、感恩教育、法制教育、环保教育、文明礼仪教育、职业道德教育、心理健康教育等。

（七）技能竞赛活动增信心

中职学生虽然文化课成绩不太好，但动手能力很强，愿意参与集体活动，乐于将自己的热情投入其中，要充分利用这一点，激发学生的参与兴趣和热情。从专业学习角度而言，通过举办各类技能大赛和各种单项技能比赛，可以培养学生强烈的集体荣誉感和个人成就感，从而大大增强学生自强自立的信心和决心。中职生动手能力较强，可开展专业相关的技能比赛。

以实践和活动为切入点和着力点，通过训练学生的行为使之规范；锻炼学生的身体使之强健；磨练学生的意志使之坚强；锤炼学生的精神使之高尚，进而铸就其优良的品格。因此德育实践活动是就业德育理论的实验场、检查站和助推器，各种适合学生年龄特征的健康有益的活动的开展使德育工作更具针对性和实效性。

【参考文献】

【1】吴凤芝、霍俊伟、栾非时：《等关于园艺专业人才培养方案改革的思考》，《东北农业大学学报（社会科学版）》2008年第4期。

【2】彭立新、孟智华、阎国荣等：《调整园艺（林）专业人才培养模式适应沿海都市发展需要高等农业教育》2009年第6期。

【3】李国元、邓青云、姜益泉等：《以社会需求为导向，加强园艺品牌专业建设》，《孝感学院学报》2009年第3期。

【4】徐小彪、杨义伶、辜青青等：《高等农业院校园艺专业课程资源的开发》，《高等农业教育》2009年第9期。

【5】韦杰：《大学本科园艺专业实践教学改革与思考》，《广西大学学报（哲学社会科学版）》2008年第S2期。

张玉儒

中学一级计算机教师

格言　爱每一个学生，让每个学生都自强起来。　——张玉儒

网络德育教育有效性的实践和思考

广州市长堤真光中学　张玉儒

【摘　要】随着科技的发展，计算机和网络的普及，求知欲强、对新事物接受快的青少年成了上网的主要人群，越来越多学生沉迷于网络，导致意志力薄弱、对人冷淡。如何结合网络开展德育教育已引起全社会的重视，而对作为中学的信息技术老师和班主任来说，更是值得思考的问题。本文阐述结合初二网页制作的教学课程和班会课，探讨在信息技术教学中开展德育教育实践的过程和做法。

【关键词】信息技术课　网页制作教学　网络德育教育

一、问题的提出——为什么要开展网络德育教育?

学生现状：笔者在一所沿海开放最早的城市的普通中学担任班主任工作期间，了解到所带班级的同学95%家里有计算机并可以上网，越来越多学生耽溺于游戏，以至于上课没精神、下课没事干，学业没长进、作业没法交；还有的同学沉溺于QQ、MSN等网络聊天方式不能自拔，对家长、教师、同学没礼貌，意志力薄弱、对人冷淡，不会用正常的交流方式与人沟通交流。由于日益沉迷于网络的虚拟世界，个别同学还有暴力的现象。

在网页制作教学前，以“作为一名中学生如何合理利用网络？”为主题，在所担任的班级做了关于网络的问卷调查，调查的问题及结果如下：

1. 你上网吗？

全班有40人，其中38人参加了这次问卷调查，有36人上网，2人不上。

2. 如果上网，你每天上网有多长时间？

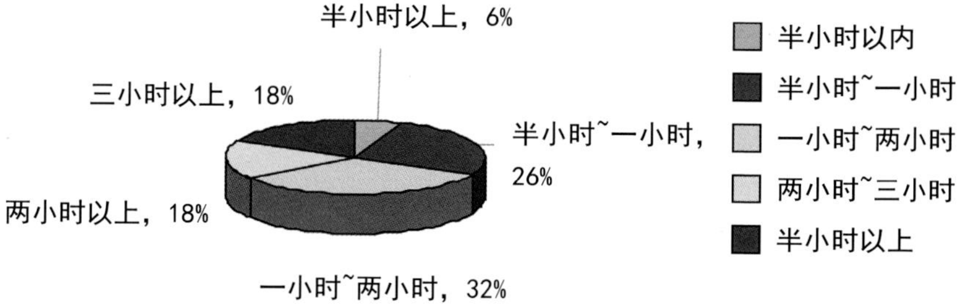

3. 你上网主要干什么？

上网内容	人数
和同学、朋友聊天	28
查找资料	25
网上学习	11
上网玩游戏	19
挂 QQ	28

4. 你上网时家长会干涉吗？

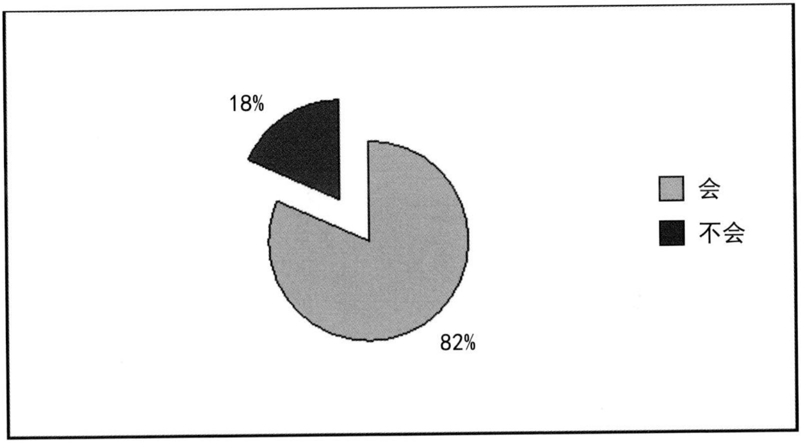

5、当家长干涉你时，你是怎么处理？

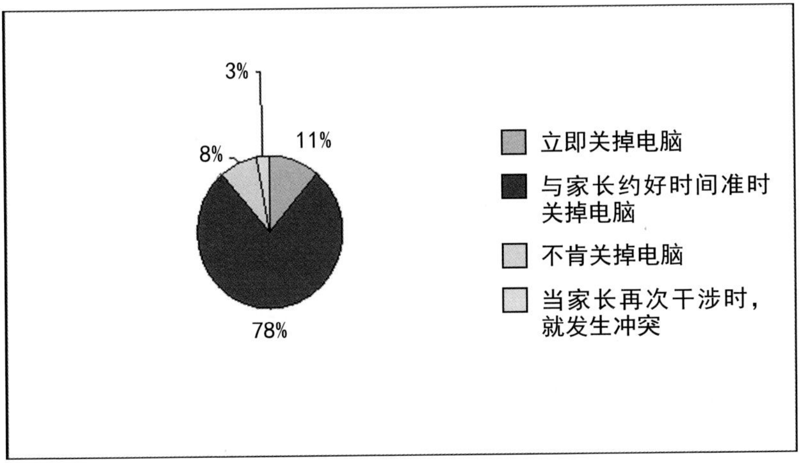

6. 你上网主要的收获是什么？网络对你有什么影响？

同学们讨论的结果如下——

收获：广交朋友、放松心情，与人分享快乐和忧愁，探讨学习、查找资料、了解时事，能满足自己、丰富生活、拓宽视野。

不良影响：诱惑太多，令人无心学习，容易沉迷于网络不能自拔，令眼睛近视，让自己的学习成绩下降，还有可能走入歧途。

从上面问卷调查可知：很多同学都意识到“网络是‘双刃剑’”，他们在网络上感觉自己的生命的存在价值获得无限的提升和张扬，也可获得别人的理解、接纳、同情，重塑个人的尊严。聊天室、BBS、电子邮箱也好，琳琅满目的网页也好，它们在社会生活中所扮演的润滑剂的角色，对缓解学生的紧张心理，释放由学习和生活带来的压力，有着积极的作用。当青少年受到方方面面的刺激产生不良的情绪时，心理学所提倡的做法就适度、适时地转移、倾诉和宣泄，而网络的隐匿性、开放性、便捷性恰恰提供了这样一个机会。但是初中生正处于幼稚半成熟的成长过程，缺乏明辨是非的能力，他们抵制不了网络上的各种各样的不良诱惑，久而久之，就沉迷于网络当中，这就需要我们老师去告诉他们怎样去做，并加以引导。

二、在信息教育中进行网络德育教学的理论根据

学生熟练使用电脑和上网，是通过在学校学习学会的。既然学习信息技术的重要途径是学校，在信息技术课渗透网络德育是事半功倍的。新课程改革认为：学生是学习的主体。根据这个原则，笔者认为教师应该在信息技术课堂上把学生作为学习的主体，引导学生去正确认识网络。李伟明老师也认为：我们认为主体——发展性应是信息网络时代中小学生主体发展目标的真谛与精髓。因此，在信息技术教学中把学生作为道德主体来培养，塑造、促进他们德性的发展，从而引导学生正确认识自己、约束自己、规范自己，让学生达到自我教育的目的。苏霍姆林斯基也曾经说过：“不能完成自我教育不是真正的教育。”因此，在信息技术教学中，笔者常常采用先准备丰富的资料，以提出问题、学生探讨的教学方式让学生自主学习、自我教育，在实践中自我提升。

三、在网页制作的教学中进行网络德育教育的探讨

如何去进行网络德育教学呢？其实，面对网络对德育的冲击，正确的选择应当是疏而不堵、因势利导。与其让学生远离网络，不如为他们营造一个健康活泼的网络环境。网页制作教学后，可以让学生建立个人网站，让他们发挥自己的信息技术技能，发表自己遇到的问题、自己的见解，将上网的时间做有意义的事情。

以下是我的教学步骤：

（一）根据调查情况选择主题

在初二网页制作课程中，笔者根据在主题班会课上做的调查，让学生围绕“坚强”或“向善”选一个主题制作一个网页。

1. 关于“坚强”的探讨

（1）阐述“坚强”的具体涵义

（2）引入讨论事例

在2009年的2月，广州工学院两天连续发生两起大学生跳楼自杀事件。一个是和感情有关，一个和成绩有关在同一学校连续发生多起自杀事件，这在社会引发强烈的反响。

笔者以此作为第一个主题，让学生积极讨论。

（3）学生讨论发言

有学生发言说“生命并不只属于自己，它属于赋予我们生命的所有人”。有学生发言说“生命不言放弃”；也有学生说：“放弃生命是一种自私的表现！”

（4）教师分析

年轻人对生命的不尊重，不仅体现在自杀问题上。从今年药家鑫车祸后竟然对着受伤者连捅八刀，致使受伤者当场丧命。旋即又传来了“汪九刀”弑母的消息——一位姓汪的留日学生竟然拿刀捅向生他养他23年的母亲，而且连捅9刀。接二连三出现大学生如此残忍的杀人事件，体现出这些年轻人的共同点。不尊重生命。一个健康的人不仅有健康的身体，更应该有健康的心理。

通过主题讨论，引导学生建立坚强的人生观，不轻易放弃。

2. 关于“向善”的探讨

（1）向善具体涵义阐述

（2）引入讨论事例

今年冬季的一天，我接儿子放学回来走到楼下看到好几只流浪猫相互挤在一起，冷风吹来冻得眯起了眼睛身体缩成一团。儿子看到对我说：“妈妈，这些小猫没有家，没有妈妈，也没有吃的它们多可怜啊！”我对他说：“那咱们回家拿吃的喂它们吧！”儿子立刻跑回家把他爱吃的火腿肠拿出来喂小猫。那些小猫狼吞虎咽吃得可香啦！晚上，儿子写了一篇题目是《给小猫一个温暖的家》的日记，边写边流眼泪。他希望人们都能来关爱这些流浪猫，帮助它们度过严冬。我从他日记的字里行间感受到儿子是一个非常有爱心、懂得博爱的孩子。

（3）学生讨论发言

这一主题引起学生更大的反响，纷纷发表自己的意见和故事，学生懂得善良其实很容易，存在一些小事里，存在一念之间。他们开始注意起身边的小事，并发表在自己身边的好人好事，很多同学想不到自己做的一些小事会被人注意到，心里很高兴，同学之间的关系更融洽了。有的同学还分享与家长相处的心得，并强调懂得换位思考的好处。

（4）教师分析

人云：莫以善小而不为，莫以恶小而为之。让学生在生活、学习中找到小善，体会小善，从小善做起是网站的第二个主题。由于众多媒体对生活太多灰色的报道，学生慢慢对生活、对人表现得颇为冷淡。笔者的网站是让学生在找出自己感动的一刹那间，记录下来，并传播出去。从小养成从善、乐于助人的习惯，慢慢消除偏激的想法，从而学会关心别人，乐做善事，打破自己狭隘的个人圈子。通过主题讨论，引导学生在生活、学习中找到小善，体会小善，从小就做一个善良的人。

（二）网页作品要有评价及评价标准，用评价鼓励创作：

网页制作出来，要吸引别人去浏览，还要让人学习到什么，让人有所收获，才是好的网页。笔者把学生网页作品上传到学生机房服务器，并让学生定期更新，同学之间可以互相浏览、评议。学生作品评价由三部分组成：学生自评占45%，小组评价35%，教师评价20%。

具体评分标准如下：

作品名称：	作者：		
	自评（100分）	小组评价（100分）	教师评价（100分）
内容选取（25分）			
作者评论（40分）			
技术（20分）			
版面设计（15分）			
总分			

评价等级分为：优秀、良好、继续努力。符合以上4个要求的评为良好，学生有深刻评论、反思的评为优秀，要求作品原创。

作品评价以学生自评为主，教师指导，由于发挥了学生学习的主动性，学生的热情都很高，学习积极了，很多学生转变了以往上网只是玩游戏和聊天的习惯，而改去浏览自己和同学制作的网页。这也是符合新课程的教学要求的。

（三）后续工作

学习网页制作之后，笔者再结合班级学生“学无目的，没有自信心”的状况，利用网络组织了《如何制定目标》的主题班会，使学生明白为什么要制定目标，以及如何制定目标、制定了目标怎样实现、在实现目标的过程当中遇到困难如何克服……双管齐下，学生的学习习惯改变了，从以前的“漫无目的”变成积极向上、人人都朝着自己的目标而努力奋斗，班风得到改善。在八年级学期末的测试中，全级有八个班，这个班的总平均分从原来的第七名上升到了第三名！

四、小结

计算机网络的普及，使越来越多的青少年沉迷，对于学生沉溺于网络的状况，我们只能面对、正视，并想办法引导和疏导之。在网页制作教学的过程中，通过教师引导、指定主题，学生的个人网站的建立，学生开始对自己的行为进行反思，思想上在一定的程度进行了自我教育，并有一定的提升，信息技术也得到提高，班风、学风得到较大的提升，很多学生从被动学变成了主动学。学期末的测试中班级的总平均分从原来第七名上升到第三名就是学生转变的一个体现。在学科教学中如何针对学生出现的问题进行教育是我们要重视和不断思考的问题，对于信息技术教育教师，这个任务更是繁重。

以上所总结的是本人对班级的德育教育工作与教学相结合的案例之一。对学生的德育教育工作是全方位的，如何更有效地进行班级管理和德育教育，还有更多的问题值得我们思考和探讨。

【参考文献】

【1】姚继业主编：《育德新果》，《广州市中学德育研究会》2001年版。

【2】Priscilla Norton & Karin M. Wiburg：《信息技术与教学创新》，《中国轻工业出版社》2002年第7期。

【3】广州市教育局教学教研室编著：《学校教学模式实验研究》，新世纪出版社2002年版。

【4】李伟明主编：《网络时代的中小学德育》广东教育出版社2001年版。

【5】霍姆林斯基：《给教师的建议》，教育出版社2005年版。

【6】http：//bridgeschool.ysedu.gov.cn/ReadNews.asp?NewsID=565

王文俊

中学信息技术二级教师
雅瑶镇优秀教师
花都区教育系统优秀信息员

格言　天道酬勤，学在当下。——王文俊

微博，中学德育的新途径

广州市花都区雅瑶初级中学　王文俊

【摘　要】微博给中学生提供了表达自我、实现自我价值的途径，有利于他们心理健康的养成。同时，微博现象也容易造成中学生社会责任感、公德意识淡化和传统道德意识淡薄。我们要发挥网络德育优势，利用好微博这个新载体，努力发挥其在改变教育方式、整合教育资源等方面的特有优势，为中学德育工作开辟新途径。

【关键词】微博　德育　中学生　影响

“140字的限制将平民和莎士比亚拉到了同一水平线上。”微博的出现，让每一个“小我”都有了展示自己的舞台，引领了大量用户原创内容的爆发式增长。“微博”，是随着网络技术的快速发展，在ICQ、博客之后的又一种受人们喜爱的网络交流平台，是当前网络中令人瞩目的亮点之一。而在校中学生是一个活跃、前卫、新潮的群体，也是网络畅游的生力军。当前我国的微博一族中，中学生就占有相当大的比例。微博时代的来临，必然对中学生德育提出新的要求，也开辟了新的途径。

一、微博对中学生思想状况的影响

微博对于中学生思想状况的积极影响主要体现在两个方面：一是有利于中学生接触新知识，给中学生的道德养成提供了有利的资源和环境。微博可以汇聚全球有价值的相关信息与资源，使得中学生用户可以在短时间内接触鲜活的思想，浏览全球资讯和新闻观点，及时把握最新的热点和动态；二是给中学生实现个人价值、展现自我个性提供了新平台，有利于他们的心理健康和利他品德的培养。微博的“草根性”可以让学生自由地将日常看到和想到的思想精华及时共享出来。这个特性恰好迎合了中学生表达自我情感与个人观点的需求，有助于他们将个性特长一一显露，从而获得“粉友”的关注和认可。

微博的消极影响也比较明显：微博所具有的开放和自由的特点，容易导致不负责任的微博游离于法律道德的约束，仅仅将微博当做“个人的宣泄和表达”，对中学生的身心健康构成了威胁。而沉湎于微博日志的撰写对于中学生的学业及身体都极为不利，微博疏于管理的氛围也容易导致中学生我行我素，淡化社会责任感和公德意识。

二、微博在中学德育中的价值与优势

任何前沿文化都具有双重效应，尽管微博可能会给中学生带来不良影响，但中学德育工作不能墨守陈规，微博是时代发展的一种大趋势，我们应该更侧重于如何引导和利用它，更加注重挖掘它在德育领域的价值和优势。

（一）微博有助于拓展学生德育的最大领域

目前我们中学德育的途径太少，师生的交流仅限于白天，但白天老师忙于教学不可能对每个学生都进行深入观察，微博是跨越了时间、空间限制的交流。可以使教师与学生跨越时空障碍，自由便捷地进行对话交流，及时了解学生的思想感情，使德育工作更为贴切、有效。

一个中学生在微博里这样写道：“微博是一个交流平台，在这里能知道更多信息，微博也是我汲取知识营养的地方，尤其是我老师的微博，是一个私下的课堂。”可见学校和教师可以通过微博传递有关德育的生动形象的文字声像，从而实现德育的潜移默化，这比组织活动更为省时、省力。

微博也可以强化家校联系，成为家校合作的中介和桥梁。由于现代生活节奏的加快，传统的家校面对面交流越来越难。利用微博，教师与家长之间又多了一条沟通的渠道。教师可以通过微博就子女教育的观念方法，与家长进行探讨和交流；家长也可将自己孩子的优点与不足反馈给任课教师，还可以将自己的家教体会及对教师的要求等写出来。这样，学校和家长就可以很好地配合，形成德育的合力。

（二）微博有利于在现实的生活体验中培育品德

随着对中学德育的不断反思，人们认识到中学德育存在着套路化和模板化的误区。如何提高中学德育的实效性，让中学德育回归生活世界已渐成共识。而通过微博可以实现中学德育的生活真实化，它以学生真实的生活事件为基础，充分利用生活资源的教育意义，促进学生道德的发展。

真实的道德事件有助于塑造真实的道德人格。学生在微博中反映的都是自己真实体验，都是自己日常生活中经历或面对的真实事件。由于真实的生活道德事件与其切实的利益关系紧密相连，所以能吸引学生的道德兴趣与省思，引发师生、生生的微博对话与讨论。

现今中学德育活动，往往是特地创作出来的，大多脱离了学生的生活，学生难以有真切的感触。微博正是来自于学生生活，在生活中进行中学德育。微博通过师生对真实的道德事件的交流和讨论，可以诱发学生真实的情感触动，唤起学生真情的道德体验，以不经意的方式在学生德育中达到不言而教的效果。

（三）微博有助于学生群体之间开展相互教育

一学生的微博上这样写道：“通过写博与读博，我与朋友、朋友与我，我们的内心彼此呼应，共同分享着成长故事和感情生活，实现了内心深处的交流。微博使我们生活在一个交流思想和感情的气氛中。”

伙伴群体是人成长过程中，尤其是青少年时期，个人道德习惯养成的一个重要影响因素。在中学德育工作中，我们会发现伙伴群体对中学生的影响甚至有可能超过家长和教师的传统教育。微博平台把信息共享发展到资源共享、思想共享、生命历程共享，为中学生创设了一个相互学习的新环境。学生可以将学习生活中共同关心的问题上传到微博上，然后伙伴群体群策群力，积极主动地利用个人的资源，分析和解决问题，这便于学生进行相互学习，相互教育，有利于群体道德的培养。

在微博的伙伴对话中，每个人都会认真倾听他人的意见和想法，每个人都能彻底表达出他内心深处最真实的想法，让不同的观点彼此碰撞、交流，并形成新的共识。在微博中对话，通过讨论道德话题、成长中的困惑，养成学生明辨是非、作出道德决断的能力，也可以使学生养成尊重和包容各种价值选择的道德观念。

三、微博在中学德育中的运用与发展

微博时代对中学德育工作的影响，机遇更大于挑战。因此我们应该迎接挑战，把握机遇，以辩证发展的思想为指导，将微博作为加强和改进中学德育工作的战略新途径。

（一）建立教师微博，发挥示范作用

教师微博的建立可以为教师之间的交流合作提供平台，可以就有关德育教育理论和实践方面的问题与自己同行进行探讨，交流经验，击起思维的火花，扩大个人有限的知识与经验，促进教师群体教育能力的共同提升。教师也可以在自己微博中通过记录自身的教育行为，保留和展现自己的工作轨迹。

教师在阅读自己的微博时，也可以以一种认真负责、开放发展的反思心态来回味自己所写的内容，从中发现问题，反思修正，积累更多的经验。此外，教师还能借助于微博，加强师生互动，增进相互的沟通了解，及时纠正那些负面的、消极的不良信息，努力把积极的、健康向上的信息传递给学生，使德育教育的效果得到进一步增强。

（二）引导学生微博，关注同龄影响

青少年学生正是价值观形成的关键时期，在微博中进行中学德育不可放任不管，任其自由发展，这样可能导致道德缺位和道德偏执的危险。所以在微博中要用主导价值观引导学生，使其不可超出“底线伦理”的范围。

而通过同龄群体之间的这种对话，可以减少学生对正面思想政治教育的抵触情绪和防范心理。中学生的一些观点肯定有不同程度的偏颇甚至错误，这就需要挑选一些思想觉悟高、组织能力强、知识广博的同学在微博中发挥导向作用，引导大家接受正确的思想，摒弃错误的观点。中学德育工作者要发现和推荐优秀的学生微博，让更多的中学生共享。

（三）切忌矫枉过正，尊重微博精神

微博的个人性与自由性，赋予学生较大的自由空间，因而受到广大中学生的欢迎，因此对微博进行的组织和引导必须要适度。微博具有自由表达、开放宽容、个性张扬的精神特征，如果失去了“自由”，微博的吸引力就会大打折扣。中学德育工作者在利用微博进行德育渗透的同时，一定要尊重微博的精神，鼓励学生积极、自由、健康地发言。

社会在发展，学生在变化，教育在改革，作为教师，我坚信只有创新的教师，才会有创新的学生；只有创新的意识才会有创新的行为。微博可以记录我们和我们的学生教育学习的点滴经历，它是我们教育工作者传递德育之声的新途径。

【参考文献】

【1】石立纲：《中学生网络中学德育探究》，《教育战线》2009年版。

【2】陈登报：《博客文化的现状》，《特征及健康发展探微》，《信阳师范学院学报》2008年版。

【3】孙卫华、张庆永：《微博客传播形态解析》，《网络天地》2008年版。

【4】王群、王金龙：《网客》，《时代大学德育工作的挑战与机遇》，《福州大学学报》2009年版。

谢晗

副研究馆员
广州市优秀图书管理员
学校优秀德育工作者

格言 做文化的引领者，当阅读的推广者，行德育的实践者。
——谢　晗

中学生阅读疗法探讨

广东广雅中学　谢晗

【摘　要】着眼当代中学生的阅读现状和心理矛盾，分析阅读和阅读疗法的含义及独特作用，探讨中学图书馆深入开展阅读疗法的具体措施。

【关键词】中学生　阅读疗法　中学图书馆

当前，中学生的“心理健康”已被众多教育者和学生家长所重视，越来越多学校设立心理咨询室，尽可能为有需要的学生提供心理咨询。阅读作为中学的重要教育手段之一，不仅惠泽于学生知识的增长，更有助于他们精神的感化和熏陶。远离强制、服从和说理的自主阅读，强调个体的独立性、自主性，维护个体的尊严，更有利于学生自主、自觉地培养健康的心理。美国精神医学专家高尔特认为：“图书馆是一座心智的药房，存储着为各类情绪失常病人治疗的‘药物’。”中学图书馆同样存储着足以帮助中学生心理健康成长的“良药”，并在日常校园生活中为学生的心理健康成长保驾护航。当前，中学图书馆工作者面临的重要课题是明确当代中学生的阅读现状和心理健康问题，采取切实可行的正确措施，推广、运用行之有效的阅读疗法，正确引导中学生多阅读、读好书、勤思考，与此同时，热心帮助存在心理健康问题的学生缓解或者消除心理疾患，在良好的校园大阅读环境中健康成长。

一、当代中学生的阅读现状及心理矛盾

中学生对阅读并不陌生，但是越来越多专家、学者坦言当今中学生的阅读能力、阅读水平正在日益下降。中学阶段是学生最有时间、最有条件、最为需要大量阅读的时期，学生有固定的时间和场所进行学习，他们是“职业”的学习者。有益的阅读不仅可以促使广大中学生提高学习成绩，还可以拓宽他们的视野，增强他们的自信。他们可以方便地使用学校图书馆的资源，占有阅读的“天时、地利”，加上广大家长望子成龙、望女成凤的“人和”因素，他们应该有更多的阅读机会，阅读水平应该更高。因此，中学生阅读水平不断下降应当引起学校和学生家长的密切关注。

在中学生阅读能力与阅读率越来越受到人们质疑的同时，现代中学生的心理健康问题也越来越受到人们的关注。调查显示，近三成中学生存在各种各样心理问题。主要表现为：①学习压力过重，大部分中学生没有时间进行课外阅读，课堂注意力不集中，学习效率低，出现怠学、厌学情绪，甚至弃学等。②人际关系紧张，难以与人相处。③抑郁、焦虑，无精打采、烦躁不安，对学业、未来缺乏必要的信心。④逃避现实，适应能力差，学生入学或重新分班后，面对新环境遇到的挫折，有的经常沉浸在过去的生活中，不愿面对现实的困难。⑤竞争心理不成熟，有的学生因为他人比自己学习成绩好或获得高于自己的荣誉经常感到愤愤不平，在生活中故意刁难，甚至捉弄别人。⑥早恋，中学时代，特别是高中生，正值青春发育期，这一时期最突出的矛盾之一是身体发育迅速成熟与心理相对幼稚。

著名基础教育工作者王金战老师认为：“优秀从心态开始。”在中学教育中，促进学生德、智、体全面发展的同时，培养学生健康

的心态尤为重要。狄更斯曾经说过："一个健全的心态，比一百种智慧都更有力量。"现阶段的中学教育，在"考试压倒一切"面前，学生个性未能充分发挥，他们渴望学习，但除了课本之外，难以阅读自己喜欢的读物。有的男女同学彼此之间存有好感，但他们不知如何正确处理这种感情。因此，学校必须要有效培养学生健康的心理，帮助学生摆正心态，除了心理咨询和老师的疏导之外，"图书馆是一座心智的药房"，充分利用图书馆丰富的知识资源和人们对知识的领悟、感知能力，就当今中学生存在的各种心理问题开展图书阅读疗法，无疑具有非常重要的现实意义和深远的历史意义。

二、阅读与阅读疗法

阅读，《现代汉语词典》解释为："看并领会其内容。"英国哲学家培根指出："读史使人明智，读诗使人灵秀，数学使人周密，科学使人深刻，伦理学使人庄重，逻辑修辞之学使人善辩。凡有所学，皆成性格。"可见，阅读对一个人的德、学、才、识的养成、完善与发展有着至关重要的作用。阅读疗法(reading therapy)在图书馆界也称图书疗法(biblio therapy)，是以图书为心理治疗的媒介，通过阅读图书、期刊、电子出版物等有益知识载体，获得与阅读文本中的人物、情境、思想、行为的交互认同，并产生新的认知、态度和行为，从而达到消除心理偏差，解决心理困扰，形成良好生活适应能力的一种心理治疗方法。《韦氏新国际英语词典》（第三版）对阅读疗法的解析："①用有选择的读物辅助医学和精神病学的治疗；②通过有指导的阅读，帮助解决个人问题。"可见，阅读疗法对解决个人问题、辅助精神医学治疗具有不可忽视的独特作用。

在日常教育中，某些中学已经意识到，开展有针对性的读书阅读活动有助于学生身心的健康成长，尤其对暂时存在一定心理障碍的学生，通过心理咨询老师和学校图书馆的协调、合作，向他们推荐有针对性的读物，可有效地帮助他们走出心理的阴影。阅读疗法着重强调，通过有针对性的阅读指导，帮助学生形成正确的人生观和价值观，对学生心理的健康成长发挥防范、保护、疏导的作用。

三、有效开展阅读疗法的措施

（一）更新观念，提高学生阅读的质和量

“分数决定一切”的教育模式，使家长、教师甚至部分学生产生课外阅读是浪费时间的错误认识。正如科学是一把双刃剑，阅读也是一把双刃剑，关键在于正确引导学生的阅读。

必须具有正确的教育观和人才观。思想决定一切，教育观念是否先进直接影响培养的人才是否优秀。曾经有人预言，百年之内不会有本土华人诺贝尔奖得主的诞生。令人疑惑的是，为什么又有多位华裔科学家已经获得过诺贝尔奖了呢？同为华人，换个环境就有如此巨大的差别？庆幸的是，人们意识到了我国的教育制度、教育理念、教育环境存在问题。教育以“人”为本，是培养对国家、对社会确实有用的人才。只有树立长远的教育发展观和人才观，以培养有活力、有个性、会学习、会做人的教育理念，在学校教育中始终贯彻学习、阅读、活动的一体化，才能培养出身心健康、适应社会发展需要的有用之才。

鼓励学生多阅读，勤思考，激发学生的阅读兴趣。素质教育倡导的是提高学生的综合素质，尊重学生的个性发展。合理的阅读，不仅有利于学生知识的积累，还有利于学生多角度、多方位地思考、判断阅读带给他们的阅读魅力和知识力量。例如，通过阅读《三国演义》、《三国志》和《品三国》，面对同一个人物或故事的不同描写，甚至是截然相反的描述结果，正确引导学生不应轻言谁对谁错，而应对历史进行必要的深入分析，从作者创作需要的角度认真思考，使学生明确文学描写、历史传记和评书的不同，从而培养学生的阅读兴趣，启发学生在探索中认识阅读不仅可以和作者的心灵相通，还可以和作者进行无声的辩论，甚至对作者予以反驳，从中真正领悟到阅读的魅力所在。兴趣是最好的老师，只有激发学生的阅读兴趣，提高学生阅读的质与量，阅读疗法才具有深入开展的基础与保障。

（二）制定阅读疗法书目，整合部门资源

中学生阅读疗法能否取得成效的关键在于能否制定切实可行、科学适用的阅读疗法书目，即向学生“患者”提供适用的“书方”。阅读疗法，强调通过向“患者”推荐有益的相关书籍，使

"患者"自主阅读或在指导下阅读而产生心灵共鸣、感应等，达到缓解或消除心理疾患，使其身心健康的目的。图书馆必须与心理咨询室密切合作，既依靠心理咨询老师专业的辅导，又依托心理咨询的平台，了解需要帮助的学生状况。与此同时，依照心理咨询老师开出的"书方"，有效组织馆藏资源并及时推荐给有需要的"患者"。例如，为了打消部分学生对心理咨询的误解，可以推荐阅读岳晓东的《登天的感觉》；针对老师、家长教育学生的困惑，可以推荐阅读王金战老师的《英才是怎样造就的》；为了正确疏导学生正确认识恋爱问题，可以推荐阅读肖复兴的《早恋》等。每一份阅读疗法书目，都是一份心灵的"药方"。如果说心理咨询老师是开药的医生，图书馆就是药剂师和"药房"，二者发挥各自的优势，密切配合，共同发展，不仅"药方"得以落实，图书馆的"良药"也大有用武之地。

心理咨询室和图书馆虽然是校园阅读疗法最直接的参与部门，但是班主任等一线老师的密切配合也至关重要，不然，校园阅读疗法的开展将面临诸多困难与障碍。为了制定更有针对性的阅读书目，离不开及时掌握学生的相关信息。心理咨询室和图书馆固然需要加强与老师的沟通、交流，但是，同样离不开老师的积极参与，因为他们是学生的直接教育者，更加了解每位学生的学习、生活和各种思想倾向等。因此，校园阅读疗法开展过程中，学校必须尽其所能发挥各部门和人员的优势，整合好有限的人力资源，制定出科学、合理的心灵"药方"——阅读疗法书目。

（三）系统组织阅读疗法信息资源库

科学、系统、有效的信息资源库，是开展中学生阅读疗法的资源保障。在教学资源较为紧缺的基础教育中，特别是目前中学图书馆事业欠发达的前提下，中学图书馆的经费极为有限，中学生阅读疗法的资源并不丰富，充分利用好阅读疗法信息资源库尤为关键。阅读疗法来自阅读，但又高于一般阅读，它不仅要求资源具有针对性，还要求信息资源建设具有相应的系统性和专业性。

经费紧缺一直是制约中学图书馆事业发展的瓶颈，在中学生阅读疗法开展过程中，图书馆既要按一般藏书结构的要求，丰富图书馆资源，又要为心理咨询老师所开"药方"配置必需的图书、报刊等。目前，阅读疗法的信息资源类型主要有图书、期刊，图书馆除了向学校争取更多的经费外，在阅读疗法信息资源建设过程中，必须做到有目标、有规划，系统组织，多形式、多途径，灵活组建。具体为：每年报刊征订之初，图书馆即与心理咨询部门沟通，就征订心理辅导类期刊作出取舍，必须订阅的心理辅导类专业期刊通常有《大众心理》、《心理医生》、《心灵驿站》、《知心姐姐》等，娱乐与励志的读物，也有必要订阅，例如《青年文摘》、《大学生》、《做人与处世》、《黄金时代》等。此外，根据本馆实际，再订阅其他报刊。在图书采购中，必须优先满足心理“药品”类图书，然后统筹兼顾，采购其他图书。有条件的学校可以购买较多数字图书、电子音像制品等，以满足各类读者需要；学校还可以自行录制中央电视台《焦点访谈》、《今日说法》及《今日关注——圆梦行动》等有代表性的经典节目，作为中学生阅读疗法的内部资源使用。例如，对某些贫困学生产生的自卑心理，在适当时候引导他们观看《今日关注——圆梦行动》片断，通过影片激发他们的学习热情，重树人生信心。

对图书、报刊和数字图书、音像制品等阅读疗法信息资源作必要的分类、收藏，是阅读疗法信息资源库建设的直接体现。有条件的学校可以设立“休闲室”、“心灵书屋”等专门功能室，集中存放经过挑选的心理辅导方面的书刊，供学生使用。如果空间不允许，图书馆可以在书库有限的空间里，设立专门的“心理书架”、“心灵岛屿”等心理辅导专区，陈列心理辅导类书刊。诚然，作为一种中学教育行为，如果条件允许，也可以把阅读疗法信息资源库设置于心理咨询室、年级组，乃至班级图书角等。

（四）点面结合，大力宣传优秀图书和阅读疗法

开展中学生阅读疗法的另一关键是大力宣传优秀图书和阅读疗法。阅读的过程是一个情感体验和思想感悟的过程，每一本好书，都是一位对接感应的知己和引领精神成长的良师。大力宣传优秀图书，特别是有益于引导青年学生心理健康成长的图书，更能吸引存在心理问题的学生的高度关注。例如《登天的感觉》一书中的“我是全哈佛最自卑的人”“骗分被罚的思索”等字句，极易引起学生的好奇而争相阅读此书，从而有利于打开他们心理咨询的大门。又如，《英才是怎样造就的》一书，王金战老师指出其课外影响孩子人生的五个关键词：特长、活力、恋爱、个性和自我管理，引起部分有恋爱倾向或正在恋爱的学生关注，他们尽快渴望了解专家对中学生恋爱的看法。因此他们大都主动阅读此书，甚至专门阅读有关章节的内容，由此明白恋爱是无罪的，只是中学阶段还不是恋爱的季节的道理，从而正确处理自己的感情问题。

阅读疗法的宣传，其实质就是有针对性的图书宣传的深化。宣传栏、校园网固然可用，但是，学校还可以就心理咨询老师开出的“药方”，动员各班学生在班级的宣传园地上各抒己见，引导、鼓励广大学生积极参与阅读，发表各自的高见。毕竟阅读疗法的基础是广大中学生的阅读，阅读疗法的目的是让广大中学生中有“病”治“病”、无“病”强“心”，保障他们身心的健康发展。

（五）重视图书馆作用，建设高水平的图书馆人才队伍

为了在中学教育中顺利实施阅读疗法，学校必须切实重视图书馆建设，调动图书馆工作者的积极性，以真正发挥图书馆资源的辅导优势。当前，中学图书馆的发展陷入“学校不重视——工作人员积极性不高，图书馆效益差——图书馆作用得不到认可”的怪圈。图书馆是学校教育资源的保障，是提供教育持续发展的动力与源泉。为了解决全国近1/3中学生存在的各种心理问题，开展阅读疗法是消除学生心理问题，全面提高心理素质有效的重要方式，需要中学图书馆的积极参与、配合，更需要学校高度重视图书馆的资源和人才队伍建设。

阅读疗法强调有针对性地对读者进行有意识的阅读指导活动，它不仅需要心理咨询老师、班主任及学校的支持与配合，还必须依靠图书馆工作者良好的服务意识与服务技能，以实现对学生“患者”治疗的目的。为避免“患者”猜疑，阅读疗法最为有效的办法是对学生给予“隐形”的指导，即由心理咨询老师开出“书方”，再由图书馆工作者组织相关的资源，并用恰当的方式引导“患者”自觉阅读。采用“隐形”指导的阅读疗法，要求建设一支素质高、业务强的图书馆人才队伍，他们不仅具有扎实的专业技能和服务本领，而且自身博览群书，具有良好的人际沟通能力和一定的心理知识，从而为中学生阅读疗法的有效开展提供人才保障。

四、结语

阅读疗法是培养当代中学生健全的人格、健康的心理的重要教育方式之一，是在阅读推广与全民阅读的大环境下，有针对性地提高中学生阅读质量的重要手段之一。正确、科学、合理地开展中学生阅读疗法，不仅让千万中学生受惠于阅读的高层次、高境界，还将为中学图书馆未来的建设与发展提出更高的要求。中学生阅读疗法的有效开展，必将成为学校健全学生人格、提升校园阅读质量的重要部分，必将对图书馆的资源建设、队伍建设、团队合作及业务素质提出更高的要求，同时必将为中学图书馆的发展开拓一片全新的领域。

【参考文献】

【1】刘敏：《阅读疗法在学校教学中的应用》，《青年科学》2009第5期。

【2】赵丽华：《图书馆与阅读疗法》，《曲靖师范学院学报》2008第6期。

【3】韦竞：《让心理健康教育走进中学图书馆》，《中小学图书情报世界》2006第5期。

【4】王金战：《英才是怎样造就的》重庆出版社2006年版。

【5】岳晓东：《登天的感觉——我在哈佛做心理咨询》，上海人民出版社2004年版。

杨 健

中学一级语文教师
越秀区优秀共产党员
广州市优秀班主任
越秀区教育局认定三等功

格言 永远记住：那些是孩子！ ——杨 健

培养主体性自觉学习品质，促进自律学习

——一个初中生的心理健康教育案例

广州市第二十一中学 杨 健

【摘 要】“自育”实验班的工作指导思想是创设条件引导学生在自己教育自己的过程中学会自定向、自运作、自调节和自激励，本文因循这一指导思想，具体谈谈在这个自育教育引导过程中的具体做法。

【关键词】主体性自觉学习 操作原则 自主评估 反思性评估

作为一名高中实验班的班主任，我把德育的重心放在培养学生主体性自觉学习品质上，高中学习是艰苦卓绝的，在高考的压力下，教师、家长、学生都不同程度将学习生活的焦点放在了注重知识技能本身的传授操练上，但是随着时代的进步，只有知识而没有方法和自学能力的人，根本无法适应未来生活。社会的发展要求人才必须具备良好的学习品质。因此，培养学生的主体性自觉学习品质，促进学生自律学习，使学生得到可持续性发展是我们教育的重点工作。

一、指导思想

通过学习档案和真实性评估让学生学会反思，通过培养反思力，促进学生主体性自觉学习品质的形成，以达到自主教育、自律学习的目的。

二、学生主体性自觉学习品质的基本内容和拟定目标的根据

根据《国务院关于基础教育改革与发展的决定》与《高中新课程标准》的规定，学生需要“具有终身学习的愿望和能力……”，我确定了高中学生主体性自觉学习品质培养的目标是：A. 自主性；B. 自律性；C. 适应性；D. 创造性；E. 效率感。

拟定这个目标，主要的根据就是学生的情况，我们属于D组生源的学生，即使是实验班，学生的学习自主性和自律性也比较差，经过开题时候的调查，我们班有53%的学生表示初三的学习没有自己的一套方法，还有16%的学生认为自己的学习与复习必须要请家教帮助才能知道自己怎么学习。在我们的调查当中还发现，学生认为品质是自然而然形成的，没有必要规划和培养。

三、操作原则

（一）引导性原则

教师根据主体性自觉学习品质的培养目标，利用平时的课堂学习、学校活动作为活动的平台，以个人自我选择、自我激励；小组阶段性合作评价；教师、家长激励性评价参与等方式开展反思性学习，以引导与促进学生主体性自觉学习品质的形成。

（二）自育性原则

在教育过程中，强调学生个体的自主，充分让学生自主选择，自主体验，小组自订目标与计划，自行实验操作，班集体建立以班

长、团支书为领导核心的自主管理机构。

四、具体操作

（一）学生个体与小组通过自定目标和自我评估，达成自主学习与自律学习的目标

每个学期开始，我都会召开为期一个月的“认识我们的本阶段的学习生活”的班会，班会分四节课进行。首先，我让学生分小组通过向老师访问、高年级的学生探询还有自我查找资料的方式调查本阶段的学习范围、特点以及生活上需要相适应的内容，然后让学生在班会上进行汇报。这个工作，是想让学生在探询的过程中认识到自己所处的阶段和位置的特点，并思考自己需要做好的心理与生理上的准备。

我在每一个阶段都会发给他们一个调查评估表，内容如下：

时间：		
调查范围与对象：		
	外界描述（师长、书籍、网络）	你的自主描述（你认为是否同意或补充）
本阶段的学习内容：		
本阶段心理上的准备		
本阶段你要发扬的优点或精神		
本阶段你要克服的困难		
本阶段你希望达成的效果与目标		

例如：高三开学初，我就让学生进行以上的访问活动，学生在调查内容表上有以下的一些总结：

本阶段的学习安排：第一阶段(高三第一学期+寒假)　:　8¯9月份，这时我们老师还在讲最后一部分知识，所以新课一定不能放松。即这一个月左右应该以抓住课程重点，多做习题，巩固加深所

学知识；9~12月份是第一阶段总复习，即第一遍总复习，我以基础知识为本，重点放在课本上，这一阶段不要好高骛远，不要做过偏过难的习题。……（陈润梓小组）

本阶段的心理预期：经过与学长的提问，我发现，这一年，经历的痛苦、艰辛、劳累会让我们一辈子都记得。这一年，即使全力以赴，也许考试时也会感觉能力捉襟见肘。这一年，你经历的失败会比成功的多。这一年，父母、老师的面孔会比以前更严肃。（李光耀小组）

本阶段学习具体内容：（暑假）语文：高考指定背诵的篇目、作文素材积累、文言文课内实词与虚词复习、文言文和现代文课外阅读练习（论述类文本和实用类文本）积累。数学：将公式、定理、典型考点和例题进行归纳记背，大量做选择填空题，注意抓紧时间和熟练程度。英语：读，每天15分钟读一篇课文；读单词15分钟，读规范范文15分钟。……生物：按教材的章节顺序，强化基础知识和基本概念的记忆，重视知识积累和基本技能的提高。（庞迎超小组）

以上这些内容，老师能直接告诉学生，但是，老师的单方面教学，学生只是被动接受的个体，他们不一定能接受，同时，这种形式能促进学生思考自己到底期望从学习上得到什么，可以提高学生的学习动机，让他们感觉在自己可控范围内，进行属于自己的学习，对自己的优缺点有客观的评价。从学生的归纳与总结当中，我们看到了学生的自主性，也看到学生的发现能力和解决问题的能力；通过小组的讨论与分析，让学生的自我分析与自我定向上有了一种无形的舆论监督，学生往往不好意思在队友面前下妄语而不得不认真考虑自己目标与计划的可行性，在队友的互相交流与讨论中，也得到学习目标与内容的进一步正确性认知。

这个过程，我认为是一个很有意义和很有实效性的过程，“让学生有机会发挥他们的主动精神，体验到责任感，感到自己在决策过程中具有举足轻重的地位，这都使得学生提高了自我意识和独立性。

（二）自我评估在学生的学习过程中，我安排了各科学习过程中的自我评估，内容包括《阶段性学习分析总结表》、《学习范围确定审查评估表》，《阶段性学习分析总结表》是让学生自我归纳学习的内容、明确学习困难、思考解决困难的途径与方法。

学习范围确定审查评估表

	你的自我评估	小组公议评估	教师的评估
明确学习范围	+（该符号表示完成状况良好） ×（该符号表示不符合） ⊙（该符号表示有待加强）		
基础知识达成情况			
自我设定目标与学习量达成情况			
本阶段培养的能力达成情况			
小组活动参与情况			
我的老师对我的总结的评价：			
队友对我的期望：			
我认为我下阶段可以提高的地方：			

这份反思表的设计有多个目的：

1. 让高中的学生明确学习的范围，学习有的放矢。

高中学习，知识系统庞大，老师们的复习形式各种各样，在庞大的信息量下，学生很容易被淹没在资料当中，让学生自我归纳本阶段的学习内容，引导学生在自我规划前审视学习的内容。

2. 评估表引入教师的参与

表中加入老师的评价，是让老师评价学生是否切中学习要点，这样使学生在老师的有效引导下学生达成“自我规划和自我监督”的目标。同时，在老师填写此表的过程中，老师可以通过对学生把握知识的能力进行进一步的把握，这样也能促进老师的教学。

3. 评估表中加入小组评价能达成学生主体性自觉学习品质的“适应性”的目标，让学生在聚焦学习的过程中也不忘互相激励、互相帮助。

此表虽然繁复，但学生却都很愿意参与，他们认为，能知道学习内容、能明确目标，看到小组评价能知道自己在队友心中的评价，老师的参与令他们在下一阶段的工作中更明确方向。

经过两年的反复实践，学生对反思性学习的信心有了较大的提高后，我又召开了一个反思性学习的班会，选出“最自觉学习的学生”，并让他们在班会上谈谈自己的学习经验，也谈谈自主学习与被动学习的区别，经过交流以后，在学生自觉投入反思性学习的过程中，我们发现学生不仅仅在“学习”，还在“研究学习”，这种现象虽然目前并不是在所有的组别都能出现，但这是我们努力的方向。

四、活动参与评价反思性评价

课外活动是一个平台，一个让学生在接触客观世界的时候，提升身心素质的平台，利用活动，引导学生，引导学生投入生活对活动过程进行反思，在与同学的交流与活动中得到教育得到启示，这样对发挥学生的主观能能动性，发展学生的自我认识、自我激励能力有很好的效果。

活动的反思性评估，安排在活动结束，以下是反思表的设置内容：

高三1班校园活动参与征询表

活动参与者：	活动名称：
活动时间：	活动级别：
你的参与情况	决策者□　组织者□　设计者□　参与者□　其他______
你期望这次活动你的参与效果是	利用我的特长，令活动发挥到最好的效果□ 没有什么特长，但希望融入其中□ 觉得活动很有意思，希望能参与□ 没有怎么参与，但希望通过观察得到启发□ 不想参加□
你认为这次活动哪些方面能做得更好	
你最欣赏这次活动哪一位参与者（请写原因）	
活动后，你对自己的评价是	

你所在的小组对你的评价	
本次活动，令你最大的启发为	
你认为自己下次活动参与的态度可以是	

此表的设置的目的是为了让学生懂得每一个生活细节都值得思考，启发学生观察问题、发现问题，并尝试去解决问题。这个反思很有用，学生都很积极参与，同时这样的反思令学生每一次活动都很认真地去对待，很乐意去接受各项任务，因为这样，高三（1）班在每一年的合唱节、艺术节、体育节、武术节上都有卓著的表现，囊括了学校所有的一等奖，学生的精神面貌和投入的程度受到全校所有师生的认同，这一份大家一起共同创造的“业绩”令学生在“自知”、“自信”上增添了不少力量。以下是一次校运会学生的一些反思：

2010年9月29日下午5：55，墨客被大家扶回来了，他浑身都是汗，衣服都扭作一团，在石场那里，他吐得一塌糊涂，我们都很担心，因为姚智宇跑得很快，他跟得很辛苦，后面王凯丰又追上了他，墨客单薄的身体似乎跟这两位壮健如牛的人无法相比，他的1500米跑得很辛苦，但是他还是坚持下来了，为我们争了一个异常难得的第三，1500米，上场的就是勇士，墨客硬拼体育尖子生，让我看到沉默的同学身上那种潜在的可怕的力量。（张志鹏）

2010年9月29日下午5：30，龚平要代董爷跑1500米，看他那肥硕的肩膀，对体育还是有一点认识的我还是很担心，确实我对龚平的1500米不能夺奖深信不疑，就像我从不怀疑他投掷不可能不拿冠军一样，但是作为一个体育生如果落在队伍的后面，那会让他的队友取笑，一个男人乐意做他擅长的事，那是锦上添花，但是为了别人，做他最不擅长的事，那是一种勇气也是一种精神，我想。（陈阳）

2010年9月30日上午，雯雯冲了400米第三，大家说全靠“lady gaga”，但是400米对一个女孩子的极大的考验，“LADY GAGA”只是一个偶像，试问一个人可以利用一个偶像的力量去挑战自己的极限呢？只有一个可能，那就是雯雯的主观愿望，她想赢，我想，主观能动性调动起来，那威力真的无穷啊！（吴荣恩）

学生的反思让人汗颜，我们发现，他们得到的启发并不仅仅是体育场上的，活动的反思让学生自我教育，让学生一次又一次得到激励，这些“教科书”是我们不能交与他们的，当活动成为学生自我认识、自我调节、自我激励的一个平台时，我们的教育任务就显得轻松多了。

五、培养学生主体性自觉学习品质的效果

高三（1）班的学生学习能力并不低，但是因为欠缺目标与学习素质，在成立班集体时呈现的是散漫的学习与生活作风。经过“自育班集体”管理模式的推行，班级风气大大改善，学风端正，学习的坚韧、专注等精神品质也得到自我教育与培养，在高考中，班级近9成的学生考入本科，对比高二成立班级时的成绩，有了较大的提高，学生在班务日志上都表现出对这种班级管理模式的感激，并表示在日后的学习与生活中，会沿用这样的思考方式。

自育班集体的教育措施有很多很多，在我研究的两三年时间内，我曾经试过很多方法，但是这一种通过培养学生主体性自觉学习品质，促进学生自律学习的反思性学习模式教育最有效。我认为，这样通过学习档案与真实性评估进行反思的方式，不仅让学生受教育，老师也能受到很大的启发。此做法操作起来并不艰难，但是在学生懂得“自律”以后，一切事情就变得简单。泰戈尔曾经说过：“人生之最大幸者就在于找到自己的兴趣之所在，并不为一时风潮所左右而努力干下去。”发挥学生的主体性，让学生自主教育、自主学习，让他们秉持着优秀的学习品质义无反顾地努力下去，这将是我们为自己、为学生“减负”的最大乐事！

【参考文献】

【1】Scot　G. P aris，Linda R .Ayres：《培养反思力》，中国轻工业出版社。

钟绍钢

讲师
学校“优秀班主任”
广州市中等职业学校骨干教师

格言 “尽己所能，做好自己的工作，不放弃每一个学生”。
——钟绍钢

中职学生厌学心理的影响因素分析

广州市花都区职业技术学校　钟绍钢

【摘　要】目前，中职学校学生的厌学情况普遍存在，导致人才培养质量下降，影响学校德育工作，制约着中职学校的健康发展。本文从学生自身的因素、社会环境因素、家庭教育因素、学校教育因素、社会媒体因素几个方面入手，深入分析中职生厌学原因，为中职学校学生德育工作提出有效依据。

【关键词】中职生　厌学情绪　影响因素

近两年，全国各地的职业教育得到空前发展，国家不断增加职业教育经费投入，在校生规模不断扩大。但是，在中等职业教育事业取得喜人成就的同时，也遇到不少问题。其中，中职学校的学生厌学情绪比较普遍，并且呈现不断扩大的趋势，对学生本人、家庭和社会造成多方面的不良影响。

一、中等职业学校学生的厌学现状

为了更深入地研究学生学习态度问题，笔者对我校不同专业中职生的六个班进行问卷调查及观察采访，发放问卷313份，收回308份，其中有效问卷297份。为了全面真实客观地掌握了解厌学情况及其原因，问卷采用不记名的方式。其调查的结果如下表：

问卷调查情况统计表

从调查问卷统计结果看，有44.78%的学生表示对学习的态度

问题	选项1	数据统计	选项2	数据统计	选项3	数据统计	选项4	数据统计	选项5	数据统计
你对学习的态度	很喜欢	13 4.38%	较喜欢	62 20.88%	部分科目喜欢	89 29.97%	无所谓	74 24.92%	不喜欢	59 19.87%
您上课开小差	经常	47 15.82%	较多	74 24.92%	有时	118 39.73%	不多	42 14.14%	不会	16 5.39%
您班上迟到现象	很多	45 15.15%	较多	77 25.93%	中等	122 41.08%	不多	48 16.16%	没有	5 1.68%
您班上早退或旷课现象	很多	23 7.74%	较多	73 24.58%	中等	118 39.73%	不多	70 23.57%	没有	13 4.38%
您对老师布置的作业	独立完成	39 13.13%	自己做也抄袭别人	126 42.42%	偶尔不交作业	32 10.77%	经常抄袭别人作业	63 21.21%	经常不交	37 12.46%
您的听课效率如何	很好	35 11.78%	较好，有时分神	74 24.92%	中等	116 39.06%	注意力集中时间较短	34 11.45%	我不想听课	38 12.79%
您觉得学习压力大吗	很大	12 4.04%	较大	45 15.15%	中等	78 26.26%	很少	96 32.32%	完全没有	66 22.22%
您对考试成绩的期望	达到优秀	47 15.82%	中游水平	64 21.55%	及格就可以	135 45.45%	无所谓	51 17.17%		
您是如何对待考试的	常常复习	27 9.09%	临阵磨枪，突击复习	97 32.66%	部分科目复习	43 14.48%	有时复习	72 24.24%	基本不复习	58 19.53%
同学努力时您感到压力	很大	14 4.71%	较大	39 13.13%	中等	147 49.49%	很少	64 21.55%	不会	33 11.11%
在初中的学习成绩情况	很好	3 1.01%	较好	36 12.12%	中等	81 27.27%	中等偏下	113 38.05%	很差	64 21.55%
选择到中职学习的原因	考不上高中	273 91.92%	可以早点工作	8 2.69%	喜欢中职学校	13 4.38%	家长要求	3 1.01%		
读中职有前途吗	很有前途	0 0%	较大前途	19 6.4%	有一点	153 51.52%	完全没有	83 27.95%	不知道	42 14.14%

持“不喜欢”或“无所谓”的态度，还有前几项的回答中，表明中职学校学生的厌学问题普遍存在。这种现象给中等职业学校的管理以及教学工作的开展等方面带来了很大的困难，对于中职学校的健

康发展和学生素质的提高带来一定的影响。因此，研究当前中职学生的厌学情绪，分析其产生原因，有针对性地帮助学生克服厌学情绪，无论是对于学生个人、学校还是社会的发展而言，无疑具有十分重要的意义。

二、中职学生厌学情绪的表现

在多年的教学观察和与学生交谈中，我深刻知道，目前中职学生厌学已成为一种较普遍的现象，不仅我们学校有，其他各类职业学校也存在。学生厌学的表现形式较多，比如：有的学生消极应付学习，上课不专心，对学习没有兴趣；有的上课讲话、搞鬼、玩手机、听MP3，有的老师干涉不听，反而顶撞老师，甚至辱骂老师；有的作业不认真完成，相互抄袭或根本不做；有的学生经常迟到早退、无故旷课。还有的学生，上课十几分钟，就要请假上厕所，往往是以上厕所为名，到教室外闲逛一圈再回教室，或者去小卖部、打篮球；有的出去了一节课也不返回，不知干什么去了；有的学习成绩差，考试多科不及格，个别学生补考也不参加；有的学生文化基础课学不进，听不懂，专业课也不愿学、不好学，三年下来，知识和技能没学到，却学到一些不良风气，染上一些坏习惯；有的学生课堂学习不认真，实训操作仍不想学、不愿做，袖手旁观，站在车间混时间；有的热衷于上网聊天，打网络游戏，无心读书学习，个别学生甚至晚间翻墙外出上网打游戏，白天趴在课桌上睡觉；有的抽烟、酗酒、赌博、斗殴等，个别学生甚至发展到诈骗、偷盗，品德低下，学业荒废，无组织无纪律，极个别的还走上违法犯罪的道路。曾经有学生还得意洋洋地对我说："老师，我在校外做过很多事你都没有做过的。"如此种种表现，不胜枚举。这些现象给学校的管理、班级管理、教学工作等各方面带来了很大的困难，对于中职学校的发展、学生素质的提高造成了一定的影响。因此，研究当前中职学生的厌学情绪，分析其厌学原因，有针对性地帮助学生克服厌学情绪，树立信心，学好知识和技能，掌握谋生的本领，为将来择业就业打下良好基础，是我们每一位中职学校教师需要认真研究、探讨的一个重要课题。

三、中职学生厌学情绪的成因分析

（一）学生自身的因素

1. 学生本身基础较差。

许多中等职业学校为招来学生，降低了生源质量要求，导致中等职业学校的学生普遍存在着文化基础知识水平偏低的问题。他们大多数属于初中毕业生的最低层次，对文化基础课学习没有热情，有些甚至早已厌倦了某些文化基础课程，入学后中职学校所开设的课程繁多，学习内容日益加深，尤其是专业性的增强，使他们常常觉得学习上无从下手，很容易对学习产生厌倦情绪。

2. 学习动力和信心不强。

大多数中职生入学前的学习状况均不太理想。调查中在问到“初中阶段的学习成绩情况”时，59.6%的学生回答“中等偏下”和“很差”。而在以提高升学率为目标的初中学校，对于这些成绩不理想的“差生”，批评多于表扬，冷落胜于关心，致使这些学生处于教育的边缘地带，备受学校和教师的冷落。学生们体验不到学习的成功感，得不到老师的激励和关注。学习和考试在他们的眼里成了失败的代名词，逐渐对学习产生厌烦情绪，对自己的学习能力产生怀疑，导致学习信心下降，甚至产生放弃学业的念头。由此可见，厌学的学生很多是在初中阶段都已形成厌学情绪，具有一定的惯性。调查问卷中在问到“选择到中等职业学校学习的原因”时，91.92%的学生回答“考不上高中”。他们是迫于中考较低的分数而进入中职的，对于什么是职业学习，现在的学习与将来职业生涯的关系并不清楚。他们中的很多人把进入职业学校作为一种无奈的、茫然的选择，并由此产生了学习上的懈怠心理。

（二）社会环境因素

1. 社会上对职业教育存在偏见和轻视。

目前社会上对职业教育还存有偏见和轻视行为，很多用人单位追求高学历高工资，低学历低工资，不看学生的能力水平。这不仅削弱了一些学生的学习劲头，也让他们对未来充满失意感。部分学生认为找工作就要凭“关系”、“走后门”，学习再好也无人问津，出现有关系的不重视学习、没关系的学习劲头不足的现象。调查中在问到“你觉得读中等职业有前途吗”，回答“完全没有”或

“不知道”的学生占42.09%。很多学生认为中等职业文凭低，没有竞争力，就业前途渺茫。

2. 认为“读书无用”。

社会上存在就业难与劳动力准入低门槛的矛盾，劳动力准入门槛却很低，没有文化程度和专业技能等级要求，小学初中没毕业，只要肯出力，照样能找到工作。这种社会现状使不少中职学生感到：学与不学照样找工作，学多学少同样有人要。因此，便自觉或不自觉地产生“读书无用”等厌学情绪。

3. 社会风气不良对学生影响较大。

很多学生在社会大环境影响下，都想早点赚钱，有钱就有一切，学习不重要。有些学生在眼花缭乱的商品经济大潮中，耳濡目染，认为金钱比什么都重要，只要有了钱什么事情都可以办到，产生了学不学无关紧要，只要能挣到钱便有了一切的“拜金主义”思想，导致他们一心想着赚钱，根本不把学习放在心上。

（三）家庭教育因素

1. 家长过分溺爱。

现代家庭多为“独生子”家庭，他们是整个家庭的核心，家长视他们为掌上明珠，“顶在头上怕摔，捧在手上怕冻，含在口里怕化”。致使相当一部分学生形成无视长辈，撒谎、任性、懒惰、贪图享受等不良品性。要什么，给什么，唯恐孩子受委屈，形成了孩子“唯我独尊”的个性。在孩子看来，爷爷奶奶、外公外婆、父母等为自己所做的一切都是理所应当的。哪怕是家里的条件极不允许，作为父母总是千方百计地去满足孩子，一旦孩子要求得不到满足，他们便要脾气、生闷气、不吃饭，以示抗议，甚至与父母吵嘴、顶撞。由于家长的娇惯，一切为孩子着想，使孩子生活在“以我为中心”的环境中，遇事只想自己，很少顾及他人，形成自私、霸道等不良习性。不仅如此，孩子的一些力所能及的劳动已被家长全权代劳，特别表现在日常生活中帮孩子穿衣、整理书包，对孩子的挑食、挑穿不以为然，对待班级劳动，表现出怕脏怕累、有的甚至逃避劳动。

2. 家长不良的教育方式不当。

由于家长从小学到初中，在学习上对孩子抱有很高的期望，不能容忍孩子在学习中犯错误。在家长看来，不劳动、不尊重长辈等这些都是无足轻重的"小"问题，只有学习才是最重要的。一旦孩子达不到所规定的目标或出现偏差，有的家长轻则责备，重则打骂，使孩子产生畏惧心理，说谎、作弊、自卑、怯懦。据了解，很多学生开完家长会后，害怕进家门。部分学生为了得到家长的表扬，平时虚报表现，考试时，有的涂改成绩册或干脆撕掉成绩册。一味地追求分数，使得不少家长忽视孩子的个性发展。部分孩子整天为学习过度焦虑、恐慌，失败的滋味非但不能激起他们学习的欲望，反而会使他们失去信心和意志，总感到学不如人，产生自卑感，厌恶学习。有的孩子上课无精打采，课后不完成作业、逃学进网吧等不良行为。

3. 家长不良的言传身教。

家庭中，家长的一言一行、一举一动，对孩子的影响是巨大的、潜移默化的。人们常说"父母是孩子的第一任老师"。个别家长举止粗俗、随意，都将对子女的文明习惯产生不良影响。有的父母教育孩子什么是对的，什么是错的，什么事该做，什么事不该做，讲得头头是道，而自己待人处事遵循的却是另一套原则，如平时仪表不端，虐待老人，出言不逊，在待人接物方面受社会上的不正之风的影响，人前恭维，人后乱骂，有的父母感情破裂，有的父母在单位上混天度日，贪吃多占，有的则行贿受贿；染上赌博、吸毒之瘾，所有这些，都会渗透孩子的方方面面，这无形的东西会使孩子跳跃道德认识的砝码，形成不良的道德品质。从而使学校的教育效果大打折扣。因此家长自身不正，对孩子的教育就没有说服力。

4. 家庭生活状况和方式的影响。

很多父母为维持生计，无暇顾及对子女的道德教育，对孩子的学习不管不问，放任自流，或长期在外打工，孩子从小便生活在爷爷、奶奶或外公、外婆家，缺少父爱母爱。或者个别是破碎家庭子女，父母经常吵架、打架，家庭关系破裂离婚，形成单亲家庭，对孩子身心造成莫大伤害，使学生感到自卑、压抑，进而对学习失去兴趣。

（四）学校教育因素

1. 学校管理不严。

各中职学校，特别是中专学校在生源紧缺，学校管理不严，有的学校担心学生不能顺利毕业，放松对学生的教学要求和考核测评。调查中在问到“你觉得学习压力大吗”的问题时，54.55%的学生回答“不大”或“很小”。对学生来说，这种宽松自由，没有什么压力的学习，自然很难调动他们的学习动机和兴趣。这种“宽进宽出”的政策，使有的学生认为学与不学一个样，不学照样毕业，客观上也是造成学生厌学乃至不学的诱因。

2. 课程设置及内容不合理。

调查显示，大多数中职生的学习目的是“学好技术，出去就业”。但中等职业学校在课程设置上，存在着重文化课轻专业课，在专业课中又存在重理论课而轻实训课的倾向。在课时安排上，由于专业教师不足，专业理论课的课时远大于专业实训课的课时，一些教学内容过时陈旧，脱离实际，缺乏新意，对学生没有吸引力，而且现在的中职学生文化基础较差，有的连小学、初一的知识都没掌握，按现行高中段的教学要求，不少学生想学也学不进，这样的课程设置挫伤了学生学习专业知识和技能的积极性，让学生体验不到学习一技之长的快乐，导致学生对部分文化课表现出对抗情绪而产生厌学心理，上课只能睡觉。

3. 教师教学方法不当。

目前，中职学校的教学仍是以教师、课本为中心，灌输式为主。这种教学过程重教师的“教”，而忽视学生的“学”。灌输式的教学方式，教师仍处在“我讲你听，我教你学”的被动式教学地位上，忽视学生的参与和实践活动，难以激发学生的学习兴趣，怎不产生厌学情绪。

4. 教师的教学态度不够端正。

面对现在的中职学生，有些教师感到难教、难管，有的教师一进课堂就感到头疼，怕课堂纪律不好，这节课上不下去；有的甚至产生厌教情绪，认为给现在的中职生上课是折寿，更不用说事业感和成就感。教师的厌教情绪，必然影响或波及到学生厌学的情绪。

（五）社会媒体因素

现代社会随着互联网的迅猛发展，学生依靠网络媒体所获取的信息日益增多。网络的发展，对成长中的中职学生产生正负两种不同的影响。一方面从正面影响看，学生可以在网上方便、快捷地学到许多新知识、新理论、新技能，拓展学生知识面，弥补课堂教学的不足；另一方面其负面影响不可低估，尤其是那些“黄色网页”、“暴露文学”、“凶杀暴力”、“网络游戏”对中职学生的影响和危害极大，特别是未成年的中职学生幼稚的心灵造成莫大伤害，使一些学生迷恋或沉浸在网络虚拟世界、网络游戏中，哪还有心思学习，必然产生厌学情绪。

学生厌学的现象是每个教师都感到头疼的问题。学生对学习，或者对某些课、某些老师不喜欢，绝不会是无缘无故的。我们需要仔细地反思一下工作中存在的问题，找出原因，然后对症下药，可以更好促进学校德育工作的有效开展。

【参考文献】

【1】刘凤娇：《职校学生厌学情绪的成因及对策》，《湖南教育》2005年版。

【2】高永亭：《中等职业学校学生厌学成因分析及教育对策》，《中等职业教育》2007年版。

【3】冯玉军：《浅析中职学生厌学成因》，《河南农业》2008年版。

【4】梁秀平：《关于厌学原因及厌学矫治对策的研究》，《中国科教创新导刊》2009年版。

【5】刘建生、靳从豪：《学生厌学为哪般》，《中小学心理健康教育》2010年版。

黄国成

中学历史一级教师
广州市教育新秀
广东省“南粤教坛新秀”
越秀区政府嘉奖、立功等奖励

格言 人本德育，大爱无疆；每天做好简单的事就是不简单。

——黄国成

让爱延续爱

——论非优生源初级中学“感·爱”教育的思考

广州市五羊中学　黄国成

【摘　要】“感·爱”教育是一种基于人的道德情感的教育，是教师运用一定的教育方法或教育手段，通过一定的“感·爱”教育内容对学生的感恩、爱心的人文教育。作为一种唤起人内心良知的“感·爱”教育，对于提升公民的责任感、精神境界及综合素质都有重要意义。初中生是祖国的未来，是民族的希望，在他们成长的过程中，对他们进行正确的“感·爱”教育，培养他们对社会、对他人的“感·爱”意识对于健全他们的人格，营造和睦融洽的人际关系和人文氛围有着重要的作用。本文从“感·爱”教育内容、特质和价值入手，加深对“感·爱”教育的认识，探索“感·爱”教育的实践。

【关键词】学校　“感·爱”教育　思考

一、“感·爱”教育，让爱回归人本

教育就是为未来的社会培养人、造就人的工作，因此教育更应体现人文关怀、科学精神和社会责任。然而，现实中，师生之间、亲子之间及家校之间冲突甚至暴力冲突有上升的趋势，恶性事件开始屡见不鲜，教育和谐严重缺失。教师不堪承受教学竞争的压力，学生厌学、教师厌教、家长厌管，教育职场中的各种人际关系变得越来越冷漠。面对新的复杂教育问题，教师、家长甚至相关的教育部门常感到无所适从。

“人之初，性本善”，情感对于一个人的发展来说是一种基模性的质料，它与生俱来，不断发育成为支持德、智、美诸方面素质发展的基础性、内质性材料。要把这个人内在的材料真正转化成为一种让人健康“发育”的内驱力，当然是需要教育的。人正是从“感动——感悟——‘感·爱’”中不断有爱的体验、爱的付出、爱的升华。教育，最终旨在支持人成长、支持人内心获得生活的意义、体会生命的尊严，从而完整人生、友善他人、建设社会、修身律己。“没有感动就没有教育”，只有在教育教学过程中注重引导人找寻心动的感觉，并因势利导，才能使人内心激发起生活和学习的动力。开展“感·爱”教育，有利于师生人生的完整，素质的提升，终身受用。

“感·爱”教育作为一种回归人本教育模式，能使学生心态，因感生爱，受爱而感，良性循环，从而内化行为，培养健康人格，塑造完美人生，是为学生终身受用的教育；同时也是影响老师、带动家庭和睦的教育；是建设和谐校园，学校可持续发展的教育。对这个教育模式的创建进行总结，也是对我们工作的反思，不断完善，延续丰富“感·爱”的教育，强化教育的效果。

要让教育回归人本，构建“感·爱”教育模式势在必行。增进子女与父母之间、师生之间、朋友之间的了解，使学生体悟亲情的重要。让我们的孩子学会“感·爱”，培养他们积极的人生观、社会观和价值观；优良的心理品质和乐观向上的心理素质。永不忘记父母的养育之恩；师长的教育之恩；别人的帮助之恩，大自然的赐予之恩，其实看似简单朴素的“感·爱”教育却蕴涵着深刻的人情味和人文情怀。

二、“感·爱”教育的内容

“感·爱”就是个体对自然、对社会和对他人给予自己带来的恩惠和好处，由此在心里产生的一种对自然、社会或他人的感激，并意欲回报的一种情怀。“感·爱”教育是学校教师运用一定的教育教学方法和手段，通过与之相适应的教育内容对学习者开展的一种人文教育方式。

“感·爱”教育是感恩教育与爱心教育的结合。感恩教育是有恩而感，形成认识，是一种感觉，有恩则感，先恩后感，是被动的，针对的；爱心教育是发自内心的一种关心、爱护、理解，是平等的，主动的，可普遍施与的。“感·爱”教育关键重“爱”，自己所受的感动与爱，内化为自愿的行动，再授施于别人，影响别人，影响社会，这是大爱。

“感·爱”教育主要包括以下几方面。

（一）报效祖国无尽恩情

有国才有家，自古志士仁人都为国家的独立富强，甘愿“抛头颅，洒热血”。宋朝苏轼的“报国之心，死而后已”，于谦报国“粉身碎骨浑不怕，要留清白在人间”，宋朝陆游的“位卑未敢忘忧国”，岳母刺字，岳飞抗金；屈原投江；苏武牧羊；祖逖闻鸡起舞，为图报国；戚继光平倭报国仇；郑成功收复台湾；清朝康熙，国家版图不容分割；林则徐虎门销烟壮国威；气吞山河，八女投江；……历史长河，一幕幕都是立志报效祖国真实的写照。班级的“互助小组”、“学习竞赛小组”、“团队学雷锋活动”、“志愿服务者活动”；“德育基地活动”、“实践基地活动”、“军训——向往军营”、中华民族传统节日的系列活动等都可以激发和增强学生“报答社会、‘感·爱’社会、报效祖国”的深厚情感，让学生认识到自己是祖国的儿女，明确自己肩上的责任，创造最优异的成绩回报祖国母亲。

（二）感激教师教诲之爱

苏联教育家捷尔任斯基说过一句话：“谁爱孩子，孩子就爱他。只有爱孩子的人，他才能教育孩子”。老师赐予学生知识，同时也对学生倾注了爱，在学生成长的过程中担任了重要的角色，一堂精彩的课，一句别致的话语，都隐藏着老师的心血和汗水；言传身教，老师的一言一行，举手投足都影响着学生。

我在班的宣传墙报上看到学生写下这样的一段话：多少个季节轮回，多少个春夏秋冬，你是红烛燃烧着亮丽的生命，奉献着几多的泪与汗，不求青史留英名。你用真情传播着智慧的火种，你用无私的爱，传承着历史的责任。多少个不眠之夜，多少次灯光长明，在漫漫长夜里有你伏案的身影，你用友情缩短心与心的路程。老师，教师节快乐！

作为老师，自己的学生健康成长，“青出于蓝胜于蓝”，在社会上闯出自己的事业，取得成绩与进步是最大的成功与满足；毕业回校给老师一个拥抱，一声甜甜的“老师好”，一个惦念，一个小礼物……都是老师最大的幸福与回报。“一日为师，终身为父”，正如一代伟人毛泽东曾对徐特立老人说过的：“您过去是我的老师，现在是我的老师，将来还是我的老师。”“程门立雪”的尊师佳话一直流传至今。

（三）回报父母养育之爱

饮水思源，亲情难忘。母爱是人类情绪中最美丽的，因为这种情绪没有利禄之心掺杂其间。

不少的名人都以优美的诗词赞美过母爱：My mother was the most beautiful woman I ever saw. All I am I owe to my mother. I attribute all my success in life to the moral, intellectual and physical education I received from her. ——George Washington(1732—1799)；世界上的一切光荣和骄傲，都来自母亲。——高尔基。全世界的母亲是多么的相像！她们的心始终一样，每一个母亲都有一颗极为纯真的赤子之心。——惠特曼。

母爱伟大无私，学生应该回报父母养育之恩，理解父母，分担家庭责任，坦诚地交流沟通；做好自己，做事理智成熟，让父母少点担心；上学、放学、出门在外要对父母说一声；在外久了要多打电话，可能的话常回家看看；对父母多说体贴的话，多做体贴的事，做自己力所能及的，对家、对父母始终不离不弃等，生活中的点点滴滴就能让父母深感安慰。

（四）感谢他人帮助之情

共同的追求与求学的目的让同学走在了一起，能在茫茫人海中相遇相识，这是缘分，要珍惜。学校的生活，同学们天天朝夕相处，在同伴的合作支持配合下健康成长，在日常的学习生活中向同学学习，取长补短，对身边的同学朋友应该要懂得感激。对同学真诚有礼，互相学习帮助，把班级当“家”，把同学视为兄弟姐妹；照顾保护弱小，尊重同学；不做有损同学、朋友和班集体的事，共同营造班级这个温馨的家。积极交流心得，与同学分享快乐，为同学做一件有益的事；参与自主管理，共同为班级做好事等活动，增进同学之间的友谊。在学校的体验获得，以后将带到社会：感恩伤害过自己的人，因为他磨练了你的心态；感恩绊倒过自己的人，因为他强化了你的双腿；我们也会感恩欺骗过自己的人，因为他增进了你的智慧；感恩藐视过自己的人，因为他觉醒了你的自尊；我们更会感恩遗弃你的人，因为他教会你该独立……因为感恩，我们才平淡心情，“不以物喜、不以己悲”，健康人生；我们才能以平和的心态处理事情，以德报怨，爱满人间。

我们要教育学生对他人的帮助与关心要心存“感·爱”，明确：“感·爱”就是明白“在雨天不断为他人递伞，将来也不遭雨淋”的做人道理；“感·爱”就是知晓“授人玫瑰，手留余香”蕴含的处事哲学；“感·爱”就是领悟“只有心怀‘感·爱’，才能滋润生命”的人生真谛。

（五）感知自然滋养之恩

大自然不仅保证了我们生存的物质条件，还以壮丽秀美的山川哺育我们。学校是社会的小环境，是学生学习实践，为将来更好地适应社会、打基础的地方。学校应该树立可持续发展的办学理念，积极引导学生形成感激自然给予的情感，积极开展爱护自然、保护环境的活动，使“爱护自然、保护自然”成为同学们的自觉行为。组织“小手拉大手爱绿进社区入家庭”活动，利用各纪念日如“环境日”、“植树节”、组织“育苗”行动等系列专题教育活动；组织社会实践、参观调查活动；加强学科课堂的环境教育的渗透，政、史、地、生、化学科更应该结合本学科的内容特点组织专题学习、开放式作业及学科的专项竞赛；各班级要责任到人，把学校绿化带包干到班、到人；组织学生自律队，加强学生的自我管理。开展“校园是我家，爱护你我他”的主题教育，提出“‘净、静、竞、敬’记心头，‘赶、学、比、赴’争先进”的口号，重视校园的绿化、美化、静化；这样先从身边开始，从小事开始，引导学生对自然心存“感·爱”，懂得人与自然息息相关，培养学生积极的环保意识与大自然和谐相处的情感。

"感·爱"教育的本质就是完善人的生命，培养人格完善、心灵健康的人。对于个人而言，"感·爱"教育有着不可低估的价值。而对于社会来说，"感·爱"教育更能延续爱的生命。

三、"感·爱"教育的特质

"感·爱"教育是一种情感上的人文教育，是一种行为上的识恩、报恩教育。当"感·爱"教育从自己的内在责任外化为"感·爱"行为时，它具有以下基本特点：

（一）来源于生活

"感·爱"教育就是作为独生子女的初中生在他们自己的日常生活世界中寻找令人感动的事情或人物，然后用自己的行为施爱。在家：了解家庭成员的情况，理解家长的苦心，分担家庭的责任；在社会：以礼相待，规范行为，同情弱小，访贫问困，扶孤助学；在学校：团结合作，爱护同学，对人真诚。从我做起，从小事做起，从生活的一点一滴做起，用心感受，用情体验。然而现实生活中也有反面的教育素材，如：清华学子"伤熊"事件、大三学生马家爵杀人、给钱才救人、扶起跌倒的老人反遭诬陷等，这些反面的教育素材不得不让我们深思。我们追求"感·爱"教育密切联系生活，是加强初中生的辨识能力和自觉抵制的能力，是在回归的生活中提升初中生对生活世界的理解和认识能力。因此，对初中生"感·爱"教育时，要让初中生在生活世界中自主发现具有积极、向上的道德意蕴，并将生活世界与道德教育联系起来，在既进行"感·爱"教育的同时又提升了学生的道德品质素养。

（二）感受体验

"感·爱"教育能帮助初中生主动去挖掘生活中所体验到的美好的事物，培育初中生"感·爱"的心。"感·爱"教育一个最重要的特点就是充分尊重初中生的主体性，注重初中生自己在道德发展过程中的亲身体验，注重初中生用自己的切身体验来主动养成良好的德行。在这个意义上，"感·爱"教育是一个长期的动态发展过程，是一个从"有感—有悟—有行"的连续过程。

体验最能让学生得到感受，并收到潜移默化的作用。指导学生发现身边感动的人与事，收集媒体感人的新闻、收看“感动中国十大人物”，推选“感动校园十大师生”；组织义卖筹款，组织捐款；参与志愿者活动，扶贫助困；与贫地区小孩结对子；组织班上的互助小组……初中生年纪还小，感知认识强，体验活动更能丰富感受体验。

“感·爱”教育主要是从小学阶段就会关注学生的情感方面的教育，在初中阶段更是启发初中生重新审视自己的生活，让曾经被自己忽略的“感动”的人、“感动”的事和“感动”的物重新被拾起。

（三）方法多样

“感·爱”教育不仅在学校里强调学校教育或教师对初中生的情感和行为教育，同时强调家庭、社区、社会对初中生的情感和行为教育形成合力，建立一个立体的有机德育网络系统，共同营造一个相互关爱、宽容、和谐的人际关系网络。“感·爱”要大处着眼、小处着手，从生活中的小事做起。“感·爱”不仅是在语言上的表达，心态上的转变，更有道德行为的进步。

（四）情感丰富细腻

“感·爱”教育的内涵很丰富。首先，“感·爱”教育是一种在道德认识基础上产生的一种道德情感体验；其次，“感·爱”教育是拨动初中生敏感的发灵，触动其内心深处的灵魂，激发对他人爱心的一种情感体验；最后，“感·爱”教育还是一种丰富自我的情境教育，通过净化心灵，激发自我情感，陶冶自我情操，提高思想境界的人文教育。

四、“感·爱”教育的价值

“感·爱”就是对他人、社会和自然给予自己的恩惠在心里产生认可并希望回馈的一种认识、情怀和行为。“感·爱”是一种生活态度，一种品德。如果人与人之间缺乏“感·爱”之心，就会导致人际关系的冷淡。常怀“感·爱”之心，会让人与人之间关系更加和谐，会让人更懂得珍惜生活，珍爱生命，更容易感到快乐。

下面是一封2011年刚刚初三毕业学生家长的来信。

尊敬的校长及初三五班全体师生：

你们好！

我们是初三五班曾××的父母。女儿在××中学度过了十分难忘的三年，转眼就要毕业离校。作为父母，我们看到了她在三年当中，得到了如此多的关爱，收获了沉甸甸的友情，也积淀了迎接明天的信心和力量，当然我们也看到了她此时此刻仍难舍难离。谢谢你们，尤其是校长，在您的带领下学校形成了尊师重道、友爱互助的淳良校风，谢谢所有曾经帮助曾××的老师和同学们！

女儿曾××自小患上一种名为脊肌萎缩症的常染色体隐性遗传病，使得腰部不能正常支撑整个上半身，生活和学习中无法完全自理。因而，她的求学之路比正常的孩子都要艰苦和曲折。当年××从小学毕业升上初中，我们非常担心她的身心发展，害怕她不能适应新的环境，害怕她感到自卑，害怕她无法融入集体生活，或者被取笑、受歧视。既担心她在身体上不能承受，更担心她在心理上产生不好的变化。

这时候学校的老师们给了我们很多信心。班主任甘老师建议我们不要再安排保姆阿姨随时在身旁照顾××，因为在人格塑造的重要时期，这样特殊化的陪侍会加重孩子的心理负担，甚至使她产生自卑，不利于培养良好的心态和健康独立的人格。当时甘老师对我说："请给我一个机会，让我尝试一下能否安排同学帮助××完成在学校的学习和生活。"

"给我一个机会。"是我对××中学老师最初的、最深刻的印象。果然，在甘老师的组织和指导下，××所在班级组成了雷锋小组，专门陪伴和帮助她完成学校里的全部教学活动和学习生活当中的种种需要。在这以后的日子里，我们时常都会生出无以为报的感激之情。

在曾××三年的学习中，我们能够感受到学校老师教育学生的用心。我记得级长在一次家长会上说："我们虽然不是名校。但我们的老师会尽一切的努力教育好学生，包括学习和做人。"这样简单的掷地有声的一句话，曾经让我热泪盈眶。作为一名特殊学生的母亲，我比其他人更能感受到这句话的分量。在校三年，不仅有老师们的精心教育和无微不至的关心，也有在老师教育下同学们的情谊。没有取笑，没有捉弄，有的只是关爱和友情。××感受到了这份关爱，她逐渐成为一个思想独立、意志坚强的女孩，她在感激和愉快的心情中顺利度过了初中这个人格塑造的重要时期，她克服了种种身体上的不适应，成绩连续三年名列前茅，同时获得了多个作文比赛的奖项，并且取得了7中、16中的入学邀请。对于未来，她有了更多的期待和信心。这是我们当初最担心的，也是今天最欣慰的事！

此刻我们只能再道一声：谢谢！珍重！感谢××中学，让曾××度过了如此难忘的初中生活，感谢所有的老师和同学，陪伴并且帮助她走过人生中第一个重要的转折时期。我们坚信，女儿未来的道路，一定会越走越宽。她将有能力以自己喜欢的方式去生活。

希望校长能够把我们的感激转达给所有关心曾××的老师和同学。好人一生平安！

曾××的父母亲

2011-6-20

沉甸甸的一封信，情真意切的一份情。“给我一个机会”，就在身边的实践，让班集体，让同学们，让受爱的曾同学，让家长，让我们的老师都收获了人性中最宝贵的爱与真诚，以三年实际的行动上了一堂丰富的人生综合课。这正如家长所说：千言万语，难以言表！这份感动与爱将陪伴我们经历与见证的人的一生，影响他们的生活，也会通过他们影响后人，这就是“感·爱”。

（一）让学校德育焕发出新的活力

“感·爱”教育是人性的感染，是识——悟——行的结合，更能体现学校德育工作的实效与活力。中华民族有着悠久的“感·爱”传统，“滴水之恩，当涌泉相报”、“谁言寸草心，报得三春晖”等词句集中反映了古人对“感·爱”的认同和崇尚。“感·爱”教育的内容既要继承传统又要弘扬时代精神。“感·爱”的内容包罗万象，不仅要对社会、对国家、对大自然、对生命懂得“感·爱”，也要对父母、对老师、对朋友“感·爱”，还要对恩人要有“感·爱”之心、报恩之行。当今的学校教育对初中生进行的“感·爱”教育既要继承优秀的中华传统“仁义礼孝廉耻”文化，还得紧扣当今时代发展轨迹，对“感·爱”教育赋予新的含义，更应该挖掘初中生身边的素材。

对学生身边的德育内容及社会关注的大事开展教育，更能内化学生的行为，引起师生的共鸣。如APEC在上海的举行；中国申奥成功；中国足球冲出亚洲；中国加入WTO…香港、澳门的回归，抗洪、抗非典的精神，2004年奥运会中国健儿的拼搏精神、团结精神和取得的辉煌成绩，广州市民礼仪手册的宣传学习，丛飞“大爱”精神，2008年“汶川地震”，2008年春运救灾，2010年广州亚运，2011年广州创文，“河源少年骆伟峰徒步来穗擦鞋救母，孝心感动羊城”……每年都给学校“感·爱”教育注入了很多丰富的内容。“感·爱”教育就是要让学生体会“感·爱” 是一种生活和工作的态度，是一种做人的责任。对于初中阶段的“感·爱”教育，重点要让初中生体会自己所担负的社会责任和自身的生命价值。“感·爱”生命的教育就是要使他们敬畏生命，珍惜生命，激发学生对生命的体悟；使初中生既关心他人的生命，也关心自己的生命；既爱自己，也爱别人，从而实现人格的提升。

（二）有助于优良班风校风的形成

情感教育是学生行为的动力因素，教师的情感决定了教师教学的态度；学生的情感决定了学习的态度。因此，提高学校教师的情怀有利于促进教育教学质量，有利于促进学校发展的源泉和动力，有利于一个班级班风、学校学风和校风的建设。当学生对学校、对老师怀有一颗“感·爱”的心时，他们才会遵守学校的制度，才会尊重教师的劳动，课上认真听讲，课下努力实践，使老师的劳动成果转化为自身的素质和能力。因此，“感·爱”教育的实施有助于全面促进优良的校风、学风和班风的形成，从而实现和谐学校的人际和谐、教学和谐、环境和谐。

（三）有利于人才培养目标的实现

前面所说到的曾同学承载着学校老师、同学、家长的爱，她克服了身体上的不适应，成绩连续三年名列前茅，同时获得了多个作文比赛的奖项，取得了区属广东省国家级示范性普通高中7中、16中的入学邀请，最后中考以总分714分考入市属的重点高中广铁一中。学校是培养人的地方，担负着人类社会的文明的传播与延续。学校培养出的初中生应该要有正确的人生观、价值观和世界观。而在初中生有良好的道德品质和正确的价值观之前，我们的社会教育、家庭教育，尤其是学校教育更是引起对初中生教育的关注。因此，学校在培养初中生的“感·爱”教育时肩负着重要的责任。首先，要让初中生学会相互关爱、珍惜友谊，共同进步；其次，要让初中生懂得父母养育子女的艰辛，懂得感激父母，孝敬父母；再次，要让初中生形成热爱祖国的情操，形成正确的人生观和价值观；最后，要让初中生理解教师的良苦用心，把接受教师的教育变成自主自我的自觉行动。在此基础上，初中生要正确爱自己，学会关爱自心。

（四）有助于学生健康人格的发展

人格是指一个人整体的精神风貌。健全人格是指各种良好人格特征，如无私、互助、诚挚、谦虚、大度、顽强、独立、“感恩与爱”等在个体身上的集中体现。培养学生健全的人格，能帮助学生充分体验生活的乐趣，挖掘他们的潜能，充实他们的精神世界。“感·爱”教育对初中生的人格发展有以下几方面的意义：一是改变初中生养尊处优，以自我为中心的状态；二是增强初中生的人情味和社会责任感，体谅父母的辛苦和他人的善意；三是促进初中生学会思考问题，让他们明白这一切都不是很简单的，以积极态度面对生活。

“感·爱”教育是一项系统工程，要想取得实效，应该要整体规划，系统设计。第一，从家庭、学校、社会以及初中生自身修养四方面形成合力，共同努力，用一定的教育方法，拓宽教育途径，使初中生真正拥有一颗“感·爱”之心，这样才能达到良好的教育效果。第二，通过家庭、社会、学校相互融合，把“感·爱”教育引向深入，充分调动各方面积极性，渗透的“感·爱”教育机制，这样才能真正取得实效。第三，唤醒初中生的“感·爱”之心，激发初中生的责任心，给初中生营造一个远离功利、远离喧嚣的德育环境，使“感·爱”教育走进生活，贴近初中生。第四，教导初中生识恩、知恩、“感·爱”、报恩，提高他们的思想道德品质，让他们去学会感恩、感悟和感动，从而收获“感·爱”的快乐。

学会了感动，我们才会在生活中发现美好，用微笑与爱去对待每一天，用微笑与爱去对待世界、对待人生、对待朋友、对待困难。宽容和感动可以化腐朽为神奇，化冰峰为春暖，化干戈为玉帛。这样，“大爱无疆”，延绵不断……

【参考文献】

【1】张晨辉：《试谈感恩教育》，《南昌教育学院学报》2010年版。

【2】马述森：《感恩教育与青少年健全人格的培养》，《辽宁行政学院学报》2007年版。

【3】屈善孝：《探析加强“90后”大学生感恩教育的有效途径》，《煤炭高等教育》2010年版。

【4】方 珩：《以感恩教育为载体构建和谐校园》，《思想教育研究》2009年版。

【5】尹国琦：《谈谈感恩教育》，《校园之声》2010年版。

【6】刘振中、罗成翼：《论青少年感恩教育的途径》，《当代教育理论与实践》2010年版。

李小华

中学历史高级教师
越秀区德育创新成果三等奖
“个人突出贡献奖”

格言

教育就是教会孩子知道爱，懂得爱，学会爱。
——李小华

关爱，是孩子健康成长的铺路石
——以一行为偏差男孩转变经历为例

广州市豪贤中学　李小华

根据一项对未成年人犯罪调查显示：多数未成年人走上犯罪道路是从不良行为开始的，而初中阶段是各种不良行为的高发阶段，“高发年龄”绝大多数是在13岁到15岁，最突出的是14岁，基本上是初二学生的年龄。“今日的犯罪少年是昨日的问题儿童和问题少年。”如何根据学生的心理特点与规律，运用心理学方法，给予问题学生有效的辅导，促进学生的健康发展，是我在班级教育中的尝试。

“你真‘幸运’，碰到他。”这是他（我班学生邱某）的小学老师在知道我是他的中学班主任后，对我说的一句话。在接触后，我对他的情况有了初步的了解：个性急躁、易怒；行为失控，经常出现违规行为，难以管教；是非辨别能力差，讲“哥们义气”；文化素质低下，无心向学；家庭已放弃对他的管教。面对这样一个问题学生，我该怎么办呢？

一直以来，在学生的管理中，我总认为“严师出高徒”，对学生要从严要求。（特别是担任行政工作又兼任班主任后，个人的工作压力更大了。）然而对他，这种教育不仅起不了作用，还适得其反，我们俩经常碰出“火花”。对待同学，他就像一只刺猬，经常与同学有摩擦、冲突，同学们对他是“惹不起，还躲得起”。我该怎么办呢?

在一次与学生的交谈中，我了解了他的家庭情况和他成长的一些片断:

他的妈妈在一次车祸中死了，家里人都认为是由于他没按时买早餐回来，致使妈妈赶着时间上班，出了车祸，是他害死妈妈的。悲剧发生后，两个姐姐怨恨他，亲戚责备他。不久爸爸娶了继母，他与继母合不来，两人关系很紧张，继母不管他了。而父亲由于工作忙，没有时间管他。渐渐地，他变了，觉得大家都对自己不好，不信任他人，开始出现搅乱课堂纪律、不服管教的现象。在这时他结交了一群“朋友”，在这个群体中，他学会了吸烟，甚至参与勒索，行为更加放任无序了。家庭也放任他，不管了。

由于家庭的突变，缺少关爱的他心理健康受到了影响，导致他的行为出现了偏差；上中学后，由于受不良群体的影响，他在成长的道路上偏离了航道。如何帮助他走回正轨呢？ 根据他的实际情况，我采取了以下教育方案:

一、让他抬起头来走，确立自信

“一把钥匙开一把锁”，我只有改变自己的教育方法，才能有机会打开他的心锁。

“少批评、少指责，多肯定、多赞扬，不冷漠、多关怀”，对他，我给予了更多的时间和精力。从交友、学习到生活，个个层面，我都对他特别留意、关照。生活上，衣服、鞋子旧了、破了，指甲、头发长了，提醒他要注意形象，及时更换、及时修整；学习上，对他降低了要求，允许他可以尽力而为；在行为规范方面，我则从严要求，但允许他可以逐步改正，“一天一小步，一个月一大步”，努力创设机会让他抬起头来走路。

二、让大家扶着他走，培养关爱

由于家庭的原因和不良群体的影响，使他的行为出现了严重偏差。“同伴教育”是一剂很好的良药。在班集体中，我努力为他创设友爱、合作的学习生活氛围，加强他与同学之间的交往，希望发挥“同伴教育”的作用，帮助他重拾自我。

首先，在班级中创设正面的、积极的舆论氛围

在班里，我经常强调“我们班是44个人的集体”，43个同学和1个班主任，所有同学都是集体的一员，不能让任何一个同学掉队，包括他。我要求全班的同学要接纳他、包容他、帮助他、关爱他，同时要监督他，但不能歧视他、欺负他，对他的一些过激行为要理解、要宽容。

其次，在班级中为他成立了帮教小组

帮教小组成员则由他自己选择。帮教小组主要帮助、督促他改变不良的习惯和行为，协助老师对其进行教育和管理，并为他提供学习和生活上的帮助。经过双向选择，他选择了女班长和女班长的同桌负责帮教他，因为“女班长比较公正，不会欺负我”。另外，班里的各项活动都要求要有同学负责关照他。

最后，与科任教师协同教育，共同关爱、共同帮助他

经过与科任教师商量，全体科任教师在他的教育上达成一致：学习上，对他降低要求，每次考试均为他确定具体的目标；纪律上，上课只要不影响课堂纪律，不干扰老师和同学，可以让他做自己喜欢的事情，但必须在座位上进行，不能随意走动；行为表现上，及时反馈他的各种表现，及时表扬和鼓励，及时批评和教育，让他处于全体老师的关爱和教育监督之下。

三、让家庭陪着他走，感受温暖

亲子之情不可割裂。在了解了他的情况后，我要求家访，希望能进一步改善他的教育状况。由于其家长工作的特殊性（任职法警，经常出差），学生本人也不愿意我家访，担心我会告状。因此我采取电话访问的形式加强与其家长沟通和联系。在电访的过程中，我常常避重就轻，专挑好的讲，把他在学校里一丝一毫的进步向家长汇报。逐渐地，他的家长开始主动与我谈他的情况，并把他的成长过程详细地向我做了介绍，并表示一定协助学校进行教育，他爸爸还亲自来了学校一趟，了解他的情况，协助教育。

经过全体师生的共同努力，我的努力开始获得可喜的回报：他开始改变了，班里的同学改变了，我也改变了。

他逐渐认识到待人接物应有的态度，见到老师能主动打招呼了；开始能与班里的同学和睦相处，同学也开始喜欢他、关心他了。有一次，我正在办公室，班里的两个女生急急忙忙跑进来，“老师，不好啦，小邱出事了！”我吓了一大跳，“啊？又出事了？”我急忙跑出去看出什么事了。这时我班一群女生围着他走了过来，他一只手扶着另一只手。“又打架了？真是岂有此理！屡教不改！”我想。我没好气地问：“又挂彩了？”“不是啊，老师，他没打架，刚才我们跟他玩的时候，把他给撞伤了。”“噢，原来这样。”我不禁松了口气。“撞伤了点皮，用得着这么紧张？大惊小怪的，吓死我了。”知道没大事，我不禁责骂起学生来了。“老师，你不是要我们看着他吗？这次是我们撞伤他的，不跟你说，你不知道，到时候，你又以为他打架了，那时，他又要被你批评了。那可惨了。”“咦？世道变了？我批评他，有人帮他叫屈了！”在我帮小邱处理完伤口后，女生们又簇拥着他走了。

他逐渐学会了自我控制，一些不良习惯与行为有了改善：上课不再随意讲话了，上课吃零食的现象减少了，课堂上行为失控的现象基本消除了，受不良群体的影响减少了，开始能拒绝一些不良诱惑了。他开始和我亲近了，不时主动向我汇报一些他和他的“朋友们”的情况。

他有了荣誉感和责任感，能主动承担一些力所能及的班务工作，如协助老师发放资料、参与班级卫生清洁工作等。初二上学期，他还大胆地参加班干部竞选，选举的结果大出我的意料：全班43人，有38人投票赞成，选举他为生物科代表。第二学期，他又自荐竞选历史科代表，并获得同学们的信任和支持，成功当选。

但由于不良群体的影响，家庭教育的欠缺，他的改变很缓慢，甚至时有反复。他身边的所谓“朋友们”，经常取笑他的进步，有时还唆使他参与一些违纪行为。

“一个人的成长过程就是一个不断犯错的过程。”看来，我要做好打“持久战”的准备，要靠爱心和耐心来纠正他的不良行为。

“没有爱，就没有教育。” 在对问题学生的教育中，只靠目标和制度的管理，而忽视情感因素的作用，教育是难以取得成效的。初中阶段正是学生成长的“过渡时期”，也是其“危险年龄”——不良行为的高发期。这时期的家庭环境和教育对学生的成长至关重要，学生的思想情绪往往容易受到家庭环境的某种变化的影响，进而引发心理问题，影响其心理健康，导致行为偏差，出现不良行为。在对问题学生的教育中，我根据其心理发展规律和特点，创设健康的教育环境，给予学生恰当的期待，给予他们更多的关爱，充分肯定他们一点一滴的进步，使他们在体验成功的愉悦中逐步改变自我，促进他们良好品德的形成。

肖建中

中学数学一级教师
海珠区优秀少先队辅导员
学校年度优秀班主任
海珠区嘉奖

格言 以生命影响生命，关爱所有的学生，关注他们的点滴进步。
——肖建中

谈C类初级中学学困生的转化技巧

广州市南石中学　肖建中

【摘　要】学困生在很多的学校都是存在的，在C类的初级中学更加集中，很多的学困生从入学开始到初三毕业，始终处于学困生的行列，从初一开始，成绩每况愈下，到最后只能选择最差的职中就读。在那三年，他肯定得到过很多老师针对性的辅导，也可能有很多的老师免费为其补课，但始终无法摆脱学困生的行列，有些甚至是越走越远，成为班级“问题学生”的代名词。本文从学生自信的培养，人生规划教育，团体心理辅导，家校互动四个方面总结并探讨学困生的转化问题，期望通过这些方法形成一定合力顺利的转化学困生。

【关键词】学困生　转化技巧　学生自信的培养　人生规划　团体心理辅导　家校互动

这里所指的C类学校是指那些没有推荐生，也没有特长生，生源完全依靠电脑派位的普通初级中学。这类学校有时也叫薄弱学校。

学困生有广义和狭义之分：广义的学困生指各种原因引起的学习成绩低下的学生；狭义的学困生是指学生的智力发展水平正常且没有感官障碍，但由于生理、心理、行为、环境和教育等原因，致使他们出现知识断层，在正常教育环境中学习效果较差，未能达到学校教育规定的基本要求的学生。本文所研究的学困生概念指狭义的学困生，即指智力水平虽无明显缺陷，但非智力因素水平较低而导致学习成绩不良的学生。对于这一概念，我们的理解是：第一，学困生是相对概念，是与同龄人、同集体（班级）的其他成员相比较而言的；第二，学困生是个别的，即集体（班级）中的绝对少数；第三，学困生的智力正常；第四，学困生的学业成绩处于暂时落后状态。

学困生在很多的学校都是存在的，在C类的初级中学更明显，很多的学困生从入学开始到初三毕业，始终处于学困生的行列，从初一开始，成绩每况愈下，到最后只能选择最差的职中就读。在那三年，他肯定得到过很多老师针对性的辅导，也可能有很多的老师免费为其补课，但始终无法摆脱学困生的行列，有些甚至是越走越远，成为班级“问题学生”的代名词。

古人云“不悱不发，不愤不启”，学习对于学困生是一个很艰巨的工作，如果没有强大的信心，没有由内而外的决心，没有一个良好的环境，没有一个系统的转化工作，他们是很难得到彻底的改变的。

建构主义认为，学习不是知识由教师向学生的传递，而是学生建构自己的知识的过程；学生不是被动的信息接受者，而是信息意义的主动建构者，这种建构不可能由其他人代替。这意味着学习是主动的，学生不是被动的刺激接受者，他要对外部信息进行主动的选择和加工，因而不是行为主义所描述的S—R过程。而且，知识或意义也不是简单地由外部信息决定的。外部信息本身没有意义，意义是学习者通过新旧知识经验间反复的、双向的相互作用过程而建构成的。其中，每个学习者都在以自己原有的经验系统为基础对新的信息进行编码，建构自己的理解，而且原有知识又因为新经验的进入而发生调整和改变，所以学习并不简单是信息的积累，它同时包含由于新旧经验的冲突而引发的观念转变和结构重组。

因此，通过系统的训练唤起学生强烈的自新愿望才是学困生转变的根本之路。以下就是笔者就十几年的教育经验得到一些学困生的转化之法。

一、培养自信心，促进健康成长

爱因斯坦认为“自信是向成功迈出的第一步”。当一个学生总是对自己缺乏自信时，他总是怀疑自己的能力，进而产生强烈的自卑心理，这种不正常的心理使他们认为自己事事不如别人。如果老师忽视，同学轻视，这种心理就更容易走向极端，容易使他们自信心完全丧失，彻底地沦为“偏常生”。为了防止这种情况的发生，笔者就自己十几年的一些做法进行整理，得到以下的一些转化策略。这些方式或者方法首先都是为这些学困生量身定做的，与一般的普通学生是有区别的。

（一）努力为学困生消除顾虑促其安心

“没有爱就没有教育”，爱是教育工作的前提，是一些思想工作的基础。“越是不可爱的孩子越需要爱”，只有教师付出真挚的爱，在各个方面多给予关心、关怀、尊重、了解，才能赢得学生的信任，得到学生的尊重。学困生最害怕回答问题错误后受到学生的嘲笑，因而班主任应该为这个班定下一个基调，这个基调是对那些冷嘲热讽的不欢迎态度，让这些不正之风远离班级。

在我现在任教的班级中，从初一入学开始我就这样要求学生：保护所有学生的自尊，实现快乐的课堂。对总是以打击别人出风头的学生进行班级讨伐，进行班级辩论，让同学充分意识到这种行为对其他同学和班级的伤害。

两年前，我接手的这个班有一个叫李XX的学生，属于单亲家庭兼困难户，披着长头发，瘦高瘦高的，有些驼背。数学成绩在各科中是较好的，也就60分多一点，英语成绩每次考试都是20多分，有时运气不好的话只有10多分。有一次他的数学考到了80分，我当着全班的面表扬其进步巨大，要全班同学学习其数学课上的一丝不苟的专注。那时他的驼背似乎直了些。几天后他告诉我，老师你那天这么的说我，我很开心。但是在上英语课时，也有很多的同学有时看看我，我以前的英语成绩很不好，因为选择题多，我总能撞出个20来分，其实我什么都不懂，现在那么多的同学看着我，我只好专心听课，好像能听懂一些了。我就对他说，我知道你的英语不是很好，只要你上课是像上数学课一样，你的成绩会比别人提高更快的。一个学期后的期末考，英语考了40多分，数学90多分，他进入到班级的第17名，成为了全级进步最大的同学，获得学校的进步最大学生的奖学金。

班级中还有一个叫许XX的同学，不但自己不会，还对同学的回答进行打击，像瘟疫一样。很快，我发现有那么两三个同学学习许同学，也是通过这种打压贬损别人抬高自己的人。针对这种情况，我对全班进行了集体主义的教育，并专门召开主题班会，同时对始作俑者的他进行了严厉的批评，他在这一坏习惯上改正得较快，虽然偶有反复，但还是能够及时地改正，班级不正之风得到了扭转。

（二）创设轻松和谐的教育环境让其融入班级

教师的爱就是要教师去做耐心细致而卓有成效的工作，永远不放弃任何一个学生，不让任何一个学生掉队，始终坚信只要教师积极主动地采取补救措施，营造轻松友好、以学生为中心的、让学生不感受到紧张和压力的课堂气氛，让所有的学生把注意力转移到课堂上，而不是关心那么几个学困生。提问时要根据学生的实际能力和可能达到的知识水平有针对地进行。照顾到不同学生的情绪，有些学生不是很愿意回答问题，而有些学生就较为乐意，想方设法表扬那些偶尔回答问题的学生，找到他们的闪光点进行表扬，而不是泛泛而谈地进行。这就需要老师的精心备课，每一个的教学环节都为学困生设置一些内容，如哪些问题他们可以答上来，怎样问他们可以答上来，准备一些浅显易懂的简单问题让他们在同学面前表现自我，感受成功。在课余时间我有时也和学生们拉拉家常，询问一下他们的学习情况以拉近我和学生的距离，让他们感受到老师的可敬可亲。

（三）采用特殊的评价方式进行激励

起点的不同，过程的差异，让学困生和普通的学生使用同一个评价标准显然是不合适的。为促进他们的发展，建立起自我激励的机制，对于学困生的评价应该坚持与普通学生有所不同。在进行学期的德育评定时，我主要采用以下的几种方式：对于学困生，我把评价标准中的每一个大项进行细分，能做到某一点的为一个等级，做到某三点的为第二等级，做到三点及以上的为第三等级，把学困生的评价起点降低，以后的评价完全参照进步的程度而定。这样学生们都找到了自己的初始等级，有了一个努力的方向和目标，但他们取得进步时，就会得到老师和同学的表扬，这样就大大地强化了他们向善的动力，为他们的健康成长提高了条件。第二种评价方式是代偿性的，就是如果在某一方面评价较好，可以用一部分好的评价抵消一些极差的评价。这种评价方式得到了很多班主任的推广，在期末总评时，只要学生愿意就可以实现优势科目与劣势科目进行补偿提高，如若李XX的数学考试较好，可以借一些成绩给英语课科。这样就引导学生把学习时间从优势科目逐步转移到劣势科目上，促进成绩的均衡发展。这也是中考的升学制度造成的无奈之举。

二、人生规划教育，促进其迅速地成长

由于我们长期忽视中小学生教育，一些青少年对自己的未来没怎么想过，对自身缺乏责任感，也不知道自己的兴趣和爱好，也不了解社会的各种情况，往往依据父母的判断或者自己的冲动盲目地选择学习的专业以及从事的职业，到时候稍有不称心如意，便容易丧失学习、工作和生活的动力。

美国心理学家埃里克松认为，人格有三部分：本我、自我和超我，自我比本我和超我重要，对人格形成具有决定性的意义，是个体和社会产生作用的桥梁。人更多的是一种理性的动物，其思想、感觉和行动主要被自我所控制。一个人对未来事件的向往决定着这个人现在的行动和思想，这就需要教师的引导，对其进行人生规划教育。

教育家孔子也说，吾十有五而志于学，三十而立，四十不惑，五十知天命，六十耳顺，七十随心所欲不逾矩。圣人15岁就规划了自己的伟大的一生。

初中阶段是人生的青少年时期，年龄是13岁至16岁，是童年向青年的过渡时期。初三毕业面临的是高中还是职中的问题，在这之前就需要他们作出重要的选择，如果此时对自己以后的人生没有一个大概的规划，没有接受适当的指导，很有可能造成一些不理智甚至于有害的结果，影响自己的前途。早早的对学生进行人生规划的教育可以帮助他们对自己的未来进行思考，让他们有机会进行想象

一下，让他们看一下社会上不同的人所从事的不同行业，不同行业的工作者所拥有的不同的生活类型，进而在老师的指导下对自己的未来进行规划，早早的思考自己将来的职业生涯和生活状况。

我们通过初一的“认识自我”主题班会和“我来应聘”主题活动，让学生发现自己的长处和优缺点，探索自己的兴趣和价值观，了解自己的能力和特质以及发展方向；通过艺术节展现学生的自我能力，初二的“我30岁的名片”主题班会激发了学生们积极进取的生活态度，帮助他们觉察自我的责任。通过家长委员会的报告让他们认识不同类型的工作角色和工作世界的分类和工作类型，了解教育的机会与工作的关系，了解社会发展与工作的关系，树立社会的主人翁意识和负责的态度。通过初步的人生长期或者短期规划发展尊重他人工作的意识，学习如何解决问题和作出决定，培养自我约束、自我规划时间和运用时间的能力，培养正确的价值观。

学生能够进行人生规划，学生就能理解哪些是对自己有益的，哪些活动要积极参加，学会游戏和学习的取舍，进而理解教师的教学行为，遵守学校的秩序，把最主要的精力放到自己的未来上，学会感恩老师，感恩社会，感恩家庭，师生关系就更加融洽。

三、团体心理辅导和集体活动，促其身心健康

团体心理辅导是指在团体领导者的带领下，成员围绕某一个共同关心的问题，通过一定的活动形式进行互相启发和诱导，形成团体的共识与目标，进而改变成员的观念、态度和行为，促其成长。团体心理辅导班会课是以班级为主体，利用团体的力量，以游戏、体验、分享等团体辅导形式，营造活泼、自由、民主的氛围，让学生在参与创建更合理的团体的过程中不断地发展自己的潜力，实现德育和心理健康教育的目的，并使得班级的发展为个体的进步提供更好的促进作用。

一个学困生，只要能够融入这个班级中，只要能够被这个班级接纳，那他的情感需求就会得到满足，就会与团体的成员产生互动，共同维护团体的利益。如果通过教师的引导学生的体验作为情感的突破口，能引发班级的共鸣的话，那么这些学困生就会感受关怀和集体的温度，真正成为集体的一员。

我在开展团体心理辅导班会课时，通常会选择班级中的突出问题，如班级的共同目标、学习懈怠、人际紧张、初恋、认识自己、与父母对话等主题，与学生共同探讨，通过学生间的相互讨论、交流，帮助他们学习良好的沟通技巧，降低焦虑、恐惧和戒备心理，克服孤独感，引导学生健康地成长。

四、完善家校互动，形成教育合力

苏霍姆林斯基说过，最完备的教育是学校——家庭教育。在学困生的转化中，家庭和学校是最重要的两个因素，完善家校模式就是要充分利用中学生的学校、家庭两个环境，使教育由学校的孤军奋战转变为家庭和学校合作的一种模式。

首先，我在班级中与家长建立起飞信平台，及时把学生在校的情况和表现反馈给家长，同时也介绍一些德育考评的细则，让家长知道校园的德育评价是如何操作的，学生在校的遵守情况。后来学校引进了校园动力系统，为工作带来了极大的便利，学生的考勤和在校的思想状况，每次听写或者小测的成绩，一个学期的成绩变化趋势等，都能较好地与家长进行沟通，但因为平台的原因，很多的家长只是单方面地接受信息，没有形成互动。

其次，在课余时间进行家访，完善这种家校模式。以前家校的互动更多的是家长到校，更多时候是老师向家长告状，家长配合学校的教育。其实，家校互动还有另外的一种形式：家访。通过家访可以较好地了解学生在家的学习和生活情况，了解一些在档案和材料中看不见的东西，了解家庭的教育理念、教育方法和家长教育的态度、监管的程度，同时还能够较私密地与学生和学生家长进行交流，较好地保护了学生的自尊，学生较容易接受。

再次，开展家长培训。每次召开家长会时，首先召开家长讲座，向家长传授科学的教育原则和方法，使他们积累成功的家教经验，在会后还召开学困生家长会，就学困生的一些专门问题进行协调讨论，统一认识，寻求教育良方。

学生是纽带，他们把家庭信息带给学校，推动学校的教育，同时也把学校信息传给家长，优化家庭教育。

吴汝繁

中学政治二级教师
校优秀班主任

格言

学高为师，身正为范！——吴汝繁

利用同辈群体开展高中生思想教育

广州市南武中学　吴汝繁

【摘　要】同辈群体是青少年中广泛存在的非正式群体，特别是对正处于青春期的高中生而言，它对高中生的思想发展产生着重要的影响。同辈群体是高中生思想教育的重要环境和途径，具有其他思想教育途径所不可比拟的优势。因此，思想教育工作者要重视和利用同辈群体在高中生思想教育中的作用。

【关键词】同辈群体　高中生　思想教育

同辈群体又称同辈集团或同龄群体，是指在相同年龄层次上，由地位、兴趣、爱好、价值观等大体相同或相近的人组成的关系密切的非正式群体。同辈群体作为普遍存在的人际环境，在高中生中普遍存在，他们交往频繁，时常聚集，彼此间有着很大的影响，甚至有可能超过父母和教师的影响。

一、同辈群体对青少年发展的影响

美国社会心理学家M·米德认为："在现代社会中同辈群体的影响甚至大到改变传统的文化传递方式的地步。"同辈群体对高中生成长发展具有特殊的意义，其积极的一面表现在：

（一）同辈群体可满足高中生的情感交流需求并促进情感的发展成熟

同辈群体间相互的理解与支持、关心与尊重，可满足青少年交往、归属及尊重的需要，从而避免了这些正常需要得不到满足而带来的消极不良的情感，促进高中生的身心健康发展。另外，同辈群体是一种特殊的情绪接触形式。意识到自己是哪一个团体的成员，体验到团队精神和同伴间的相互帮助，不仅有助于高中生脱离成年人而自立，而且会使他产生极为重要的情绪安定感。高中生能否得到同伴、同学的尊重和爱戴，对他的自尊心发育具有决定性的意义。

（二）同辈群体可促进高中生的学习和兴趣爱好的发展

同辈群体的成员不仅在生活上、感情上相互支持，学习上也互相帮助、互相启发，有时彼此间还开展竞赛，这都有利于他们学习成绩的提高；在兴趣爱好上，共同的兴趣爱好不仅使他们有了更多的共同语言，同时在一起的切磋和探讨也进一步促进了他们兴趣爱好的发展。同辈群体是青少年获得生活经验和社会信息的主要来源，与师生间的交往相比，同辈群体成员间的交往更直接、更经常、更亲切，他们无话不谈，彼此从对方获得大量的生活知识经验和社会信息，而这种信息获得的渠道要比从书本上获得来得更直接、随意，留下的印象也更深。因此，从同辈群体中获得的信息成为学校教育、书本知识的重要补充。

（三）同辈群体对高中生生活目标、价值观、社会角色定位的积极影响

生活目标是指通过个人努力与争取可以实现的目标，这些目标的核心是一个人的价值观，所以选定生活目标与培养价值观是密不可分的。一般来说，一个人最初生活目标的选定，在很大程度上是受家庭的影响，但随着年龄的增长，接触了更多的人和更广阔的社会，家庭的影响便逐渐减弱。到了中学时期，由于同辈群体成员间的频繁交往和相互信任，使他们能自由探讨一些问题，自由交换对

问题的看法和意见，更由于心理上、感情上的相容，使他们较容易接受对方的影响。所以到了中学时期特别是高中阶段，在确立生活目标上及价值观念上，同辈群体的意见逐渐取代了父母的态度。除此之外，同辈群体的成员在其他很多方面都向同伴认同和模仿行为举止、兴趣爱好、消遣方式，甚至发型、服饰、语言等。

个体社会化的最后结果，是为社会培养一个符合社会要求的社会成员，使其在社会生活中担当一定的角色，而每个角色都要按社会体系中为他制定的或约定俗成的规范行事。而同辈群体虽然是自发形成的，但每个成员在群体中都有自己特定的角色和地位，甚至还有一个自发形成的核心人物，其他成员自愿接受他的领导。同辈群体也有自己不成文的行为规范，如不准把团体内的事情告诉给师长、对外发生冲突时要团结一致等，谁违反了这些规则，群体就以诸如不准其参加今后的团体活动而给予压力等。由于成员对群体高度的认同感，为了避免受到群体的排斥，他们都能自觉遵守这些规范。而这为他们以后进入社会，能正确认识自己的社会角色，自觉遵守社会的道德规范、法律规范及各种规章制度奠定了基础。

二、同辈群体作为高中生思想教育途径的优势

高中生作为同辈群体的一种基本类型，当然也具备同辈群体的基本特征，这些特征决定了利用同辈群体这一途径进行高中生思想教育的优势。

（一）从思想教育者来说，通过同辈群体可以真实地了解高中生的内在心理

只有明确学生的真正想法，才能对症下药，增强思想教育的针对性和实效性。高中生正处在身心快速发展的时期，他们大都有着强烈的独立愿望与自主要求，而这种独立愿望与自主要求往往又不被教育者所理解，于是他们开始淡漠家庭和学校，逐渐把注意力转向同龄的群体和伙伴，喜欢与同龄人在一起而不喜欢依赖父母和老师。据调查显示，70 %以上的高中生遇到困难和烦恼，不是首先与父母或老师商量，而是与同伴商量，或是闷在自己心里。中国青年政治学院的大学生们在北京13~15 岁的中学生中进行的一项调查也证明：被调查者将心里话告诉他人的首选对象是同性的同辈伙伴，

而母亲则排在其后。

（二）从思想教育内容来说，高中生在同辈群体内所学的内容不仅是家庭教育、书本知识的重要补充，而且影响深远

与学生和老师间的交往相比，同辈群体成员间的交往更直接、更经常、更亲切，他们无话不谈，彼此从对方获得大量的生活知识经验、社会信息和价值观等，而这种信息获得的渠道要比从书本上获得来得更直接、随意，留下的印象也较深。如有的人想当工程师，有的人想当教授，有的人想成为医生等等，这些目标的核心是一个人的价值观。一般来说，一个人最初生活目标的选定，在很大程度上是受家庭的影响，但随着年龄的增长，接触了更多的人和更广阔的社会，家庭的影响便逐渐减弱。到了中学时期，由于同辈群体成员间的频繁交往和相互信任，使他们能自由探讨一些问题，自由交换对问题的看法和意见，更由于心理上、感情上的相容，使他们较容易接受对方的影响。所以到了高中阶段，在确立生活目标及价值观念上，同辈群体的意见逐渐取代了父母的态度，甚至影响人的一生。

（三）从作为受教育者来说，青少年可能更乐意接受同辈群体内的批评教育

高中生正处于逆反心理较强的时期，不愿意接受来自长辈或教师的批评教育，而乐于接受同辈群体内的说服教育，且有较高的价值认同感。马克思说："我们越往前追溯历史，个人也就是进行生产的个人，就显得越不独立，越从属于一个更大的群体。"马克思在这里精辟地揭示了个人与群体之间密切联结的内在要求。高中生在进入某一群体之前，其个体的价值观念往往处于单独的、不成熟的状态。在远离家庭后，他们需要得到同辈群体的支持和庇护。同辈群体的支持不仅是生活和情感的沟通，更重要的是能形成维持这种关系的思想和价值观念。加上高中生在特殊群体的社会情景交往中，年龄层次、观念特征、心理需求、知识结构以及生活志趣和利益等方面的相似性，使得良好的结群背景更有利于形成价值观念上的相互认同。价值认同使单个的个体价值观念逐渐被融合在统一的同辈文化价值规范之中。价值认同的过程也是价值选择和价值调控的过程，是同辈群体亚文化功能对高中生价值观影响的主观前提。

三、利用同辈群体开展高中生思想教育的工作思考

同辈群体是高中生思想教育的重要环境和途径。因此，要重视同辈群体在青少年思想政治教育中的作用，加强青少年的思想政治教育工作，因势利导，确保高中生在同辈群体中健康成长。

（一）在尊重和理解的基础上，营造和谐的同辈群体交往氛围

高中生渴望与同龄人交往，渴望得到理解，同辈群体是高中生获得这种需求的归宿，是青少年思想情感发展的源泉。因此，思想教育者必须在尊重和理解的基础上，为同辈群体创造和谐的交往氛围，满足高中生交往、情感发展的需要。人本主义心理学家罗杰斯在“学生为中心”的教学理论中提出“教师即促进者”的教育思想，就是要教师在尊重和理解的基础上为学生营造和谐的学习交往氛围。他主张用“促进者”一词代替“教育者”，认为“促进者”要具备三种处理人际关系的要素，即“真实”、“接受”、“移情理解”，可以看出，罗杰斯强调的是教育者要像朋友一样尊重和理解学生，要深入了解青少年的所思、所想、所需，关注青少年群体的学习和生活，培养其平等、宽容、尊重等意识，提高其学习和交往能力。

（二）将思想教育寓于同辈群体活动中，培养同辈群体的道德素养

同辈群体在思想教育上的功效主要是通过群体的影响，引导高中生成为一个合群的人、和谐的人，引导高中生如何与同伴相处，扮演社会角色等。而同辈群体形成以后就会有封闭倾向，活动范围常常限于团体内部。但是，思想教育不应是封闭的教育，要将思想教育寓于青少年群体的活动中，引导青少年群体横向联系交流。越是封闭的群体越可能生成狭隘和偏激的文化，尤其是当代的青少年受到群体内外部多元化因素的影响，最易产生不良亚文化，因此将思想教育寓于同辈群体的交往活动中，使得青少年在群体活动中发展自我、完善自我。思想教育也要通过各种实践活动，为高中生同辈群体提供舞台，扩大其影响力，以积极性的同辈群体去影响消极性的同辈群体，以健康有组织的群体社会活动去影响承载不良亚文化的群体活动。总之，将思想教育渗透于高中生同辈群体中，是培养高中生健全人格和实现其全面发展的重要途径。

（三）加强同辈群体典型人物人格魅力教育，引导同辈群体健康发展

同辈群体中一般都有典型、核心人物和骨干成员，他们往往是同辈群体中能力最强、威信最高、具有统摄力的人物。他们在同辈群体的核心地位是由其在群体内的人格魅力影响而形成的。要想使高中生同辈群体积极健康地发展，必须充分做好同辈群体典型人物的工作，这要求思想教育工作者要善于发现他们的长处，给予他们发挥自我的舞台。一方面给他们创造条件，另一方面要引导他们开展积极有益的活动。同时思想教育工作者在对有消极倾向的同辈群体做思想工作时，要牢牢抓住典型人物，耐心细致地进行说服和教育，不要武断地采取严厉处罚的措施，这样会引起群体成员的反抗。相反，核心人物自我转化所起的参照和教育作用，会带动群体成员形成正确的价值观和行为方式，摒弃不良习气，实现消极性群体向积极性群体的转变。

对于如何利用同辈群体这一非正式组织来开展高中生思想教育工作研究的不多，实践经验也不丰富。同辈群体的存在是不容回避的现实，德育工作者应该从考察同辈群体特征和对高中生的影响入手，探究引导同辈群体发挥正面效应的工作方法，利用同辈群体把思想教育工作做好做细。

【参考文献】

【1】陈正良：《同辈群体环境对青少年发展的影响》，《宁波大学学报(教育科学版)》2004年版。

【2】徐湘荷：《谁之过——哈里斯的群体社会化理论述评》，《上海教育科研》2004年版。

【3】步德胜：《同辈群体：青少年思想政治教育的理想平台》，《现代中小学教育》2006年版。

【4】周晓虹：《现代社会心理学》，上海人民出版社1997年版。

【5】张文新：《青少年发展心理学》，山东人民出版社2003年版。

【6】魏曼华：《当代社会问题与青少年成长》，福建教育出版社2005年版。

林 东

中学语文高级教师
广州市优秀教师
广州市优秀班主任
海珠区师德先进个人

格言 让每一粒种子都能破土发芽，让每一朵鲜花都能绚丽绽放。
——林 东

不容忽视的群体
——特殊家庭学生的心理偏常与疏导策略

广州市江南中学 林 东

【摘 要】家庭，是社会的基本组成单元。和谐幸福的家庭对孩子的成长起着至关重要的作用。然而，特殊家庭的孩子，已经成为当今社会越来越不容忽视的一个群体。作为一名德育工作者，多年的研究发现，生活在特殊家庭里的学生，因家庭的种种变异及因家庭变异所带来的教育方法不当，往往在行为习惯、学习态度、人际交往等方面都有着偏常。本文试就特殊家庭学生的心理方面出现的种种偏常现象进行分析，并从德育的角度提出相应的疏导策略。

【关键词】特殊家庭的影响 心理偏常 疏导策略

随着社会不断向前发展，文化、价值的多元化带来了各种新的现象，人们的思想观念和社会生活习惯也随之改变，以单亲、寄养、离异和重组等为代表的特殊家庭结构不断涌现，使来自这类家庭结构中的学生群体也越来越庞大。众所周知，家庭在一个人的成长过程中起着特殊的重要作用。而特殊的家庭结构往往会对学生产生或多或少的负面影响，随着特殊家庭的数量日益上升，在青少年犯罪的案件中，这类家庭的孩子犯案比重也越来越大。因此，解决这类家庭孩子的心理教育问题成为了迫切的社会问题，对每一位德育工作者而言又是一个新的挑战。

一、特殊家庭环境对学生成长的影响

家庭因素对学生心理健康的影响不是孤立的、单一的，家庭结构不完整、家庭功能不健全等必将导致父母教养方式、家庭经济状况、父母身心健康、家庭气氛等一系列客观的连锁反应。因此，对于特殊家庭学生的心理问题，需要坚持做到“宏观把握、个别关注”。

（一）单亲家庭

单亲家庭的孩子往往由于缺少正常家庭的温暖，导致子女产生一定的心理应激，诱发心理问题，如产生孤独感、自卑感，性格孤僻，行为偏执。他们在情感、性格、言语、社会适应能力等方面明显不同于正常家庭儿童，大多数会有丧失、被遗弃、不安全、敏感脆弱等心理感受。

（二）再婚家庭

在再婚家庭中，再婚者往往会育有新的儿女，这必然导致其兴趣的转移和分散，因此难免会使原儿女产生嫉妒、怀疑及逆反心理，从而与父母对立，甚至离家出走；另一方面，由于新家长（无血缘关系的一对家长与孩子）与孩子没有共同的回忆，在教养和沟通上难免产生心理疙瘩，孩子的自然抵触，难免易形成逆反心理。

（三）寄养（留守儿）家庭

由于经济、生活条件等方面的原因，绝大多数外出务工人员的子女被留在家里，与祖辈一起生活或寄养在亲戚朋友家或自我照顾，成为“留守儿童”。由于缺乏正常的家庭教育，这些孩子难免在思想道德、人格塑造、行为观念上存在一定的偏差；再加上缺少理解与父母的关爱，每当学习压力过大或是遇到挫折时，他们难免会在心理上感到寂寞，性格孤僻。

二、特殊家庭学生的心理偏常主要表现

（一）自卑感

自卑感是一种自己觉得惭愧、羞怯、畏缩甚至灰心的情感。特殊家庭的学生大多有着坎坷的经历，幼小的心灵受到过伤害，所以在与其他学生的交往过程中，往往表现出自卑的心理障碍。如在生活中，常表现出被遗弃感、怨恨感等消极情绪，胆小怕事，悲观厌世；在学习中，他们不自信，不愿发言、提问，总认为自己不行。

（二）人际孤独

人际孤独是特殊家庭的学生常表现出来的一种心理障碍。特殊家庭和普通家庭相比，学生与父母交流的机会要少得多，所以这些学生往往表现出沉默寡言，不善于同别人进行交谈，缺乏人际交往技巧，少与人交往或只与特定的个人进行交往。同时，在学习、游戏等集体活动中表现出很强的对他人的排斥性倾向。

（三）心理疲劳

特殊家庭的学生由于生活在和普通家庭不太一样的环境中，经常处在思考、焦虑、恐惧中，因此，和正常的孩子相比，他们的心理更容易陷入一种“心力衰竭”的疲劳状态中。表现在学习上，他们不愿意和别人交谈，作业中错误多，效率低，感情容易冲动，芝麻大一点不顺心的事也会大动肝火。

（四）攻击性倾向

所谓攻击性倾向是指儿童在与他人交往过程中表现出来的干涉或伤害他人的行为倾向。特殊家庭孩子的攻击性行为是由于他们长期处在焦虑、压抑的心态，在与他人交往过程中，因环境刺激或自身心理失衡而引发的。他们有可能通过对他人、对社会的攻击报复来宣泄消极情绪，以求得内心的平衡。这种攻击性行为如果得不到矫正，会引起严重的后果。心理学家的追踪研究表明，70%的暴力少年在13岁时就被确定为有攻击性行为，48%的少年犯在9岁时就被确定为有攻击性行为。因此，应予以足够的重视。

三、对特殊家庭及学生的疏导策略

在学校管理中，我们不难发现“问题学生大部分出自问题家

庭”。而这部分学生一直是我们关注的重点，因为他们在家庭的伤害中，心灵的脆弱、感情的缺乏，需要更多的爱和呵护。

（一）加强心理干预，对症下药

从学校对学生进行教育的特殊地位和功能来看，我们不仅要对这些特殊家庭的学生和一般家庭学生一样进行教育，更要从这些学生的家庭特点出发，从行为习惯、学习成绩、心理发育等方面加倍关心、对症下药。

1. 行为上：严格训导

因家庭的特殊，使一部分学生缺乏形成良好的行为习惯的教育环境及引导，特别是应由家庭配合培养的行为习惯更是难以养成。我们教师在对这部分学生进行教育时要不断进行角色的转换，既做老师，又做家长。全面地、严格地进行训导。同时可以利用班集体的力量，采用各种行之有效的方法，有目的、有针对性地对这些学生进行引导、训练，让这些学生逐步养成良好的行为习惯，杜绝行为偏差的产生。

2. 学习上：热情帮助

因家庭的特殊，一部分学生或因家长放松了对孩子学习上的关心，或因家长没能力对孩子进行学习上的辅导，或因家庭变故过程影响了孩子的学习，学生的学习成绩都受到了不同程度的影响。作为教师不能听之任之，在学习上要对这些学生加倍关心。首先要让这些学生在学习上树立起坚定的信心，在学习的方法上进行热情的帮助和指导，如基础较差的还要进行适当的课外辅导。同时根据学生的特点多采取激励机制，使这些学生克服学习上的畏难情绪。教师千万不能另眼相看这些学生，以免挫伤他们的学习积极性，产生“破罐子破摔”的抵触心理。

3. 心理上：对症疏导

因家庭的特殊，一部分学生性格或内向：自卑、孤僻、胆怯；或偏执：过分倔强、暴躁、任性。这些都是学生心理发育过程中的不健康倾向。教师要针对不同性格的学生采取不同方法进行心理上的疏导。

①性格内向的：要为他们多提供各种能表现自己的机会。根据他们的不同特点在班集体中安排一些力所能及的班级工作，让他们有更多的机会接触同学，接触老师。同时多采取表扬、鼓励的方

法，帮助他们逐步克服自卑的心理，树立起取胜的自信，逐渐形成活泼、开朗、大方的性格。

②性格偏执的：当他们在学习中，与同学的交往中，与家长相处中出现偏执现象时，不要急于求成，要根据学生的不同特点，采取不同方法进行疏导。较好的方法是采取“冷处理”，给他一些冷静的时间，等他冷静以后再与他分析是非对错。同时也可利用集体的舆论进行评判，切忌采用“硬碰硬”的方法。通过不断的疏导使他们了解自己性格中的弱点，学会收敛，学会忍让。

（二）利用家校平台，加强指导

在同部分特殊家庭学生家长的接触中，我们了解到这些家长并不是不想把自己的孩子教好，反而有些家长因家庭的变故把自己全部的希望倾注在下一代身上，但因他们在家庭的变故中自身也受到创伤，因而在对孩子的教育方法上出现了偏差，或溺爱（双亲之爱变成了单亲之爱），或专制（“恨铁不成钢”），或放任（“母亲不爱，父亲也不管”）。这些现象在祖辈代管的家庭中也存在，凡此种种便对这部分学生的教育走进了误区，因另一部分再婚的家庭中，因后爹、后妈受传统观念的束缚在教育非亲生子女时产生心理障碍，使对这部分学生的教育失去了良机。在社会还缺少对家庭教育进行正确指导的情况下，学校对家庭特别是对这些特殊家庭的子女教育进行指导就显得十分必要。

1. 让家长明确教育孩子的目的

通过家长会、个别家访，让家长明确孩子不仅是自己的后代，更是国家、社会的未来，树立为国教子的思想。生活在特殊家庭的孩子生长的环境具有特殊性，作为家长更要从各方面进行教育和呵护。家长们必须明白光给孩子良好的物质条件的家长不算一个好家长，只有从孩子成长的各方面来关心、教育、引导孩子的家长才是一个好家长。

2. 让家长掌握教育孩子的方法

学校开设家庭教育讲座，请教育专家介绍家庭教育方法，请优秀家长介绍教育子女经验。学校设立家庭教育咨询站，随时随地接受在家庭教育中有困惑的家长的咨询，进行科学教育子女的方法指导。学校召开不同类型家庭学生家长会，与家长共同探讨正确教育孩子的方法，及时沟通这些孩子在家、在校的表现，家校同步共商教育对策，使家长——孩子成长中的第一任教师能用正确的方法去教育自己的孩子，避免家庭教育走上歧途。

同时，对不同类型的家庭应进行不同教育方法的具体指导：

①父母离异家庭：要求家长明确不管谁是孩子的监护人，父母双方都有教育子女的责任，为了孩子的健康成长要为子女提供良好的成长环境，父母双方要定期到校参加学校组织的活动，协调好孩子的教育问题，教育方法要一致，以免出现互相抵触的反作用力。

②父母再婚家庭：要求家长明确对非亲生的孩子，要克服教育上的心理障碍。严是爱，宽是害，只要出于一片爱心，孩子是能理解的，但在表达上一定要注意方式方法，以免让孩子产生逆反的心理。

③双亲缺一家庭：要求家长明确为了孩子的健康，自己首先要走出家庭不幸的阴影。要以坚强、乐观的态度面对人生，并用自己不被生活屈服的良好形象去影响孩子，多让孩子参加集体活动，积极鼓励孩子奋发向上，切忌把自己的爱全部转移到孩子身上，过分溺爱孩子会影响孩子的健康成长。

④祖辈代管家庭：因父母离异或再婚把孩子托给祖辈做监护人。由于监护人年纪较大，教育观念较陈旧，文化水准较低，教育孩子往往表现出力不从心。学校对这些监护人更要做更多更细的指导。经常与这些监护人联系，不断更新他们的教育观念，严格要求自己的孩子，避免溺爱型、放任型教育方式的出现。

（三）构建德育网络，共同帮扶

儿童的真正教师是他们周围的对象，即周围的环境。除了父母亲朋的影响之外，所接触的人，所受的教育，所读的书等社会生活条件都是造成人的性格、道德和观念差异的因素。特殊家庭的孩子也生活在现实的社会环境中，社会环境是教育特殊家庭孩子的广阔天地。如社会风气、社会文化、社会舆论和社会宣传工具等，时时处处都在对特殊家庭的孩子起着潜移默化的影响。因此努力争取社会，尤其是社区的积极配合，相互协调，对矫正和培养孩子们良好的心理品质有着不可忽视的作用。如对离异家庭中生活困难的同学给予经济上的帮助。社区干部应经常上门家访，了解家长及孩子的思想状态，并及时和学校取得联系，共同商量、研究、关心、教育好每一个特殊家庭的孩子。让学生感觉到自己除了父母、同学、老师的关心外，社会上还有许多人也在关注着自己。学校要利用一切机会向社会各界呼吁，让全社会都来关心、帮助特殊家庭的学生，给他们的成长提供一个良好的环境。通过学校、家庭、社会之间的相互联系，相互合作，相互促进，形成学校内外沟通，给那些特殊家庭的学生更多的爱，使他们内心感受到社会、学校、家庭都在关心他们，爱护他们，促使他们克服并逐步消除不健康心理，像正常家庭的孩子一样健康地成长。

总而言之，对待这群特殊的群体，我们应采用一些特别的方法，要各方面全方位的积极配合，对这些孩子的教育要格外细心、充满爱心、特别关心、非常耐心。特殊家庭学生是一个不可忽视的特殊群体，需要学校、家庭、社会的特殊关注，教师从学校角度去促进特殊家庭学生的健康发展比较容易把握，但力量毕竟是有限的，必须促使家庭和社会同心协力，才能使教育更有效。

【参考文献】

【1】张嘉玮、王金莉：《学生侵犯行为的形成原因及对策分析》。
【2】董奇：《心理与教育研究方法》。
【3】《离异家庭子女心理》，浙江教育出版社。
【4】谌业锋：《学校心理健康教育的内容》。
【5】傅安球、史莉芳：《离异家庭子女心理》，浙江教育出版社。
【6】王金云：《离异家庭子女的心理变化及其维护》，天中学刊。

邱伯聪

中学体育高级教师
广州市优秀教师
广州市基础教育系统名教师

格言 德育源于生活的真实体验。——邱伯聪

农村中学德育实践活动常态化实施的困惑与思考

——基于增城市农村中学德育实践活动现状调查

增城市派潭中学　邱伯聪

【摘　要】德育实践活动可使学生增强探究和创新意识，增进学校与社会的密切联系，以培养学生的社会责任感并获取直接经验，提高学生的思想道德素质。本文通过对增城市四所农村中学德育实践活动现状的调查，探寻农村中学德育实践活动常态化实施的困惑，藉此提出几点思考，旨在为德育实践活动的进一步深化改革提供参考依据。

【关键词】农村中学　德育实践活动　常态化　实施困惑

一、前言

为深化素质教育改革，更好地推进德育实践活动的常态化实施，实现学校德育活动生活化的目标，需要对我市农村中学德育实践活动现状进行分析，及时了解现阶段学生德育实践活动情况。为此，本文通过对增城市4所农村中学德育实践活动现状调查，探寻农村中学德育实践活动常态化实施困惑，藉此提出几点思考，旨在为学校德育实践活动的进一步深化改革提供参考依据。

二、研究时间、对象与方法

（一）研究时间：2011年9月至2011年12月

（二）研究对象与方法

1. **问卷调查法**：本调查对我市四个农村山区镇的4所农村中学（其中2所初级中学：小楼中学、正果中学；2所完全中学：派潭中学、中新中学）从初一到高三随机抽1800名学生（每年级随机抽样100名学生）进行问卷调查，发放问卷1800份，回收1800份，其中有效卷1788份，有效回收率为99.3%；随机抽取教师和家长各200名（每校各抽50名）进行问卷调查，各发放问卷200份，有效回收卷各为200份，有效回收率为100%。

2. **分析归纳法**：对调查结果进行分析、归纳得出研究结论，并提出合理化建议。

3. **统计法**：数据的统计、处理运用计算机系统Excel进行，并对调查所得的相关数据进行分析。

（三）结果与分析

（一）基于学生因素分析

表1：“您对学校组织的德育实践活动是否感兴趣？”统计表

	很感兴趣	不感兴趣	说不清楚
人　　数	288	1374	126
百分比（%）	16.1	76.8	7.0

从表1可知，目前农村中学组织的德育实践活动并没有充分地调动学生的兴趣，影响了德育实践活动的有效性。

表2：“学校有无开展德育实践活动？”统计表

	有开设，活动开展正常	有开设，但无活动开展	未开设
人　　数	534	1248	6
百分比（%）	29.9	69.8	0.3

从表2可知，目前大部分的农村中学都有开展德育实践活动，但德育实践活动的教育目标有待落实。

表3：“学校开展德育实践活动最主要的内容是什么？”统计表

	军训	春、秋游活动	理想、道德教育	志愿者服务	其他
人　　数	762	156	708	84	78
百分比（%）	42.6	8.7	39.6	4.7	4.4

从表3可知，目前农村中学开展的德育实践活动课内容比较单一。

表4：“您认为学校开展德育实践活动的重点应该是什么？”统计表

	社会的热点焦点问题	与书本知识挂钩	学生的兴趣爱好
人　　数	246	594	948
百分比（%）	13.8	33.2	53.0

从表4可知，中学生希望学校开展德育实践活动的重点是学生感兴趣的，又能与书本知识挂钩的德育实践活动。

表5：“对于德育实践活动，您觉得最大的困难是什么？”统计表

	缺乏指导	无德育实践基地	其他
人　　数	1098	999	24
百分比（%）	61.4	37.2	1.3

从表5可知，缺乏指导和无德育实践基地是学生德育实践活动最大的困难。

表6：“学校对学生的德育实践活动的评价主体是谁？”统计表

	老师	学生	家长	社会
人　　数	1068	696	24	0
百分比（%）	59.7	38.9	1.3	0

从表6可知，农村中学对学生的德育实践活动评价的主体主要是

教师。

表7："学校对学生的德育实践活动的评价方式主要是什么？"统计表

	活动听指挥	操行评价	活动体会	其他方式
人　　数	486	1074	210	18
百分比（%）	27.2	60.0	11.7	0.1

从表7可知，农村中学对学生的德育实践活动评价方式比较单一。

表8："对学校组织的德育实践活动不感兴趣的主要原因是什么？"统计表

	形式单一	缺乏主动性	脱离社会
人　　数	444	1092	252
百分比（%）	24.8	61.1	14.1

从表8可知，目前学生对德育实践活动不感兴趣的主要原因是缺乏主动性和组织形式单一。

（二）基于教师因素分析

表9："您对学校的学生德育实践活动，态度如何？"统计表

	全力支持	坚决反对	不反对，但担心影响学生学习
人　　数	41	28	131
百分比（%）	20.5	14.0	65.5

从表9可知，由于担心影响学生学习，教师并不很支持学生参与德育实践活动。

表10："对于学生的德育实践活动，教师是否有进行指导？"统计表

	有指导	无指导
人　　数	3	187
百分比（%）	6.5	93.5

从表10可知，目前农村中学生的德育实践活动缺乏教师有效指导，处于放任自流状态。

表11："学生德育实践活动的主要形式是什么？"统计表

	军训、志愿者活动	实践基地活动	其他形式
人　　数	166	23	11
百分比（%）	83.0	11.5	5.5

从表11可知，农村中学开展的学生德育实践活动形式比较单一。

表12：“对于开展德育实践活动，教师不能有效指导的主要原因是什么？”统计表

	时间问题	没有相应的教师评价制度	工作压力
人　　数	38	73	89
百分比（%）	19.0	36.5	44.5

从表12可知，教师工作任务繁重、没有相应的教师评价制度和时间问题，都是影响教师有效指导学生德育实践活动的主要原因。

表13：“目前担任德育实践活动的教师主要是谁？”统计表

	班主任	生活指导教师	科任教师兼职
人　　数	138	0	62
百分比（%）	69.0	0	31.0

从表13可知，农村中学没有德育实践活动的生活指导教师，影响了学生德育实践活动的有效实施。

表14：“制约学校有效开展学生德育实践活动的因素是什么？”统计表

	时间不足	安全问题	考试制度	相关资源缺乏
人　　数	5	108	69	18
百分比（%）	2.5	54.0	34.5	9.0

从表14可知，学校不能有效开展学生德育实践活动的主要因素是对学生的安全问题过分担心与忧虑及考试制度。

表15：“你指导学生德育实践活动，绩效工资分配有无体现？”统计

	有	无	有，但偏低
人　　数	21	109	70
百分比（%）	10.5	54.5	35.0

从表15可知，教师指导学生德育实践活动的业绩没有被重视，绩效工资对比工作量偏低，甚至没有体现。

（三）基于家长因素分析

表16：“对学校开展的学生德育实践活动看法如何？”统计表

	任务式	有锻炼意义	无意义
人　　数	74	46	80
百分比（%）	37.0	23.0	40.0

从表16可知，目前农村中学的德育实践活动存在问题是教育目的不明确。

表17："您比较支持学生参加哪类德育实践活动?"统计表

	志愿者活动	劳技培训	调研活动	其他
人　　数	86	78	26	10
百分比（%）	43.0	39.0	13.0	5.0

从表17可知，家长比较支持学生参加学校组织的定期、统一的集体活动。

表18："您觉得德育实践活动的最佳时间是何时？"统计表

	寒暑假	双休日	平时
人　　数	114	56	20
百分比（%）	57.0	28.0	10.0

从表18可知，绝大多数家长喜欢学生在寒暑假参加德育实践活动，学校在组织德育实践活动要多方面考虑不同学生、家长的意见。

表19："您反对学校开展学生德育实践活动主要理由是什么？"统计表

	无教育意义	影响学习	安全问题
人　　数	26	82	92
百分比（%）	13.0	41.0	46.0

从表19可知，安全问题、怕影响学习是家长反对学生参加德育实践活动的主要原因。

表20："您认为对学生德育实践活动所出现问题的最主要原因是什么?"统计表

	无从下手	实践基地缺少	学生不感兴趣
人　　数	72	66	62
百分比（%）	36.0	33.0	31.0

从表20可知，无从下手、实践基地缺少、学生不感兴趣都是目前农村中学生德育实践活动所出现问题的主要原因。

（四）德育实践活动实施的困惑

（一）德育实践资源匮乏

农村学校地处经济欠发达地区，教学资源短缺，德育实践资源匮乏，难以满足众多学生的德育实践多样化需要。学校真正开展德育实践活动甚少，德育实践活动单靠学生自主参与，学生的实践地分散，临时性较强，督查难度较大，不利于教师及时指导和解决学生在德育实践活动中出现的问题。更有的学校为应付完成学生德育实践活动资料，弄虚作假，就连学生的调查报告、实践报告也凭空想象或抄袭，不利于学生自主创新意识和良好学习作风的形成，学生德育实践活动效果较差。德育实践资源匮乏制约了农村学校中学生德育实践活动。

（二）学校的安全教育与措施不足

目前有些教育主管部门和学校把安全问题夸大了，各地教育主管部门都明确表示对学校组织学生活动，落实安全责任制，实行谁组织谁负责的原则。学校领导为了不负安全责任，宁可不组织学生德育实践活动，更有一些学校甚至取消学生的课外活动。学校思考的不是在加强安全教育及完善安全措施上做文章，而是采用“捡芝麻丢西瓜”的工作方式，如此最终结果，必然影响学生德育实践活动的有效性。其次是一些家长过度担心孩子的安全问题，过度疼爱孩子，这也潜意识地影响着学生参与德育实践活动的有效开展。过分地考虑安全问题而不敢走入自然、走入社会，这势必将导致学生真实世界的消失、生活世界的偏歪、自由活动的萎缩，最终导致学生创造能力缺失。

（三）农村中学德育实践活动的内容与形式不足

农村中学德育实践活动的内容与形式不足，主要表现为：

1. 德育实践活动带有强制性、指令性。学生对德育实践活动的具体任务、目的、意义、要求等内容不明确，在开展德育实践的过程中，教师导向太重，学生缺乏自主实践的空间和时间，学生的创新、创造能力受到抑制，学生个性得不到发展，德育实践活动难以取得良好效果。

2. 德育实践活动形式单一。农村学校中学生的德育实践活动主要是侧重于志愿者服务和军训活动，实践活动形式不吸引学生。

3. 德育实践活动的内容乏味。德育实践活动内容反复进行，德育实践活动枯燥乏味，探究性内容少，学生缺乏不断探究、积极参与的内在动力，难以培养学生兴趣。虽然农村学校中学生对德育实践活动愿望十分迫切，但因德育实践活动内容乏味、形式单一而难于激发学生兴趣，教育效果有限。

（四）学校的教学质量评价导向偏差

政府、社会对学校评价时，主要以所谓的“教学质量”为依据。由于教学质量评价导向的偏差，学校及教师在教育工作中只好抓重放轻，重智育轻德育，重考试成绩轻实践能力。学校为了提高“教学质量”挤占学生的德育实践活动时间，造成德育实践活动流于形式。另一方面，目前学校对中学生德育实践活动的评价重视结果性评价，忽略过程性评价。另外，对教师的业绩评价，大部分学校是以学生的考试成绩为准，缺少对教师指导学生德育实践活动的有效评价，在绩效工资的分配上更没被重视，甚至没有体现，由于没有建立有效的教师评价制度，在一定程度上影响了教师指导学生德育实践活动的积极性。

（五）学校、家长与社会对德育实践活动认识不足

学校因受功利主义思想的影响，把大部分时间和精力都投入到了以“提高教学质量”为核心目标的教学工作中，对于编入课程表的德育实践活动，只当任务完成，敷衍了事。家长同样看重的是学生考试成绩，把德育实践活动看做浪费时间、影响学习，德育实践活动越少越好，经济和精神上都不予支持。学生本身对德育实践活动的主动性、自觉性也不大高，大部分同学把德育实践活动看做是搞形式，浪费时间，参与德育实践活动只是为完成任务，他们更看重的是文化课成绩。学校、家长与学生对德育实践活动的真正目的和意义认识不足，是导致学校德育实践活动实效性差最无奈的直接原因。

（五）思 考

（一）开发德育实践活动校本资源

农村中学德育实践活动资源的建设必须纳入课程计划，根据学校自身的特点，利用当地农村的有效资源，挖掘农村中学的社会资

源优势及其自身特点，充分利用学校的人力、物力、财力、信息和时间，促进学校德育实践活动校本资源开发的自发性、灵活性和多样性，开辟建立学生德育实践活动的有效机制，从而解决农村中学德育实践活动资源有限，所需成本不足等德育实践资源匮乏问题。

（二）制定相应的学生安全保障制度

教育行政部门在高度重视学生安全的同时，应制定相应的学生安全保障制度，完善各种安全应急预案，切实加强对学校安全工作的领导和指导。各学校要加强学生的安全教育和学生的安全自救自护知识、技能培训，提高学生的安全防患意识。开展各项德育实践活动前，认真分析本次活动的学生安全隐患，针对存在的安全隐患问题，制定相应的安全应急预案，采取有效应对措施，堵塞安全漏洞，有效防范安全事故。

（三）丰富德育实践活动内容与形式

1．组织形式多样化

学校要组织形式多样切实有效的德育实践活动，如：参观访问、社会调查、志愿者服务、劳技培训和科学研究等。学生可根据自己的情况选择不同类型的实践活动，让学生尽可能多地选择德育实践活动类型，多方位接触实践，实现教育方式多元化。

2．时间安排多样化

德育实践活动安排要时常化、经常化、制度化，时间安排合理化，如：寒暑假、周末、节假日、课余时间等，保证德育实践活动持续有效地开展。

3．实践内容多样化

学校应根据不同年龄阶段的学生心理特点及知识结构安排开展德育实践活动，德育实践活动内容应立足于农村学校的实际，注重层次性和探究性，如：自护自理能力教育、志愿者活动、研究性学习等，实现实践内容多样化。

（四）制定德育实践活动的评价、评估指标

1．对学生的评价

学生德育实践活动要关注的是学生在活动过程中的真实表现、体验和感悟，关注的是帮助学生实现自我成长，促进学生的反思。

2．对教师的科学评价

教师评价应侧重于在德育实践活动中的组织、规划、管理、指导等方面的能力、实效进行评价，将评价的结果记入工作量，与教师工作绩效挂钩，提高教师工作的积极性。

3. 对学校的评估

相关主管部门应尽快制定学校德育实践活动的评估制度，评估内容包括实践活动课时、实践活动师资、实践活动实施状况等，德育实践活动才不流于形式。

（五）进一步重申德育实践活动的教育意义

学校及家长要全面正确认识德育实践活动的教育价值、社会价值和人才价值，认清德育实践活动对于全面提高学生综合素质的重要作用与意义。进一步加大对德育实践活动的实施力度，把学生的实践教育与素质教育联系起来，实现理论课堂和实践课堂的有机统一，全面提高学生的道德素质。各级教育部门要根据国家教育部门的要求，制定切合本地区、本单位、本部门的实际措施，落实相应的课程设置，专项安排，建立相关的奖惩制度等，促使农村中学德育实践教育任务得到具体落实。

【参考文献】

【1】杨晓红：《中学社会实践的现状分析及对策研究》,华东师范大学，2006年版。

【2】邱伯聪：《农村中学综合实践活动课程的可持续实施策略研究》，《新课程研究·基础教育》2011年版。

【3】徐志芳：《中小学德育实践活动》，《问题与思考》，《中国德育》2007年版。

廖国峰

中学历史一级教师
白云区优秀青年教师

格言 让学生的思想火花在老师的庇护下翩翩起舞。——廖国峰

契约法在学生行为矫治中的实践探索
——以校本研究“彩虹计划”为例

广州市广园中学　廖国峰

【摘　要】初中生处于自我意识膨胀阶段，在多元价值观的冲击及教育合力不足的情况下，部分学生容易因逆反行为和不良适应性行为而受到学校处分。对于受处分学生的管教和行为塑造一直是学校一线德育工作的重点和难点。本文以行为契约管理技术为切入点，结合科学的心理学理论以及学校的实际情况，开展了初中受处分学生的行为塑造和矫治计划——“彩虹计划”。文章详细谈论“彩虹计划”的起源、理论基础、实际操作过程以及成效评估方法。该计划扩大了行为契约管理技术的应用范围，推动了行为契约管理技术的发展，又为学校对受处分学生的行为矫治工作提供了有益的参考。

【关键词】行为契约　行为矫治　受处分学生；

一、问题背景

我校是一所处于城乡结合部的学校，生源比较复杂，有些是本市居民的子女，还有相当一部分是潮汕及客家籍的外来务工人员的子女。由于学生家庭背景不统一、多元文化及价值观交织，加上初中阶段学生高度膨胀的自我意识和各种矛盾心理的冲突，使其常常出现不良心理和行为的问题，甚至容易放大各种本来毫无意义的事件而演变成滋事生非、聚众打架等。目前很多学校都通过一定的规章制度以及采取一定的惩罚手段遏制不良行为的发生，例如对严重扰乱规章制度、造成恶劣影响的学生给予警告、通报甚至记过等处分。然而，我校在实际工作中发现：惩罚的措施在短期内有一定的监督效果，但学生的不良行为没过多久又故态复萌；更严重的是，惩罚手段并不能促使学生有效地自发矫治过错行为，如果使用不当反而会加剧学生的逆反心理。在日常工作中，我们发现一些学生受到处分后的一段时间（我称之为“震慑”期）内的行为表现的确有所改进，但是没过多长时间又故态复萌，甚至变本加厉。

显然，只采用惩罚手段作为矫治受处分学生的问题行为是治标不治本的，甚至可能连表面问题都无法完全解决。再且，以往的德育惩罚手段往往是给予惩罚后便没有跟进的工作，只是让学生自我反省和自我改正。然而这些学生的自我控制能力又是比较不足的，因而也就容易形成“违纪——处分——再违纪——更严重处分”这么一个怪圈。

因此，寻求能有效激发学生主动性的行为矫治方法矫治受处分学生的不良行为是十分必要的。为此，我借鉴了美国常用的课堂管理模式——行为契约(behavior contract)，并结合我校的实际情况进行探索并加以运用，拟采用这种行为管理模式来矫治受处分学生，以促使他们重塑良好行为模式。

二、行为契约在帮教受处分学生上的具体应用——“彩虹计划”

“彩虹计划”是我校首创的一个旨在矫治受处分学生不良行为习惯、塑造良好行为的一项以“行为契约”为工具的德育工作。

行为契约是指一份具体的、书面的协定，它规定了其中一方或多方在特定的情境中需要做出的确切行为方式以及具体的奖励和惩罚。“行为契约”是由达成契约的双方或多方来签订的，其中一方或多方同意在行为中表现出契约所规定的行为。我校“彩虹计划”针对的是受到学校处分但又自愿改正行为以望撤销处分的学生，该计划为这些学生提供了一个改正的机会和平台。“彩虹计划”由学校领导牵头，并且以在校经验丰富的德育老师和心理咨询老师为主要执行人员，并且与年级行政人员、班主任、专业社工、在读的心理学专业本科生以及家长等紧密合作，形成一个“学校—班级—家庭/社区—学生”全方位的行为矫治网络。受处分学生在这个网络中进行行为矫治训练，训练内容与这个网络紧密结合。

“彩虹计划”的关键观念在于：（1）人是积极向上的，受到处分的学生希望自己能够改正，他们积极主动地渴望自己得到更好的发展和消除处分，在整个矫治计划中他们并非消极被动的。（2）自主选择的目标和方案具有重要的目标导向和动机维持功能，是激发和维持个体行为产生持续性改变的重要内在驱动力。（3）强化必须是有条件的，由外在强化逐渐向自我强化过渡。强化是必须的，只有把某种行为的出现和强化物联系在一起才能够更好地塑造行为。而外在的强化只是一种扶持，最终的目标是让学生自我强化，才能使行为塑造更为持久。彩虹”象征风雨过后又见新天，比喻部分“受处分学生”经历风雨，终见彩虹。

（一）契约内容的制定

“彩虹计划”的第一步工作在于与学生商讨行为契约的内容（见附录1）。在这个步骤中，政教处、班主任与学生根据量表共同商讨他们在行为契约中需要遵循的行为，并共同填写“彩虹计划申请表”，整个计划的核心就是要唤醒这部分学生的主体意识，促使其自省、自悟、自强。

例如，学生可以自行选择“准时上学”、“准时交作业”、“无吸烟打架行为”、“在社区服务多长时间”、“代表学校参加比赛获得名次”等内容，可选择的内容是十分广泛的，而且也是针对不同类型学生而定的，例如，有些学生的学习基础较差，那么他可以自由选择“学期末考试提高多少分”等内容；有些学生体育、才艺方面很专业，能够为学校争取名次，那么他可以选择“代表学校参加比赛并获得名次”等行为，甚至检查契约项目完成情况的联络老师也是由学生自己选定的，例如，学生选择体育或计算机等非主科老师做联络老师也是可以的（前提是该老师愿意当他的联络老师），当学生好不容易找到一位联络老师的时候，他会永远感激这位老师，也会反思自己过去的不足。

在整个契约内容的制定过程中，老师和学生处于一个平等的地位，他们互相讨论，贯彻“老师指导，学生自主选择”的原则，共同商讨和确立契约内容。“以学生为本”、“尊重学生的自主意愿和个体差异”是确定行为契约内容的首要原则。离开了这些首要原则，契约完成的可能性就会大大降低。另外，契约内容的确立包括了必选项目和自选项目。必选项目包括了“准时上课”、“按时完成作业”等最基本的行为准则，这些行为准则是作为一个中学生必须履行的义务。自选项目包括了“社区服务”、“校内服务”、“比赛获奖”、“得到若干位老师认同”等不同的内容（见附录2）。根据所受处分级别的不同，学生可自选5到10项，每一个改进项包括了一定的分数，学生在指定的期限内必须获得某个分数才能撤销处分，否则就延长计划的实施过程，这是“积分法”在本计划中的具体应用。同时，在“彩虹计划”的文件中，我们还列出了一些通用性行为和针对性行为。通用性行为指所有参加“彩虹计划”的学生，如“每天协助老师处理办公室事务”、“协助班会工作”等。针对性行为是针对不同的靶行为而确立的，如对于经常迟到的同学，可订立“每天提早15分钟回校并向老师报到”，对“破坏校园整洁”的学生，可订立“每天值日”的行为等。总之，“彩虹计划”的行为内容是多样化且有弹性的，能够针对不同的行为问题给予特定的帮助和改正。

（二）契约的执行

订立好契约内容和目标后，就进入了契约的执行阶段。在执行阶段中，需要班级、学校、家长和学生四方面的鼎力合作才能完成，每个主体在契约的执行过程中都扮演着不同的角色，而且是缺一不可的。

在契约的执行过程中，学生扮演着最重要的角色，他们必须遵守契约定立的内容，从而获得该内容的分数。老师、班级和家长在整个契约执行的过程中，都扮演着指导和监督的作用。在指导和监督过程中，老师和家长需要定期评估学生是否遵循了契约定立的行为，有没有违反契约行为、完成了多少，学生在执行这些行为的过程中的效能感如何、情绪表达如何等；另外，他们还需要善于发掘学生的闪光点，当学生出现进步的时候应该多给予表扬和赞赏，以提高学生的自我效能感并让他们肯定自我的价值。除此以外，老师在评估学生的行为执行情况后，还需要签字确认，说明学生是否在某个时段做出了或没有做出某种行为，并给予相应的分数。最后，在执行计划的过程中，班级还需要形成一种良好的氛围支持该计划。

另外，契约的执行过程还需要注重行为的计分。学生确立的行为都有一定的分数意义，不同行为的分数获得有不同的条件。有些行为一旦完成就能够获得相对应的分数，例如“社区服务”、“学校服务”、“比赛获奖”等；有些行为需要达到一定数量才能够获得相对应的分数，例如“获得五位老师的表扬”、“十节语文课没有上课说话的行为”等。因此，班主任、相关联络老师和心理咨询老师需要定期检查学生的完成情况，以便及时评估和调整。

（三）成效评估

在执行“彩虹计划”的时候，老师和心理咨询老师需要根据一定的效果评估体系来评价学生的行为表现，以便检查之前确定的行为目标是否科学合理，同时也是及时调整行为目标和确定下一阶段行为目标的重要依据。在这个环节中，最重要的是建立一个科学的成效评价体系以及在恰当的时间进行评估，并且需要遵循“多角度多阶段”的评估原则，从不同的方面进行评定，而且需要在不同时间进行评定，这样才能确保行为的纠正是有效的，而且是持续的。

例如，某个同学由于不遵守校纪校规等行为受到处分，该同学自愿参与了“彩虹计划”，经和老师商讨后，挑选了几项目标行为，其中一项如“期末的考试成绩比学期初提高20分”。那么对该同学的行为表现就不能够只在学期末才进行评估，除了“期末考试成绩”外，老师还应该留意和把握学生在整个计划过程中的行为表现，如每周课堂发言次数、作业完成情况、每月测验成绩等。

到了契约规定的时间，政教处、班主任、项目联络老师和心理咨询老师将在广泛收集资料（包括每天的完成情况、科任老师、同学、家长、社区服务等方面的资料）的基础上核定各项目分数，判定参与计划的学生是否达到签订的目标行为，并给予定性的结论说明是否撤销该学生的处分。

三、“彩虹计划”经典案例节选

案例一

2010届学生小郑，潮汕孩子，家长过于迁就，事事包庇纵容。因在乡下入学时间较晚，小邓15岁多才入读初一，因性格比较偏激暴躁，没有同学愿意与其交往；基础较差，学习跟不上导致其缺乏进取心；初二以来经常逃课，不参与集体活动，并开始沾染不良习气，2007年4月因推打老师被学校行政记大过处分，濒临辍学边缘。

情景1：行政处分生效后，德育主任立刻连同班主任，对小邓同学启动“彩虹计划”。在德育主任、班主任、家长与小郑同学进行的改造项目商讨会谈中，出于对老师的不信任，或者自身信心的不足，小郑同学表现得非常不配合。当班主任提出改造条件之一是要在期末考中各科拿到50分以上才能在“彩虹计划”中获得相应的分数时，他有点烦躁也有点不耐烦地说：“不可能做得到的条件定来都没用啦！”

德育主任则马上问他：“那由你来定分数吧！你认为什么分数才可能达到呢？”小郑的眼睛忽然一亮，望着我说：“10分吧，这样我才做得到。”班主任当即表示：“可以，但不能只在期末考中体现，要每个月都做一次检查，要求各科都要测验，并且分数都在10分以上。”小郑同学不太相信自己随便说出来的分数得到了通过，将信将疑地表示同意将该项目纳入他的计划。在选择加分项目时，班主任根据小郑同学酷爱运动的特点，推荐了“代表学校、班级参赛加分”的项目。为培养其耐心、克服脾气暴躁的缺点，又推荐了“定时协助老师打字”的项目。

情景2：一个月之后，小郑同学拿着这个月各科的试卷找到作为德育主任的我，要求给予“彩虹计划”相应的分数，经过检查，本月小郑同学各科成绩都在20多分，符合高于10分的要求，所以我给予了相应的分数。小郑同学感到非常高兴，同时也感到了老师们是真心帮助他的。两个月过后他主动提出：“10分难度太低了，下个月开始每个月20分吧！”班主任自然顺水推舟，还故作疑惑地表示允许他反悔……半年后，小郑同学各科基本达到30分，“彩虹计划”的累积分数也完成了三分之二。

情景3：区运会来了，小郑同学希望代表学校参加比赛，每天下午放学都留在学校训练，渐渐与那些原本在校外等他一起玩的社会青年疏远了。选拔赛上，他以绝对优势获得代表学校参赛的资格，成绩公布那一刹那，他兴奋地对班主任说：“我很快就可以撤销处分了！”班主任也是喜在心间。

情景4：小郑同学的“彩虹计划”启动后，他每周都到班主任老师处打字，班主任交给他打印的文章都是选自《读者》或《青年文摘》的哲理文章，老师并不刻意问他的感受，只是每个月月底将他打的文章张贴在班级的黑板上，渐渐地，他似乎有所感悟，待人更加宽容，暴躁的脾气也渐渐收敛。

慢慢地习惯了紧张的学习生活后，小郑同学的自信心不断增强，慢慢懂得控制自己的脾气，对某些学科如数学也表示出了相当的兴趣，学习越来越用功；与老师关系越来越好，同样也融入了班级里，与同学们关系融洽。

在毕业前，小郑同学顺利地通过“彩虹计划”取得足够的分数，成功撤销了处分。在小郑的“彩虹计划”结束的时候，小郑的各科成绩基本能上30分，其中数学还常常拿到50分。

案例二

2009届初三（4）班小陈同学纪律散漫，以捉弄同学为乐，经常欺负同班较内向的同学。鉴于小陈同学的行为恶劣，屡教不改，经学校研究决定给予他行政警告处分。

小陈同学是很希望能够考读高中的，快毕业了受到记过处分，这使他开始反省自己的错误，他向班主任表示想撤销处分。了解了这个情况之后，我当然要趁热打铁动员小陈同学参加“彩虹计划”。于是，我很快地安排了一次与小陈同学及其家长的面谈。

在谈话中，我向小陈同学及其家长明确，只要他能按照计划所设定的项目完成一定的分数，就可以申请撤销处分。对于能够帮助自己撤销处分的“彩虹计划”，小陈同学表现出了非常大的兴趣，但是面对计划设定项目，他又有些踌躇，毕竟对于自制力不强、行为有所偏差的小陈同学来说，这些项目要做好一两次不难，要坚持就有难度了。

看到小陈同学的犹疑，我便根据小陈同学的情况，给了他一些项目选择的分析建议，提供了一些完成任务的具体实施方案。因为小陈同学的妈妈在居委会工作，我向他们特别推荐了“社区义工服务”这一个项目，一方面，小陈同学是因为欺负同班同学而受到处分的，完成这个项目能够培养他的爱心和社会责任感；另一方面，能够到妈妈工作的居委会去参加社区义工服务，可以充分利用社区资源对他进行教育，也能让自制力不强的小陈同学得到妈妈和妈妈同事们的监督。

有了具体的实施方案，小陈同学对完成计划撤销处分有了信心。他与家长经过认真考虑、衡量之后，决定接受我的建议，参加“彩虹计划”。

小陈同学的“彩虹计划”启动之后，他在学校、班级中的行为表现得到了约束，从而较专心于学习了；此外，他利用假日到居委会搞卫生，跟随工作人员探望孤寡老人。在参与这些项目的过程中，小陈同学的思想认识有了很大的提高。通过每个月的反思与分享，他逐渐感悟到帮助别人的同时，也是帮助自己，他从别人的快乐中感受到了真正的快乐。通过他的分享，我们也很欣慰地看到，社区服务确实激发了他的同情心与社会责任感。

经过自己的努力，小陈同学在学习、纪律等方面都有了明显的进步，顺利完成了自己的“彩虹计划”，因此学校撤销了对他的处分。2010年中考，小陈同学考上了省一级中学。在“彩虹计划”的帮助下，小陈同学顺利走好了他人生中的第一个重要的转折点。

四、未来的展望

行为契约最初是用于课堂行为管理，如上课说话、值日马虎等行为，随着该理论的发展以及与其他心理学、教育学理论的融合，行为契约的应用越来越广泛。本研究将行为契约应用于帮教受处分的初中生群体上，对于我国的德育工作以及对受处分学生的帮教工作具有一定的意义和启示。以“受处分学生”为矫治对象的“彩虹计划”实施两年来，成功转化了多名目标学生，使之重拾信心，步入健康的人生轨道，转化率为68%，效果较明显。“彩虹”象征风雨过后又见新天，比喻部分“受处分学生”经历风雨，终见彩虹。行为契约在国内的应用还相对较少，而且应用的范围还比较狭窄，在未来的日子里，行为契约还能应用于以下一些方面：

（一）培优行为。

行为契约主要用于行为的塑造和矫治，相对而言这是一种属于较为消极的补救性措施。在未来的应用中，还可以把行为契约应用于积极的预防性措施上，或者说是“培优”的行为塑造。在日常的教学工作中，学生一般可以分为后进生、普通生和尖子生。“培优补差”是众多学校都实行的教学活动，行为契约的原理和模式还能够用于对普通生进行培优。需要注意的是，由于普通生和受处分学生的压力、焦虑感、动力机制都有很大的不同，因此“培优”和“补差”在实际操作中是十分不同的。但是行为契约的核心成分——以契约作为目标，以目标作为动力促使行为的改变，则是普遍适用的。

（二）扩大应用的群体。

目前行为契约管理主要用于中小学生，而“彩虹计划”更只是应用于初中受处分的学生群体中。在未来的日子里，还可以将“彩虹计划”应用于其他初中生群体，向上延伸到高中生、大学生、教师群体，向下则应用到小学生、甚至幼儿园的行为培养上。

【参考文献】

【1】周小宋、李美华：《美国课堂管理中的新方法——行为契约》，《比较教育研究》2004年版。

【2】胡佩诚：《行为矫正的原理与方法》，中国轻工业出版社2000年版。

【3】邱高明、吕济彩：《浅谈行为契约在中学生课堂问题行为管理中的应用》，《当代教育论坛(学科教育研究)》2008年版。

【4】武素云、冷泽冰：《一种有效的课堂管理模式：“积分法”的课堂管理行为契约》，《当代教育论坛》2006年版。

【5】袁登华：《国外目标承诺研究进展》，《心理科学》2004年版。

附录1：彩 虹 计 划 申 请 表

学生姓名：____________ 班别：____________ （处分类型：________________）

违规事项：____

____

甲部.（请先细读申请程序及细则）

拟定部分			评核部分			
编号	改进项目(✓)	项目	评核老师	合格(✓)/不合格(×)	老师简签	目标积分
1		准时上学	班主任________			
2		准时缴交作业	班主任________			
3		劳动全勤，劳动纪律良好	班主任________			
4		带齐课本及上课用品	班主任________			
5		校服仪容符合要求	级组长________			
6		无吸烟、打架现象	级联络老师______			
7		准时出席课外活动	班主任________			
8		拟完成之其他服务 / 行动： 总分为____________	级组长______			
9		获____位老师认同其考察改进态度及表现良好 （每科完成得5分）	______老师（语文）			
			______老师（数学）			
			______老师（英语）			
			______老师			
			______老师			
10		______科统测达满分之______% 累积 ______次或以上（完成得10分）	科任老师			
11		期末考试年级总排名比上次进步______名 （完成得10分）	科任老师			
12		社区义工服务 ________小时（完成得10分）	居委会负责人			
13		校内服务 ________小时（完成得10分）	负责老师			
14		代表学校参与对外比赛，表现良好 （完成得20分）	负责老师			
15		总积分达到__________	级组长______			总分：

学生签署：____________ 家长签署：____________ 班主任签署：______________

政教处批核申请：________________ 日期：______________________

考察日期：________年_______月__日 至 ______年____月________日

乙部. 校方专用

☐ 该生目标总分：______于改进期内之得分______。表现理想 / 合格，故将会撤销 ☐年级通报批评1次 / ☐全校通报批评1次 / ☐行政警告1次 / ☐行政记过处分1次 / ☐行政记大过处分1次。

☐ 该生于改进期内之表现不理想 / 不合格，故需要 ☐ 延长改进期 / ☐重新申请彩虹计划。

级联络老师推荐：________________（________） (日期：______________

附录2：彩虹计划帮教行动“拟完成之其他服务／行动”【合格标准】参考表

项号	建议服务或跟进行动（改进期间）	特别适合之同学	合格标准	参考分数
1	完成《彩虹计划每日情况汇报表》	所有彩虹计划同学	老师评分通过／家长签名	1
2	每日协助老师办公室事务	所有彩虹计划同学	老师表示满意及签署	1
3	每日协助班会事务／墙报工作	所有彩虹计划同学	老师表示满意及签署	1
4	协助老师处理计算机工作（例如打中文字：笔记、班会数据……）（不少于1000字）	所有彩虹计划同学	老师表示满意及签署	1
5	每个上课天提早15分钟或以前回校，并向负责老师签署报到	屡次迟到	于15个上课天内持续早到回校（07:30或以前）	1
6	每日留堂预做及缴交所有翌日应交作业	屡欠交作业	连续10个上课天，每天交齐所有作业	1
7	作文（每日一篇，每篇不少于100字）	言语／文字／态度粗俗、不雅	家长签名及老师签署	1
8	阅读（每日阅读一本课外书籍及作口头报告）	言语／文字／态度粗俗、不雅	家长签名及老师签署	1
9	阅读报告（一周两篇，每篇大于200字）	言语／态度粗俗、不雅	家长签名及老师签署	1
10	做小手工／画咭／书签……送给校长／老师／同学（数量不少于12件）	行为不当，伤害同学／欺负同学／打架生事……	校长／老师／同学表示满意及老师签署	1
11	课间及午休在洗手间值日（留意纪律及整洁情况及记录违规同学名单交班主任处理）（每日2次）	损污学校财物／故意毁坏学校财物	纪录卡上有老师签署证明有当值（每日2次）及经班主任核实	1
12	课间及午休在课室值日（留意纪律及整洁情况及记录违规同学名单交班主任处理）（每日2次）	损污学校财物／故意毁坏学校财物	纪录卡上有老师签署证明有当值（每日2次）及经班主任核实	1
13	每日协助值周生清洁校园	行为不当、破坏校园整洁	老师表示满意及签署	1
14	每日当课室值日生	行为不当、破坏校园整洁	老师表示满意及签署	1
15	打扫阶梯室卫生（须事前与政教处联络安排）	行为不当、破坏校园整洁	当值老师表示满意及签署	1
16	每日在小卖部督促同学不乱扔垃圾	行为不当、破坏小卖部整洁	小卖部负责人／班主任表示满意及签署	1
17	校内服务5小时（任何适当组合，每次不少于半小时）	全级通报批评	得到老师签署确认时数不少于5小时	1
18	校内服务8小时（任何适当组合，每次不少于半小时）	全校通报批评	得到老师签署确认时数不少于8小时	2
19	校内服务10小时（任何适当组合，每次不少于半小时）／校外义工服务2次或3小时（每次不少于1小时）	行政警告处分	得到老师／居委会负责人签署确认时数不少于10小时（校内）或3小时（校外）	3
20	校内服务15小时（任何适当组合，每次不少于半小时）／校外义工服务4次或6小时（每次不少于1小时）	行政记过处分	得到老师／居委会负责人签署确认时数不少于15小时（校内）或6小时（校外）	4
21	校内服务20小时（任何适当组合，每次不少于半小时）／校外义工服务6次或9小时（每次不少于1小时）	行政记大过处分	得到老师／居委会负责人签署确认时数不少于20小时（校内）及9小时（校外）	5

梁家璇

中学语文二级教师

格言

教育则人生。——梁家璇

试论中学德育管理与心理服务的有机结合

从化市第六中学 梁家璇

【摘 要】中学德育管理和心理服务在教育内容、目标和从业人员来看，二者有共通之处；二者的结合有着积极影响；为了使二者更科学地有机结合，笔者认为中学应重视营造整体教育环境、设置教育网络、加强师资队伍建设、科学设置教育内容和课程等。

【关键词】德育管理 心理服务 有机结合

随着时代的发展，我国中学教育面临的环境日益复杂，新的状况和新的问题不断出现。就学生自身而言，中学生生理早熟与心理成熟相对滞后的矛盾，致使其产生了许多心理问题甚至心理疾病；对社会发展而言，新的社会秩序与社会环境也对中学生提出了新的德育管理要求。因此，德育管理与心理服务的有机结合，对我国中学教育有着重要的意义和作用。

一、德育管理与心理服务的联系

德育管理与心理服务是中学全面发展教育的重要组成部分。它们有着密切的联系，二者是相互作用、相辅相成的。

首先，德育管理与心理服务的内容是相通的。它们都强调培养学生良好的意志品质、正确的学习态度和自信乐观、积极进取的人生态度和乐于助人、团结进取的道德品格；同时，德育管理和心理服务目标都是人的潜能的充分发挥和人的全面发展。

其次，从现实中教师的素质结构来看，我国目前从事心理服务师大多数是从德育管理方面进行的，德育管理与心理服务难以截然分开。

再次，从教育改革发展的趋势来看，二者也有渐趋融合之势。心理健康已成为学生全面发展不可或缺的要素之一，在学校德育管理中将越来越重视培养学生良好的个性心理品质，越来越多地关注学生个性的全面发展和身心潜能的开发，也会越来越多地运用心理学方法和手段去解决学生存在的各种问题。

二中学心理服务与德育管理结合的影响

中学心理服务与德育管理有机结合是由我国国情决定的，符合我国中学教育发展状况的教育理论和实践活动。二者的结合会对独立的德育管理和心理服务产生诸多影响，

（一）心理服务是德育管理有效实施的前提和基础

中学德育管理的主要目的是通过学校有计划、有意识地向中学生传授参与政治过程的知识、价值和意识，培养中学生的政治觉悟和意识，促进其保持正确的政治方向。而良好、健康的心理状态是有效实施德育管理的心理基础和前提，能够保证德育管理工作取得良好的效果。因此，可以说，心理服务是德育管理有效实施的前提和基础。

（二）德育管理是心理服务的进一步扩展

中学对中学生进行心理服务的主要目的是为了使中学生拥有一个更加健全的人格，是为了给德育管理打下扎实的基础。如果在中学教育中只是一味地强调心理服务，而不将其纳入德育管理工作

的范畴，就会脱离中学办学的根本宗旨，起不到任何效果。因此，中学在对中学生进行心理服务的同时，鼓励他们坚持正确的政治方向，将心理疏导同帮助他们树立正确的世界观、人生观和价值观有机地统一起来，通过德育管理将心理服务上升到一个更高的层次。

（三）心理服务深化了德育管理的内容

中学心理服务主要通过对中学生学习方面、心理方面的指导，使学生摆脱消极情绪的困扰，培养坚毅的性格和良好的心态。而这些也正是德育管理所要培养的良好品质。因此，这也对中学思想政治工作者提出了更高的要求，他们不仅要学好德育管理的专业知识，还要掌握心理健康知识，以便及时地发现问题，运用心理学规律解决问题。

（四）心理服务有效地拓展了德育管理的渠道

中学心理服务的过程遵循和采纳了一系列德育管理的原则和规律，如说服原则和疏导原则等。心理服务主要在自由、平等、尊重的基础上帮助学生自省自悟，最大限度地发挥其潜能从而完成自我实现。中学生确立远大的理想信念，形成高尚的道德情操，特别需要通过他们的自我教育来实现，因此，中学德育管理要积极借鉴心理服务的方法，说服学生进行自我教育。

三、实现中学心理服务与德育管理科学有机结合的措施

如何克服前文所提中学心理服务与德育管理结合的负面影响，实现中学心理服务与德育管理的科学有机结合是目前相关教育工作者正在积极探索的一个问题。笔者认为，要想解决这一问题，必须从以下几个方面着手。

（一）营造整体教育环境

首先，中学要充分重视心理服务在学校中的地位和作用，给予其“三个保证”，即领导保证、队伍保证和经费保证，把心理健康教育置于学校工作的基础地位；其次，中学要完善德育管理工作的组织机构，形成良性互动的党委统一领导机制；再次，中学可根据自身条件吸纳一定的心理咨询、心理教育等专业技术人员参与学校的德育管理工作，结合其专业知识在德育管理中渗透心理服务，发挥其工作优势。

（二）教育网络设置

中学应该结合已有的德育管理体系，科学地设置心理服务工作网络，建立心理服务工作一、二级网络的合作机制。心理服务工作的一级网络为校级心理服务机构，如校心理咨询室等。二级网络为各年级各班心理教师、班主任及任课教师。至于具体的合作机制，心理服务工作可以在工作理念和工作方法方面给德育管理工作一些借鉴和补充。

（三）师资队伍建设

1. 加强教师心理服务知识学习

进行心理服务首先应有一支素质较高的、心理学理论基础较好的教师队伍。主要应加强对这支队伍中现有德育管理教师班主任教师的心理学知识培训，以帮助学生提高心理素质，增强学生对困难的心理承受力和自我心理服务的能力。

中学思想政治工作者要始终站在时代的高度，从改革开放、经济体制转型的时代大背景下把握学生的思想实际，不但要有扎实的科学知识功底，还要有敏锐的目光，采取恰当的方式方法，努力研究当代中学生认识事物的心理过程，从他们心理变化的规律入手，进行科学的引导，纠正中学生思想上的偏差，从而实现中学生内心信念的积极转变，树立正确的世界观、人生观和价值观。

2. 处理好心理服务教师、德育管理教师的角色冲突

心理服务与德育管理在工作原则、方法等方面存在差别，这些差别使德育管理教师和心理服务工作者在工作角色上产生多重角色冲突，集中表现在三个方面：一是价值判断要求的冲突；二是工作立足点上的冲突；三是保密性要求的冲突。要打破思政工作的思维定势和行为模式，处理好以上冲突，实现较好的角色转换，就必须做到两个转变：一是要转变工作领域，即向生活领域回归；二是要转变工作观念德育管理工作者必须转变观念，尊重学生的主体性地位，在工作中采取疏导的方式处理问题，从而赢得学生的信任。

四、教育内容及课程设置

中学生是一个特殊的群体。从心理学角度看，他们正处于青春期，也是心理发展的反抗期。他们自我意识飞速发展，关心自己的

人格特征和情绪特征，人际关系也有了根本的转变。因此，中学阶段应根据中学生的心理生理、特点选择合适的教育内容，采取科学多样的活动形式，有的放矢地开展相关教育活动。

（一）开设心理服务课程

在中学开设专门的心理服务课程，能帮助学生了解心理科学知识，掌握一定的心理调节技术。各年级段根据学生心理特点、心理服务的目标和内容，重在传授心理知识和心理调试方法，并进行专门的心理训练，使学生能够正确地认识学习、交往中的心理问题并学会自己合理解决。

（二）加强心理服务与德育管理的学科渗透

课堂教学活动，是学生心理品质形成的基本途径，也是心理健康教学的基本途径。在开设心理健康辅导活动课的同时，要进一步加强学科心理服务。各科教师将心理服务的思想、内容、行为以及德育管理中的世界观教育、价值观教育等全面渗透到每天的具体教育教学中，才能把心理服务与德育管理的有机结合真正落到实处。

（三）积极开展形式多样的主题活动

开展主题活动是德育管理与心理服务的有效途径。良好的主题活动富有教育力和感染力的氛围，能使学生在活动中消除心理障碍，相互沟通，能使师生在互动中产生积极影响，同时还有利于教师在活动中发现问题、解决问题。

此外，还应加强对个别学生的辅导，建立学生心理健康档案，开设心理咨询室、心理热线，设置知心信箱，由专职教师负责，对学生进行全方位的辅导。

【参考文献】

【1】鲁洁、王逢贤：《德育新论》，江苏教育出版社2002年版。

【2】金福尧：《德育与心理健康教育的结合》，《鞍山科技大学学报》2003年版。

【3】石变梅：《德育对心理健康教育影响的利弊分析》，《教育导刊》2008年版。

付慧敏

心理健康教育老师

格言　用自己的行和自己的心去教育孩子。——付慧敏

中职女生性现状及成因分析

广州市黄埔职业技术学校　付慧敏

【摘　要】近年来，90后学生的性教育问题一再引起人们的讨论。本研究采用问卷调查的形式，选取黄埔职业技术学校2009商1、2009商2、2009财1、2009财2、2009幼1、2009幼2的女生作为被试进行调查。调查结果表明：（1）中职女生的性观念在总体上呈开放、多元的正常态势；（2）中职女生的性观念模糊，性知识较为匮乏，且信息来源渠道不正规；（3）性教育仍然处于相对滞后的状态，性教育课程基本空白。由此我们认为，学校和社会在职中的性教育方面应减少传统说教，加强综合性性教育。

【关键词】中职女生　性观念　性知识　性教育

一、问题提出

近年来，随着西方“性自由、性解放”的思想传入我国，与固有的传统思想发生冲突，导致当代学生的性观念发生了较大的偏差，影响了学生的健康成长。全国人口和计划生育委员会2002年公布：2002年，我国人工流产总数为133.7万例，其中青少年约为40万例，占总数的四分之一（不包括流动人口）。最近几年频频爆出的各种学校的门事件，表明了现在的中学生性知识匮乏，却对此有着很强的求知欲，而对性行为的认识也较从前有了很大变化。重庆医科大学张代敏老师还指出，学生谈恋爱现在已成为一种普遍现象，恋爱观也逐渐呈多元化趋势。由于性知识来源庞杂，掌握不够完整和准确，对性知识缺乏系统的了解，越来越多的学生对未婚同居及婚外性行为持赞成意见。

针对当今社会中存在的各种性观念、性知识和性道德问题，以及由此引发的一系列社会问题，我们通过调查研究，对我校女生的性现状进行全面分析，以期能为我校女生的性教育改革提供相关理论依据和实证支持。

二、对象与方法

（一）被试

抽取了我校09商1、09商2、09财1、09财2、09幼1、09幼2的女生作为被试。共回收问卷523份，获得有效问卷508份，有效率为97.1%。全部是一年级的学生，平均年龄15.4岁。

（二）研究工具

自编问卷，参考胡珍《中国当代大学生性现状及性教育研究》。问卷共涉及被试一般情况、性心理部分、性观念部分、性知识和性教育部分四个方面，共47个小题。

（三）施测过程

该调查采用随机抽样的方式，在一年级的六个班内进行了问卷调查，大部分问卷在分发后的两天内回收。

（四）数据统计

问卷回收后所有结果采用Excel统计、SPSS10.0处理。

三、结果

（一）性心理

本问卷主要从道德层面对高职女生的性心理进行调查。所谓性道德是指调节两性关系及性生活中的行为准则和规范的总和。性道德的核心是解决什么样的性行为是正确的、合乎社会道德准则。

1. 性爱观

结果表明(见表1)，有43.4%的中职女生对婚前性行为的态度是“只要双方愿意就可以”，24.5%认为“自己不行，对别人可理解”，两项人数合计占总人数的67.9%。选择“会引发社会问题，应反对”的只有0.4%，选择“应受处分或法律制裁”的也只有0.8%，所占比例都不足1%。

表1 你对婚前性行为的认识（%）

选项	只要基于爱情就可以	只要能结婚就无妨	只要双方愿意就可以	自己不行，对别人可理解	会引发社会问题，应反对	应受处分或法律制裁	会影响双方婚姻选择，应反对	有助于适应未来婚姻生活
人数	20.8	5.6	43.4	24.5	0.4	0.8	1.9	2.6

调查结果显示，现代中职女生对“婚前性行为”持较为接受的态度。有超过一半的人认为婚前性行为是每个人的隐私，当事人有权决定自己的行为，而不应该收到他人评价甚至指责。另有相当比例的人则更加明确地表示应该接受自己或他人的这种行为。从总体上看，中职女生对婚前性行为的接受度占一半的比例，认为婚前性行为是个体的私人行为，不应以道德和法律来衡量。这种观念导致中职校园中性行为的随意性明显增加。

2. 贞操观

对于“贞节”看法（见表2），36.7%的人认为“对男女双方都是至关重要”；32.2%的人认为“只要有感情，就不存在贞节问题”；17.8%的人认为“对女人重要，对男人无所谓”；12.1%的人认为“是封建观念，应摒弃”；1.2%的人认为“只要能满足自己的性欲，贞节可以不管”。

表2　你对贞节的看法（%）

选项	对男女双方都是至关重要	是封建观念，应摒弃	对女人重要，对男人无所谓	只要有感情，就不存在贞节问题	只要能满足自己的性欲，贞节可以不管
人数	36.7	12.1	17.8	32.2	1.2

对于“如果你的恋人告诉你，他过去自愿和别人有过性行为，你的态度是”这一问题（见表3），37.6%的人选择了“视情况而定”；其次就是33.9%的人选择了“如果爱他就不在乎”；还有21.1%选择了“因爱而保持关系，但心中留下阴影”。

表3 如果你的恋人告诉你，他过去自愿和别人有过性行为，你的态度（%）

选项	如果爱他（问卷只针对女性）就不在乎	爱情就不贞洁，立即中止关系	因爱而保持关系，但心中留下阴影	视情况而定
人数	33.9	7.4	21.1	37.6

在回答“如果你和恋人发生了性关系，是否一定嫁他？”时（见表4），75.8%都认为这个问题“不一定”；有21.8%的人选择了“一定”。

表4　如果你和恋人发生了性关系，是否一定嫁他？（%）

选项	一定	不一定	绝不
人数	21.8	75.8	2.4

以上的结果反应：中职女生对恋爱中的贞操有多样的理解，也反应出对其多样的态度。受现代性开放的影响，现代中职女生对性问题也持较开放的认识，是否有处女膜与是否纯洁已不再完全画等号了。对于何为贞洁，她们的态度较为淡漠。但同时也有相当比例的人认为贞洁还是一条需要坚持和恪守的防线，它代表了一个人私生活的健康程度。

（二）性观念

1. 性别角色认同感

性别角色认同是一个人具有男性特点或女性特点的认识和信念。认同是精神分析理论的术语，是指一个人接受并内化另一个人的价值观和信念的过程。认同是个体社会化的重要机制。研究发现，生物因素和社会文化因素共同影响人的性别角色社会化进程，但大多数心理学家更强调社会文化因素的作用。因而，在性别研究中，性别角色认同主要指的是对社会性别角色的认同。

在问题“你喜欢自己目前的性别吗？”的回答中可以看出当今中职女生性别角色认同的状态（见下图）。结果显示，大多数人对自己的性别持满意态度。同时也存在一些无所谓的回答，只有极少数人是不喜欢自己现在的性别。

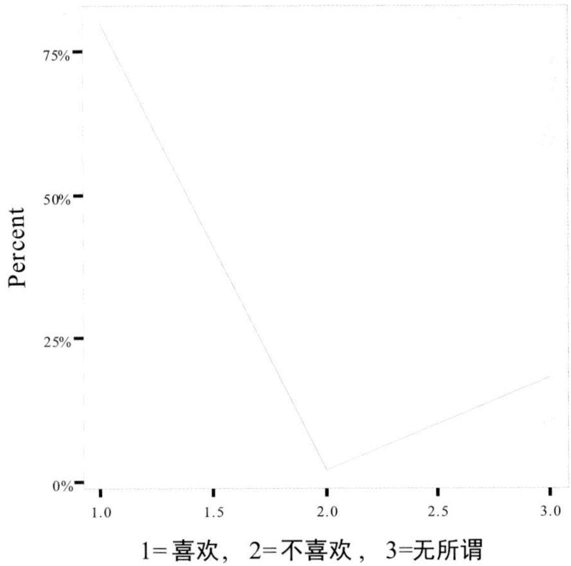

对性别的满意度

由于现代教育体系的完善，社会性别教育让所有女性能够了解并获得自己的权利、发展机会与尊严，认识自我，包括自我的特征及社会的角色，在现实生活中，越来越多的女性渴望能够通过接受高等教育不断积累科学文化知识及实用技术，不断地丰富充实自己，来提高自身的社会适应能力，来提高自身社会地位，从而占据主动权。另外，社会政策的倾斜：关爱女孩和妇女，促进社会性别平等。在这种大环境的影响下，大部分中职女生已经基本摆脱掉传统“男尊女卑”的思想，对自己的性别角色有着积极的态度。但是，也有超过20%的人对自己的性别持无所谓甚至不满意的态度。

2. 恋爱观

与传统爱情观相比，当代中职女生的爱情观发生了非常显著的变化，这种变化也给学校管理及教育带来了一系列的问题，因此重新研究和认识中职女生的恋爱观是必要的。根据以下问题及数据结果（见表5、表6、表7），我们可以具体了解当代中职女生对于恋爱与学业、感情与恋爱以及婚姻的看法。

表5 你如何看待学校恋情（%）

选项	是特定年龄特定环境的产物	爱的意义在于过程而非结果	是真爱	是游戏
人数	52.0	35.2	5.7	7.1

从调查结果看，超过一半的人都认为学校恋爱是特定年龄特定环境的产物，对爱情并没有全面客观的认识，还有相当一部分人认为爱的意义在于过程而非结果，甚至有7.1%的人认为恋爱是游戏。

表6 你谈恋爱是为了什么？（%）

选项	建立和培植专一的爱情	建立家庭	满足性欲	填补空白
人数	69.3	15.9	5.2	9.6

从结果看，选择“建立和培植专一的爱情”的比例都高于其他选项。这表明，在当代中职女生的心目中，这种对待感情“一心一意”、“专一”的态度仍然是大家所提倡的。选择“满足性欲”的人也占到一定比例，这也反映了一个事实：现在中职女生对于性的看法越来越开放，并把它认同为一种基本的生理需求。

表7 你对结婚问题的打算？（%）

选项	今生不想结婚	想早点结婚	先立业后结婚	不知道没想过	结婚后要负起社会和家庭的责任
人数	7.8	10.1	42.8	16.0	23.3

从数据中我们可以看到：相当比例的中职女生都已经意识到要

有美满的家庭，前提应该是有一份属于自己的稳定工作。也有很多人都认识到了责任对于结婚及家庭的重要意义。同时，也存在一部分人没有考虑过关于未来婚姻的问题。

从以上三表我们可以看出，中职女生对待恋爱的态度很多是只注重过程、不在乎结果，但还是有相当一部分人会以认真的态度来面对爱情和将来的婚姻生活。同样，也存在一些问题，7%左右的人将爱情作为一场游戏， 还有相当多的人是为了性欲而谈恋爱，这种观念将很容易导致行为上的过失。

（三）性知识和性教育

中职女生处在一个特殊的年龄阶段（15~18岁），此时期正是性生理和性心理日趋成熟的时候，又因为性被看做一种禁忌，在中国很少被提及，自然就引发了中职女生对此的好奇心。在我们的调查中我们发现（见表8），中职女生了解性知识的渠道主要是大众传媒，占72.3%，只有8.2%的学生认为主要渠道是学校教育，而认为是家庭教育的比例也较少，仅6.7%。

表8　你是通过何种途径了解青春期性知识的？（%）

选项	报刊、杂志	电视、网络	课堂	家人	朋友
人数	35.5	36.8	8.2	6.7	12.8

从调查中可以看到，由于学校没有较系统地进行性教育，学生对性健康方面的知识了解甚少，且不全面，大部分是通过网络、书刊了解的。在通过网络、书刊了解性知识的时候，难免有些学生浏览黄色书刊或网页，从而造成很大的负面影响。这就给性文化研究专家们、教育工作者们提出了性教育的任务：怎样“以科学的理论武装人，以正确的舆论引导人，以高尚的精神塑造人，以优秀的作品鼓舞人”，真正发挥我们作为“人类灵魂工程师”的作用，绝不是仅靠“扫黄打非”、“网络法制化”就可以解决的。只有用高尚的精神产品去占领中职生性教育这一思想文化阵地，才能真正保护中职女生身心健康，这一任务对学校、家庭及社会都是非常重要和迫切的。

四、讨论

（一）性心理

性心理的发展是指个体在青少年时期顺应自己性的生物学特点和性别的社会性特点的种种心理过程。在性生理成熟过程中，青少年逐渐意识到两性差别和两性之间的关系，以及对待两性的态度和行为的规范，这就是通常说的性意识。一般认为，性心理成熟应具备三个标志：（1）性意识健康，包括对自身性征的认可，性观念正确，有关行为得当；（2）性情感稳定，把握情感的发展，调节情感的冲动，追求情感升华；（3）性适应良好，包括对自身性征的适应，异性交往适应与社会规范要求适应。

中职女生身心正处于急剧发展变化中，第二次生理发育已基本结束，青春期性腺活动的加剧不仅促进性器官、性机能的发育，还促进其心理发生微妙的变化，产生了对异性的好感、爱慕及追求异性的需求。这种对异性的天然兴趣和亲近愿望是生理成熟，尤其是性成熟带来的必然冲击。但是由于对性知识的了解尚缺乏，心理发展相对滞后，这种身心发展的不平衡，使得中职女生在朦胧的情感面前不能正确认识，从而产生焦虑不安、不知所措、矛盾或极端观念的异常心理行为，非常需要师长疏导。

从调查结果中看出，中职女生的性心理呈多样化发展，一方面，部分女生受到传统性观念的影响，相当保守。另一方面，由于受到西方性开放思潮的影响，部分女生对于性行为的态度过于开放，从而导致生理健康的隐患。这就提醒我们在性教育的过程中必须注意：加强防治学生性心理态度出现两个极端。另外，还要加强对她们有针对性的性教育，普及性知识，直接从客观上影响她们，并通过内化转化为主观思想，使得她们的性心理朝向科学、健康的方向上发展。

（二）性观念

当代中职女生处于社会变革、文化转型时期，是接受中国传统教育和西方文化影响的年轻群体，因此，当代中职女生的性观念呈多元化趋势发展。首先，受西方女权主义以及现代教育体系完善的影响，现代女性能够和男性一样接受教育，了解自我，拥有自己的目标、理想以及事业。她们已经不再像过去一样只是男性的附属品，而是拥有权利、尊严和发展机会的独立个体。“男尊女卑”的思想逐渐被“男女平等”呼吁所湮没，这种现象影响着包括中职女生在内的每个青少年的观念，因此大部分的中职女生都对自己的性别很满意。但是，由于中国上千年男尊女卑传统思想的影响，仍存在一些中老年人或多或少有着重男轻女的偏见，很多女孩在家庭中的地位仍然比较低下，希望像家庭中的同龄男性一样得到重视的想法让很多中职女生对自己的性别不满意甚至不接受。其次，学生恋爱已成为当今中职园里一个不可能回避也无法回避的客观事实。中职女生正处于性生理发育的开窍期，科学研究表明，直接联系性生理开窍的是大脑脑垂体前叶分泌的性激素，性激素的激活唤醒了性意识的觉醒。“所谓性意识觉醒，是指个体意识到本人的性别，两性之间的影响，以及对待两性的态度和举措规范。”大部分中职女生生理已趋成熟，性意识已经完全成型，对异性产生好感、爱慕，渴望“爱”与“被爱”。如果能正确处理与异性的关系甚至恋爱关系，将对中职女生的个性因素和社会情感的发展具有重要的促进作用。但是由于性知识的匮乏以及家长、老师“谈爱色变”的消极防范态度，造成她们不知道恋情的目的，不知道如何看待恋情，对恋爱知识、恋爱道德和责任感的贫乏和愚昧。因此，在学生中进行恋爱教育，有助于中职女生了解有关恋爱的科学知识以及正确的婚恋态度，既有利于培养恋爱的道德意识，也有利于培养健全的人格，使她们更好地适应社会。恋爱心理教育是当前中职学校应着重加强的环节。

（三）性知识和性教育

中职女生处在青春期后期，性激素分泌旺盛，性心理又缺少约束，在校园里很容易接受到性信号（异性发出的反映两性差异的状态，如容貌、体型、服装、声音等）或性信息（既可以是来自人体的性信号，也可以是图书音像制品），因此十分容易引起中职女生的性冲动，并对此产生强烈的求知欲和尝试感。然而，当代中职女生的父辈们都出生在20世纪六七十年代，本身性知识就比较匮乏，再加上受中国传统文化的影响，父辈们都比较保守，认为性需求是本能的，长大以后会自然明白的，不需要传授。由此导致了很多中职女生在第一次月经来潮时表现出恐慌心理，不知道如何处理。再者，在我国特殊的教育体制下，各个领域都只重视升学考试，性教育都只是一个幌子。因此，我国当代中职女生性观念模糊也就不足为奇了，而性知识匮乏则更加重了中职女生对性的好奇。与此同时，西方“性解放、性自由”思想的传入，网络的普及以及一些社会不良分子的引诱，青年越来越满足于从不正规渠道获取性知识，影响了青年的身心健康。

学校是教书育人的场所，在性教育中无疑应起主导作用，尽管生理、生物等有关课程内容中有生殖、人体器官的机能等内容， 但这些零散的知识无法替代系统性的性教育(性生理、性心理、性道德、性法制)。要达到教育目的，必须把性教育正式纳入中职教学内容， 做到有计划、有教材、有师资、有课时，让学生接受科学、全面、系统的性教育。通过性教育使中职生懂得性知识及变化规律，形成正确的性观念，懂得性的生物性和社会性关系， 以性道德规范个人行为，使中职生具备与异性建立高尚关系的态度、能力， 加速其社会成熟进程， 培养他们对于爱情、婚姻、家庭的责任感和义务感。同时能预防、纠正中职生不良性行为， 防止发生性犯罪。

五、小结与建议

通过这次对中职女生性现状的调查，我们不但看到了许多中职女生现存的问题与困惑，同时还深深感受到了她们现在所面临的性危机。由于没有专业人员宣传和教授性知识，中职女生们正确的性观念来源基本处于一个真空状态。而面对着越来越开放的社会，越来越多变的文化融合，我们不得不大声呼吁：不要让中职女生成为性知识的文盲!

对于国内教育在这方面的工作，我们有以下建议：（1）将性教育作为义务教育来实行。不应仅仅只把它当做一种模式，而是将性教育课程伴随着青少年成长的整个过程。除了这样连续性的教育外，还应该针对不同时期学生可能出现的问题进行相应的教育，使他们在所处年龄阶段产生的性困惑得到及时解决，而不是积压成更严重的问题。（2）性教育工作应由学校安排专职和专业的老师讲授，能够以保密、安全和温和的方式解决学生的性生理和性心理问题。（3）除学校外，家长还应积极并及时地加入到学生性教育工作中，关注青少年的青春期性萌动，但不过分紧张和恐慌，以平和的心态帮助青少年了解相应问题的知识和办法。

潘绥铭教授说："性教育只应该有一个'终极关怀'的目标：帮助所有的个体，尤其是下一代，都尽可能多地获得'性福'。性教育面对的是人，是青春。这些，我们牺牲不起，也没有权利去牺牲。"

【参考文献】

【1】彭晓辉：《性观念辨析》，《中国性科学》2002年版。

【2】潘绥铭：《中国性现状》，光明日报出版社1995年版。

【3】廉秀君、曹林：《当代大学生性道德调查与分析》，《理论界》2005年版。

【4】张代敏：《大学生性观念畸形教育的思考》，《医学教育探索》2007年版。

【5】胡珍：《中国当代大学生性现状及性教育研究》，四川科学技术出版社2003年版。

【6】陈伟、沈文青：《20世纪90年代以来大学生的性观念、性行为的发展与思考》，《山东省青年管理干部学院学报》，2006年版。

【7】潘绥铭、杨蕊：《性爱十年：中国大学生性行为的追踪调查》，社会科学文献出版社2004年版。

【8】潘绥铭、曾静：《中国当代大学生的性观念与性行为》，商务印书馆2000年版。

【9】潘绥铭：《性教育是什么》，《中国新闻周刊》2005年版。

【10】郑乡春：《当代大学生性观念与性道德调查报告》，中国青年研究2005年版。

【11】李广阳：《恋爱中的大学生性观念、性行为及其教育对策的研究》，2002年版。

余遲慧

德育中学高级教师
广州市优秀教师
荔湾区先进教师
荔湾区教育局优秀党员

格言　爱，让学生在心灵舒展中成长。　——余遲慧

让学生在心灵舒展中成长

广州市流花中学　余遲慧

【摘　要】新接一个后进班，面对众多的后进生，从何抓起？我认为从爱出发，给予信任，培养自尊；进行赏识，树立正气；激发感恩，驱动内力，营造和谐美好情感家园，让学生在心灵舒展中成长，会让迟开的花朵开得更加绚烂的。如何用打开学生心灵的金钥匙，在短期内理顺关系，顺利走出低谷，本文试着从班级的有效管理层面进行探讨。

【关键词】期待　赏识　激励　感恩　榜样　舆论　美好情感　心灵舒展

一、运用期待理论，培养自尊自信

美国哈佛大学的心理学家罗森塔尔和雅各布森对小学生作了一次所谓的学习潜力测验。然后，把一份“最佳发展前途者名单”递给老师说，他们是班里最有发展潜力的学生，并要求教师长期观察，但不要告诉本人。8个月后发现，这些学生的学习成绩和智力真的比其他同学进步快，并且在感情上显得活泼开朗，求知欲旺盛，与老师的感情也特别深厚。原来，这一项心理学实验所提供的名单纯粹是随机的。专家通过自己“权威性的谎言”暗示教师，坚定了教师对名单上学生的信心，调动了教师独特的深情，教师通过自己的情感、语言和行为传染给学生，用爱滋润着学生的心田，会使这些学生更加自尊、自信、自爱、自强，从而使各方面得到了异乎寻常的进步。这就是心理学上的“皮格马利翁效应”。

例如，我接手初三(2)这个后进班时，已是第五任班主任了，发现困难比想象的多。除了班风学风问题成高山之外，横在我面前的还有一座山，那就是学生对自己的放任甚至放纵、对老师的漠视甚至敌对，这是一座雷山，同时也是一座冰山，你一不小心，就踩爆地雷，就掉进冰窟，让你寸步难行，让你泥牛入海，这才是最致命的呀。因此我决定从培养学生自尊、自信入手，对学生多加鼓励，使他们在情绪上得到满足，在和谐美好精神家园中茁壮成长。

开学，我听得最多的是“我们班就是这样的啦”，我跟学生说：“不，这话应该这么说，我们班就是这样！”我经常对学生说：“不是做不到，而是想不到。”我问同学，你们有没有得到过学校的表扬，他们说：“没有，想也没有。”我问：“你们想不想得到表扬？”他们低下头，没敢吭声，我再问：“你们想不想？”“想。”就几个小小声地回答。再问，就大声了。我告诉学生，开学典礼我们来个旗开得胜，做到静、快、齐，就能得到学校的表扬。开学典礼那天，七点半我到楼梯口，他们就排好队第一个下来了，真的得到了学校的表扬，班长问：“老师，看到我们是不是很高兴哎?”我说“当然”，当时我哪只高兴，还感动着呢！

我激励学生，新的学期开始了，不管以前怎样，现在在你们每个人的面前都摊开了一张新的白纸，只要你们全心全力去画出最精彩、最美丽的画卷，你们都可以是最优秀的！

我告诫学生，中考是人生的转折点，关键的时刻看个人，千万不要贪图一时的轻松自由放松自己、放纵自己，耽误自己的前途、家庭的幸福，也贻害班里同学的未来。

我叮嘱学生，面对广州市的十二万考生，我们这个二班，是一艘船，只要我们同舟共济，齐心协力，就能一起到达胜利的彼岸！

赏识，激发了学生的兴趣和动机；告诫，增强了学生的心理体验；信任给学生指明了发展方向。渐渐，我从学生眼里看到了希望；渐渐，我从学生行为上看到了决心。

开学第一个学月，这个班在学校、级组中就得到四次表扬，第二个学月学校进行校运会，还获得团体亚军，比冠军仅少了3分，我把运动员的照片贴到光荣榜上，把比赛的视频发给家长，学生雀跃欢呼，家长感动不已。心中自尊、自信的火焰燃烧起来了……

由此可以看到，教师的期望也是学生进步的一大因素。所以，我们要用发展的眼光去看待学生，对他们满怀期待。只有这样，在与后进生接触的过程中才会真正让他们感受到老师的慈爱、尊重、信任和期待，他们就会很自然地产生肯定的倾向、愉快的心情，消除对教师的隔膜甚至敌对的心理，愿意对老师讲真心话，愿意接受教师的帮助和教育。也只有这样，后进生的自尊感、自信心和学习热情才能油然产生，对未来充满信心和希望，从而加倍努力，获得更大的进步。

二、进行赏识教育，树立正确舆论

心理学家威廉杰姆斯曾说过："人性最深层的需要就是渴望被人赞赏。"美国教育家卡耐基说："使一个人发挥最大能力的方法是赞赏和鼓励，对于后进生来说，赞赏和鼓励不亚于雪中送炭，可以增加他们的信心和勇气，并从他们的内心激发出无穷无尽的积极动力。"每个人都有渴求被肯定、被赞扬、被称颂的欲望，更何况成长中的后进生？每个后进生多少也都蕴藏了一些才智，不引人注目的优势，在某些方面也还存在一些"闪光点"。若能细心观察，及时"点化"，往往会收到良好的效果。

譬如，对爱动坐不住的同学，让他发发本子、收收作业，对爱说爱表现的同学，让他传传话、上台参与课本剧表演等等。对他们立足于争，着手于拉，积极创造条件，给他们表现自我的机会。以便克服消极因素对他们的影响，增强他们的自信心，使他们感到老师对自己的信任，并引以为豪，从而可能激发他们的学习兴趣，调动起他们学习的积极性和主动性。如刘X，是一个聪明但非常调皮的学生，违纪挨批却又常常嬉皮笑脸"逢凶化吉"，弄得班干部常常哭笑不得，更糟的是他的搞笑还有一定影响力。他基础差但爱出风头，不爱读书但爱劳动，因此，我派了一个任务给他，让他收集班里的矿泉水瓶，他细心周到，让他担任班里的生活委员，他积极主动。渐渐地，他也规范起自己的行为了，俨然一个班干部，在他的带领下，我班的一些爱动者，也纷纷加入进步的行列了。刘X的学习，也慢慢跟上了。终于，中考赶上了高中的末班车。实际上，对差生来说，用其长的过程，也就是避其短的过程。同时也是他们心理上的一种解放，这种解放是有利于促进后进生的转化的。

心理学家认为，心理激励是一把挖潜启智、培养学生奋发努力、快速成长的金钥匙。我们要善于寻找和发现后进学生身上的“闪光点”，用行动扶植他，正确引导，精心培育，使之发扬光大，形成正确舆论。我用微笑面对学生，用欣赏的目光看着学生，用积极的话语鼓励学生。只要做得对，我表扬，只要做得好，我宣传，尽管微不足道，我也大加赞赏。我着重进行赏识教育，让学生看到自己的闪光点，发扬光大；我扬善抑恶树正气，营造良好的风气，让学生见贤思齐、学有榜样。举个例子，就说上述的初三（2）班的礼貌问题吧，开学的第一天，我进教室，很多同学只瞟了一眼，就自顾自聊天，视老师为透明。这时一个男同学小声叫了声“老师”，让我的尴尬顿消，随即问了名字，走上讲台，表扬了他的礼貌，却换得一片哄笑。第二天进校门时，麦XX、冯XX两位女生见到我冲她们微笑，也腼腆打了声招呼，我反馈时，学生也不以为然。接着在车站遇到罗X、周XX、莫XX几个同学，他们在说笑，见到我喊“老师”，显得很自然，过后，我力赞他们的热情、礼貌，当时大家嘻嘻哈哈在笑显得不在意，不过，之后的礼貌却越来越好了。刚开学的那段时间，班里有几个学生对老师极为不敬，甚至顶撞老师，渐渐地也改正了。在接班4个月后，他们探知我的生日，全班学生悄悄地准备鲜花彩带、蛋糕礼物，隆重地给我庆祝生日，让我喜出望外、惊喜万分，老师们也惊叹不止、感叹不已。老师的赏识激起每个学生健康的、积极的动机和热情，同时也缩短教师和后进生的心理距离，建立起良好和谐的师生关系，增强了教育感化的力量，收到了感化“金石”的效果。

每个学生都有他的优点，即使是后进生，所以要学会赞美学生，要不惜运用赞美之辞，赞美学生的每一个优点与进步，哪怕是不起眼的、细微的。在一次次的被赏识下，就会形成积极的心理暗示，形成正确的舆论，学生就会自然而然地朝着人们期望的方向发展。同时“星星之火，可以燎原”，一个个榜样比说服教育更具说服力和号召力，更容易引起学生感情上的共鸣，给学生以鼓舞、教育、鞭策，激起学生模仿和追赶的愿望，从而调动他们巨大的潜在能力，促进他们的发展，取得最佳的教育效果。

当然学生需要教师的耐心教育，也需要制定合理的规章制度来约束其不良行为，也不可能只有赏识表扬、没有批评教育。关键在于我们要灵活运用各种教育手段，做到宽严适度、刚柔相济。在批评学生时，要从关心学生的角度出发，进行善意批评，要在否定中有肯定，寓批评于表扬之中。

三、实施感恩教育，驱动内在动力

步入初三，也意味着孩子面临着人生的转折点，应该更懂事，静下来读书学习了，可是这个后进班的家长更揪心了。他们倔强好胜却玩念依旧，要求自主却依附大人，渴望理解却排斥沟通，要求尊重却无视师长，目标远大却行动不力，甚至逆反。“我说不听呀，孩子不让我管，老师您帮帮我们家长吧。”许多家长很焦急很无奈。

这些孩子为何会这样？笔者认为，除了青春期心理变化外，孩子缺少感恩之情是一个非常重要的原因，这是家庭生活中感恩教育的缺失。

这些独生子女，从小被呵护着、溺爱着，万般宠爱集一身，父母义无反顾，任劳任怨，更不求孩子的任何回报。殊不知孩子对父母的付出由习惯到麻木，认为一切都是理所当然、天经地义的。久而久之，就变得以自我为中心，不懂体谅、不明事理、不负责任、不会回报了。缺少了感恩之情、唯我独尊、骄横任性的孩子，对于家长和老师苦口婆心的教育，也就会表现出麻木、冷漠甚至反感的态度……

可见，感恩之心缺失已成为这些后进生致命的性格弱点，补上感恩教育这一课显得十分必要。要在他们人生观、价值观形成的阶段，教会孩子学会感恩家长，常怀感念之心，打开教育之窗。父母与孩子的接触是一种全方位的密切接触，可以随时抓住生活中的点滴，对孩子潜移默化地实施感恩教育。只要我们在日常教育中引导得法，就一定能激发孩子内心的感恩之情，收到良好的教育效果。

因此，主题班会上，我加强道德灌输，触动感恩之思。“人之初，性本善。”我们的孩子本性善良，多讲《黄香温席》等经典故事进行传统美德教育，多看《唐山大地震》等表现感恩情怀的优秀文学、影视作品，多接触生活中具体的真挚感人的平凡而大爱的人物，让学生为主人公面对人生困境，仍然满怀感恩、艰苦奋斗的精神所触动，去引发孩子的共鸣，激发其感恩之思。

家长会上，我注重情感交流，激发感恩之心。羊有跪乳之恩，鸦有反哺之孝。说的是，滴水之恩当涌泉相报，不仅是人类的美德，而且动物界也奉行。我让家长上台，讲讲母亲怀孕养育的辛苦和喜悦、父亲带领教育的操劳和欣慰，学生眼眶湿润了，跟爸妈靠近了，浓浓的爱意自然而然地从孩子心底里流出……

节假日前，我布置生活实践，培养感恩之行。我要求家长在日常生活中以自己的行动来影响感染孩子的同时，更要让孩子在具体可感的生活实践中去体验。让学生从家庭生活的每一件小事做起。吃饭时，让孩子为大人加饭添汤；闲暇时，让孩子给父母端茶倒水；节日时，让孩子说声祝福表表心意；放假时，让孩子打扫卫生做做家务……“老师，我很高兴，孩子长大了，今天居然抢着拖地……”“老师，我很感动，今天我有些不舒服，孩子帮我熬药……”“老师，我很放心，孩子近段时间很认真，复习得很晚……”家长的一张张回条写着欣慰，写着喜悦，写着希望……

中考前，我适时提醒学生，当你走出家门时，记得回头看一看，你们父母那殷切的目光，十月怀胎，十五载的培育啊，为人儿女，是时候报恩啦。

渐渐地，无须提醒，发自内心，孩子就学会感恩了，有了感恩，家庭就有了阳光，树苗就得以快乐成长，直至大树参天！初三（2）班全体同学在报答师长的感念驱动下拼搏奋发，在中考取得了很大进步，总分、普高录取率名列全级第二，我本人也获得了“荔湾区初三毕业班突出贡献奖”。教师节，全班同学又回到学校给老师们献花合影，个个阳光向上，令人欣慰。

是的，期待是东风，安能唤起后进生沉睡的心灵；赏识是春雨，它会滋润后进生干枯的心田；感恩是烈火，它会点燃后进生希望的火花。只要我们从爱出发，给予信任，培养自尊；进行赏识，树立正气；激发感恩，驱动内力，努力营造宽松的气氛，构建和谐精神家园，让学生沐浴在美好的情感氛围中，在心灵舒展中成长，这些迟开的花朵就会开得更加绚丽，更加灿烂！整个班级也便呈现一种积极上进的精神风貌，顺利走出低谷。

【参考文献】

【1】罗森塔尔，雅各布森：《课堂中的皮格马利翁》。
【2】托马斯·L·古德：《教师期望研究20年》，《研究结果与未来方向》。
【3】周弘：《翘起你的大拇指》。
【4】赵国忠：《教育最伟大的奇迹》。

谭慧君

中学美术一级教师
区第一、二届品牌教师
之荔湾优秀教师

格言 从美的事物中找到美，这就是审美教育的任务。
——谭慧君

图说礼仪
——中学美术教育促进学生礼仪提高的探索

广州市荔湾区东漖中学　谭慧君

【摘　要】本校是一所典型的城乡结合部中学。在学校“以礼育人”的教学理念下，笔者在礼仪课堂中，尝试把图像作为一种有效而生动的信息载体，改变严肃、枯燥的说教形式，帮助学生理解和运用视觉语言，以图说礼仪的方式，让学生在直观的美术作品中感悟文明礼仪的知识。作为德育工作者在结合自身教学和课题研究，试图从图说的意义、内涵、途径通过美术教育去对促进文明礼仪素质提高的探索。

【关键词】中学　美术教育　图　礼仪

鲁迅先生指出：“美术可以辅翼道德，美术之目，虽与道德不尽符，然其力足以渊邃人之性情，崇高人之好尚，亦可辅道德以为治。”。根据本校 “以礼育人”教学理念为指导，作为德育一线工作的笔者根据课程的需要，从美术教育的角度去探索如何采用图说礼仪的方式去促进学生文明礼仪的提高。

一、图说礼仪的意义

本校是一所典型的城乡结合部中学，所处的政治、经济、文化环境具有多元化、多层面、地域广、较复杂等特点，导致学校教学环境相对复杂，导致学校在教育教学中出现难管教的现象。青少年的文明礼仪素养较薄弱。德育课程教学中曾采用口头、文字、图等方式去提高学生文明礼仪素养，经调查实践，发现“图说礼仪”这种方式是最有效的。

附“关于仪态仪表礼仪学习调查表”

笔者在课堂中，分别用三种教学方式学习仪态仪表礼仪中关于坐、立、行姿势的三节课。下课后，马上抽取10名同学进行测验，调查如下：

教学内容	坐			立			行		
教学方式	图（图片、视频）			板书（文字）			口头（说教）		
教学效果	全对	有误	不会	全对	有误	不会	全对	有误	不会
教学情况	90%	10%	0%	30%	40%	20%	50%	40%	10%

美术教育是以美术学科为基础的教育门类。其目的主要是：延续和发展美术的知识与技巧，以满足人类社会经济、精神和文化的需要；健全人格，形成认得基本美术素质和能力，促进人的全面发展。

因此，作为学校的美术教师，应充分发挥美术教育特有的美育魅力，把图像作为一种有效而生动的信息载体，帮助学生理解和运用视觉语言，更多地介入信息交流，改变严肃、枯燥的说教形式，把文明礼仪内容在美术教学的技能知识中渗透。以图说礼仪的方式，让学生在直观的美术作品中感悟文明礼仪的真谛，让美术教育促进学生礼仪的提高，达到以礼育人的目的。

二、图说礼仪的内涵

（一）图的内涵

图，运用点、线、面描绘事物几何特性、形态、位置及大小的一种形式，也是美术作品基本元素的体现，运用图的功能对学生开展礼仪知识的传授、对美术技能的训练。

（二）礼仪的内涵

礼仪的精髓是真、善、美，维护和体现人的尊严是礼仪的核心思想。礼仪指的是社会交往中，表示尊重、敬意和重视的一整套社交规范和基本道德准则。它具体表现为礼貌、礼节、仪表、仪式、礼俗等几方面。本校“以礼育人”的教学理念着重关注学生仪表形象美，文明习惯的养成，交往礼仪的掌握，人际关系处理是否融洽的方方面面。

（三）图说礼仪的内涵

通过美术教育培养学生的综合文明素质，让学生懂得为人做事的基本道理，使他们学会处理人与人、人与社会、人与自然等基本关系。

三、图说礼仪的途径

（一）通过创设优美环境，提高学生对环境美的感受

美国教育家布莱森曾经说过：“任何一所学校环境都在默默地对孩子们发表演说，而且孩子们的确会注意它，不知不觉中接受熏陶和影响。”《荀子·劝学》中也有这样的话：“蓬生麻中，不扶自直。”校园是学生每天生活和学习的环境，通过营造良好的文明礼仪氛围，可以陶冶学生的情操，启迪学生心灵，构建学生健康人格，全面提高学生素质。在美术课程资源的开发与利用中，教师应尽可能运用校园中的资源进行美术教育，像校道上的学生墙报栏、作品栏、宣传栏等。在美术教学中，手抄报的设计、标志设计、校园环境设计等美术技能知识，就能很好地指导学生创设丰富的校园宣传环境。

案例1:

手抄报是一种可传阅、可观赏、也可张贴的报纸的另一种形式。在学校，手抄报是第二课堂的一种很好的活动形式，和黑板报一样，手抄报也是一种群众性的宣传工具。教学中，学生通过学习懂得海报的概念。课堂学习时，学生把手抄报技巧运用在文明礼仪的知识当中。文字的活泼设计、版式的巧妙排列、色彩的对比运用，还有图案围绕主题的运用象征、比喻等艺术手法在作品中呈现出来。让学生通过学习理解美术作品所蕴含的文明礼仪的精神，逐

步提高自身的素养。同样在校园标志设计中，学生懂得校园环境标识是为了烘托校园环境的文化氛围，彰显学校的魅力，能够唤起师生以及来访者的情感的作用。教师在教授课程时，让学生关注校园环境，参与校园环境的设计，并认真对待他们提供的方案与作品，运用在校园中。例如，绘画展览，海报宣传或使用标志在校园中。

（文明礼仪的手抄报设计）

（利用宣传栏的平台给予学生知识理解的展示）

因此，作为教育工作者要注重在环境中充分挖掘学生学习文明礼仪的资源，营造丰富以礼仪为主题的美术作品入手，让学生在耳闻目染、潜移默化中形成良好的文明礼仪行为。

（二）通过文明礼仪主题的美术教学，提高学生对礼仪知识的理解

人是感性存在、活生生的人。个体在审美过程中，可以尽可能地获得并展示自己丰富的独特感受。如果说德育和智育主要发展了人的德行和心智等方面的个性，那么美育则发展了人的审美等方面的个性。文明和礼仪的主题性美术活动可运用漫画、卡通形象等活泼、有趣地表现形式进行开展。

案例2:

漫画与卡通形象的作品是艺术和思想相统一的结晶，都表现了漫画作者对社会的观察，而这种观察是用形象来表达的，它比文字表达更难，但效果却比文字更好，促进学生讲文明懂礼貌常识的理解。

在美术教学中可以将文明礼仪中的行为艺术相联系起来，让学生自己去操作属于自己的语言艺术及高尚情操。因此，充分借助教材，主动理解和体验思考，获得情感熏陶和思想启迪，通过对教材的学习领悟到教材以外的东西，从而掌握相关的学习方法，形成正确的学习态度和习惯，综合提高美术素养。在课程资源开发的过程中，要求师生之间共同参与开发，师生之间互动相长，彼此形成一个真正的学习共同体。使教学工程真正成为师生共同开发，丰富，整合的课程建设过程。

（敬师礼仪的主题绘画，荣获全国三等奖）

（茶文化礼仪的主题绘画）

（三）通过美术与礼仪实践的互动，提高学生的礼仪综合素养

美术教育通过形象的、直观的、感性的方式，使个体获得审美的愉悦。审美活动不是强制的，人在审美中可以自由地去感受美。审美需要主体能动地参与其中，而不需要外力的强迫。无论是欣赏还是创作，个体都需要具有主体意识，这样，审美活动才可以进行。因此，美育在发展个体主体性方面的作用是突出的。素质教育是弘扬主体性的教育，和谐社会更需要每个人积极主动地去参与构建，美术教育由此更凸显出其价值。

案例3:

教师开展美术与社会实践相结合的活动，例如本校文明礼仪手抄报比赛，以课题开展的学生礼仪形象大赛，传情达意的贺卡比赛等。使学生在亲身的体验和感受的过程中，潜移默化地学会了交往的礼仪，学会了发现与提问，学会了讨论与表达，更重要的是学生的行为实践、情感体验、礼仪行为在这个过程中不断的得以内化与巩固，学生的学习能力和生活能力在这个过程中得到了有效的提高。

学生改变了。学生在校园中主动和老师问好，不乱丢乱吐，爱

（学生形象 人物写生）（从仪容仪表提高学生文明礼仪素养的服装设计比赛）

（结合团队组织尊师的活动）　　　　　　　　（学生制作的教师卡）

（社区、家长共同参与学生礼仪形象大赛，图左一颁奖嘉宾为右二获奖者杨千同学的妈妈）

护公物和植物。学生衣着整洁，举止端正，焕发出青少年应有的青春和活力。在家里，家长反映学生变得更懂礼貌了，有时家人出现一些不文明的现象，学生还会提醒家长。

家长改变了。在前几年的家长会中，有相当一部分的家长穿着拖鞋，迟到了还在教室走道上大呼小叫，还有极个别的家长衣冠不整地出现在教室里。比起以前，来开会的家长文明礼貌多了，再也没有出现穿拖鞋大声喧哗的现象，变化真是很大。

学校环境改变了。校园的校道上比以前变得干净整洁，同学之间相互尊重，见到老师能主动问好。在区督查工作后，局长等相关领导，还在大会中把本校同学尊师讲礼的好现象作为其他学校德育工作学习的榜样。

詹姆斯说过："播种一个理念，你将收获一种行动；播下一个行动，你将收获一种习惯；播下一种习惯，你将收获一种性格；播下种性格，你将收获一种命运。"由此可见，美术教育确实在城乡结合部的学校中起到促进学生文明礼仪提高的作用。作为美术教师时刻从弘扬中华美德，传承民族文化的角度，将礼仪教育放在心上，在以美术教育为载体，培养学生文明行为习惯的同时，促进他们个性、社会性及道德品质的发展，让礼仪教育渗透于学生的各项活动之中。

【参考文献】

【1】尹少淳主编：《全日制义务教育美术课程标准解读（实验稿）》，北京师范大学出版社。

【2】拉尔夫·史密斯著、滕守尧译：《艺术感觉与美育》。

【3】孙孔懿：《素质教育概论》，人民教育出版社。

肖海英

中学数学高级教师
广州市优秀班主任
增城市中小学骨干班主任
青年教师“讲课比赛”一等奖
广州市“十佳数学青年教师”

格言 不学礼无以立，人无礼则不生，事无礼则不成，国无礼则不守。 ——肖海英

增城市中学生校园文明礼仪现状调查研究报告

增城市增城中学 肖海英

【摘 要】讲究文明礼仪是中华民族的优良传统，它不仅是体现个人气质与素养的一个重要方面，同时体现了一个国家社会文明建设的程度。在中学阶段，文明礼仪教育是中学生人文素质教育的重要组成部分。通过调查研究发现，增城市中学生文明礼仪整体素质还有很大的提升空间，还需加强文明礼仪与道德素养教育。各校应在上级教育行政部门的统筹规划下，发挥各学校的积极性和创造性，协调推进文明礼仪教育。但各校在开展文明礼仪教育时要有所偏重，要结合学生的具体情况开展教育，同时应加强社会、家长和学校三方之间的互动沟通，提高校园文明礼仪教育的实效性和可持续性。

【关键词】中学生 文明礼仪 道德素养 教育

一、课题研究的科学性分析

（一）问题的提出

讲究文明礼仪是中华民族的优良传统，长期以来被人们作为衡量为人处世的道德标准之一，是体现个人气质与素养的一个重要方面，更是一个国家社会文明程度、道德风尚和生活习惯的反映。礼仪教育则是对学生进行行为道德准则、文明礼仪规范的养成教育，是德育教育的基础工程，适合在人的心理、行为习惯形成发展的关键时期即青少年时期进行强化培养学习，并贯穿学校教育从幼儿园、小学、中学直到大学的全过程。

在过去较长一段时间的应试教育体制下，家庭、学校偏重智能的开发与教育，而对文明礼仪教育有所轻忽，造成中、小学生文明礼仪缺失严重，使得当今的青少年以自我为中心、随心所欲、任性蛮横、随手扔垃圾、不知道怎样称呼他人等等不良现象。

在全国未成年人思想道德建设工作经验交流会上，中央政治局常委李长春提出并强调要进一步增强人民的责任感、使命感和紧迫感，关爱孩子、关心成长、关注未来，努力培养和造就千千万万中国特色社会主义事业的合格建设者和可靠接班人，为开创未成年人思想道德建设工作新局面作出新的贡献。而在中、小学开展文明礼仪教育是德育的基础任务，也是行为教育的重要内容。

（二）研究的目的

通过对增城市9所不同层次学校的中学生校园文明礼仪现状及其教育实效性的调查，了解我市中学生校园文明礼仪现状，为初、高中阶段中学生校园文明礼仪教育中存在的问题提供一定的解决思路和辅导方案，形成符合增城市初、高中学情的文明礼仪教育特色模式，探索出一条以礼仪教育为突破口的学校素质教育新路子，为各校或本地区做好中学生校园文明礼仪教育提供参考依据。

（三）研究对象

本调查对增城市9所中学(增城中学、华侨中学、高级中学、新塘中学、仙村中学、派潭中学、永新中学、英华中学、荔城中学)不同层次学校学生550人、教师110人进行问卷调查，发放660份问卷、回收660份，有效回收率为100%。

（四）研究方法

1. 文献研究

通过收集并研读中学生文明礼仪方面研究的有关成果，以增进对中学生文明礼仪这一研究领域的认识，以及有关增城地区对中学生进行礼仪教育的措施和成效，撰写了文献综述《中学生校园文明礼仪教育实效性调查研究》。

2. 问卷调查

通过对增城市9所不同层次学校学生（550人）、教师（110人）进行问卷调查，进而了解学生对文明礼仪知识的认知情况与当前中学生文明礼仪现状，为撰写调查报告《增城市中学生校园文明礼仪现状调查研究》提供有效数据。

3. 结构性访谈

通过对9所不同层次学校的学生（100人）进行结构性访谈，以了解新时期中学生文明礼仪的转变情况。

4. 开放式访谈

通过对9所不同层次学校教师（60人）和学校行政进行访谈，以了解对中学生实施礼仪教育的影响因素、存在问题、主要障碍、实施措施等。

5. 观测法

在9所学校同时对几个特定的场景（升旗礼集会、饭堂吃饭、学生进老师办公室、仪容仪表检查）进行观测，以了解增城市当前中学生行为习惯的现状（观测时间为一个学期）。

（五）研究的意义

1. 贯彻党的教育方针，落实党的素质教育战略，着力于提高学生的素质，促进学生的全面发展，为国家培养合格的公民。

在新的历史时期，我国社会主义改革开放和现代化建设的总设计师邓小平同志就提出："要努力使我们的青少年成为有理想、有道德、有知识、有体力的四有新人，使他们立志为人民作贡献，为祖国作贡献，为人类作贡献，从小养成守纪律、讲礼貌、维护公共利益的良好习惯。"从而在20世纪80年代掀起了我国新时期精神文明建设的第一个高潮，开展了“五讲四美三热爱”活动和全国“文明礼貌月”活动。以江泽民同志为核心的党中央第三代领导集体，坚定全面地贯彻邓小平理论和党的基本路线，坚持“两手抓、两手硬”，大力加强社会主义精神文明建设包括文明礼仪建设。党的十五大以来，“讲文明，树新风”的活动在全国更加广泛深入地开展。在我国改革发展的关键时期，胡锦涛总书记提出以“八荣八耻”为主要内容的社会主义荣辱观，为引领转型时期的社会风尚树立了道德标杆。这也就强调学生的学习首先要学会做人，学做文明之人，这样以后我们才能真正做到“爱国守法，明礼诚信，团结友善，勤俭自强，敬业奉献”。

2. 为增城市中学生文明礼仪教育提供切实可行的方法论指导，为各中学的学生文明礼仪教育出谋划策，提升文明礼仪教育的实效性。

根据广州市文明办要求，增城市教育局系统按要求开展了多场文明礼仪进学校大型活动。通过论坛、主题班会、专题讲座、知识竞赛等形式，在全市各级各类学校中，进一步开展文明礼仪教育，同时将文明礼仪知识纳入各种夏令营活动，作为重要内容，加以大力宣传，在教育系统广大教职工和学生中形成以“讲文明、懂礼仪”为荣的良好风尚。但是增城市各中学对文明礼仪的要求过于宽泛，并没有明确而具体的要求，学校在具体操作方面也缺乏具体的标准。本调查研究在实践基础上，综合增城市的实际情况对增城市的校园文明礼仪标准提出建设性意见，从而提升文明礼仪教育的实效性。

3. 从学校发展层面来讲，以礼仪教育为契机，塑造学生健康文明的形象，激发学生的学习动力，提高学生的学习成绩，建设和谐校园。

学校是教育教学的主阵地，是青少年健康成长的园地，担负着培养“有理想、有道德、有文化、有纪律”的社会主义一代新人的重任。这里的“有道德”也应包括孝敬父母、礼貌待人等这一文明礼仪教育内容。学校应坚持从礼仪教育入手抓德育工作，并把其摆在重要议事日程，坚持大处着眼，小处着手，由近及远，由小到大，抓得具体，抓得实在，采取切实可行的措施进行文明礼仪教育，那么将会极大地提高学校德育工作的实效性。如果学校忽视文明礼仪教育，社会必然会形成“物质富有，精神贫乏”的畸形，甚至出现“道德危机”！江苏南京的“彭宇”案、广东佛山的“小悦悦”事件都给我们以警示，当今社会“道德滑坡”已经引起广大人民的关注与担忧。因此学校应加强文明礼仪教育，提高学生的行为素质，使他们养成孝敬父母、尊重他人、做人诚信等良好习惯，做到“举止美、语言美、外表美、心灵美”。但德育教育不能只靠学校规章制度的约束和班主任的教育，每个教师都可以在各科教学中结合学科特点，遵循知识传授与思想教育相一致的原则，运用教材内容，有机地进行文明礼仪教育。这也是新课程标准的三维目标之“情感态度与价值观”的目标要求。

二、问卷调查与结果分析

（一）调查问卷情况（见附录一）

对增城市9所中学(增城中学、华侨中学、高级中学、新塘中学、仙村中学、派潭中学、永新中学、英华中学、荔城中学)不同层次学校学生550人、教师110人进行问卷调查，发放660份问卷、回收660份，有效回收率为100%。

（二）调查问卷数据统计结果（见附录二）

本课题组人员对增城市9所不同层次学校的中学生校园文明礼仪现状及其教育实效性进行了调查，对调查问卷中的30个小题以表格形式分成三类学校（国家级示范性高中、省一级学校、市一级及其以下学校）进行了数据统计，并对调查统计结果进行了分析。

（三）讨论与分析

1. 对我市中学生文明礼仪素质的评价（第1题）：

除国家级示范性高中较好外，其余两类学校的评价都是一般。

2. 对我市中学生遵守《中学生日常行为规范》的评价（第2题）：

三类学校都是基本做到。

3. 衣着打扮礼仪（第5、6题）：

市一级及其以下学校表现较好，更符合中学生的要求。相比之下，地处城市的国家级示范性高中、省一级学校反而不如乡镇的市一级及其以下学校。

4. 个人卫生礼仪（第13、17、23题）：

有良好的个人卫生习惯，但这种卫生习惯是狭窄的，据调查显示学生乱扔、乱丢、乱涂、乱画现象各个学校都比较严重。

5. 进入各场室礼仪（第4、7、8、9、11、15、19、20、24题）：

总的来说，进入各场室的礼仪都不理想。虽然国家级示范性高中、省一级学校的学生自觉性较好，但依然存在课桌文化、破坏公物、随意进入教师办公室等不良现象。尤其是在集会和升旗仪式的纪律方面，市一级及其以下学校更需要加强管理。

6. 交往礼仪（第3、10、12、14、16、18、21、22题）：

国家级示范性高中学生做得较好，懂得如何跟人交往，但在虚心听取别人意见、协作精神方面有待加强；省一级、市一级及其以下学校学生表现较差，省一级学校学生谈恋爱人数较多，不喜欢与老师沟通；市一级及其以下学校学生讲粗口严重。另外，站、坐、走姿势三类学校都有所欠缺，需要加强指导。

7. 学校开展文明礼仪教育情况（第25题）：

除国家级示范性高中经常对学生开展文明礼仪教育外，其余两类学校对学生开展文明礼仪教育的随意性都较大，形式比较单一。

8. 最有必要在学校开展的文明礼仪项目（第26题）：

国家级示范性高中、省一级学校都是师生关系；市一级及其以下学校是中学生日常行为规范。

9. 表现最好的文明礼仪项目（第27、29题）：

三类学校都是中学生日常行为规范。

10、最需要改进的文明礼仪项目（第28、29题）：

三类学校都是中学生的异性文明交往问题。

11. 各学校开展礼仪教育的效果如何（第30题）：

国家级示范性高中、省一级学校都有一定效果，但市一级及其以下学校效果一般。

三、结论与建议

（一）结论

1、我市中学生文明礼仪整体素质还有很大的提升空间，面临的现状不容乐观；

2、我市各中学（尤其是市一级及其以下学校）对学生开展文明礼仪教育的目的性不强，缺乏连贯机制，往往头疼医头、脚疼医脚，随意性较大，形式比较单一，教育效果不明显；

3、学生的文明礼仪素质往往受社会、学校及家庭三方面的环境与教育的影响。但从调查研究发现，重视文明礼仪教育的学校，相对来说学生的文明素质比较高一点。

（二）建议

1. 加强宣传教育，增强文明意识，广泛开展文明礼仪知识普及活动。文明礼貌教育是学校思想道德教育和素质教育的重要内容。学校应采取各种有效措施，广泛开展文明礼仪知识学习普及活动。

2. 要做好组织保证，上级教育行政部门要统筹规划，发挥主导作用；学校要发挥主体作用，发挥主动性与创造性。各校在开展文明礼仪教育时要有所偏重，要结合学生的具体情况进行开展教育，走出适合学校特点的文明礼仪建设之路。如市一级及其以下学校要着重对学生进行中学生日常行为规范的教育，而省一级以上学校要着重对学生进行师生关系、生生关系方面的教育，尤其是异性文明交往的教育。

3. 学校始终坚持德育为先，不断完善制度，促使文明礼仪教育有序、有效展开。建议把文明礼仪教育作为衡量学生的一个标准之一，作为学校的常规工作来抓，学校要能依时开展各项文明礼仪的专题活动，并让学生家长参与到活动之中，不搞形式，抓落实，树典型、创新风，形成教育的长效机制。学校认真贯彻《中小学生守则》和《中小学生日常行为规范》，加强《规范》、《守则》的深入学习，让每一位学生达到学通、学懂、学会、会用的程度，从而能用这些标准严格约束自己的言行。学校一方面认真组织贯彻学生日常行为量化评比，严格执行班级常规评比制度；另一方面开展《规范》、《守则》主题教育活动，通过演讲、校园礼仪大使、知识竞赛等形式提高学生的认识，培养良好行为习惯，使文明礼仪内化为学生的自觉与素质。

4. 应加强社会的重视程度与学生家长的意识，加强社会、家长和学校三方之间的沟通。不但要求学生在校园里讲文明礼仪，同时要让我们的家长、社会都要与学校的教育相一致。学校号召每位同学做文明礼仪的使者，“把文明礼仪带回家”，把自己所学到的文明礼仪常识与家长共同交流，纠正家长的不文明行为。学校发放“讲文明做示范”致全体家长的一封信，呼吁家长规范行为，做孩子的表率。学校文明礼仪教育延伸至每个学生家庭，以学生文明礼仪，带动家庭文明礼仪，促进社会文明礼仪，使学校成为文明礼仪的宣传和示范窗口，使学生成为文明礼仪行动的先锋。同时适时召开家长会，不定期地给家长寄“致家长的公开信”，沟通信息，传达学校对家长的要求，做到在学校进行文明礼仪教育的同时，加强家长的榜样教育力量，使他们也能在一点一滴中，对子女进行文明礼仪教育，使家、校、社会教育形成合力。

5. 在文明礼仪教育中，教师扮演着至关重要的角色。作为教师应该放低自己的师道尊严，以身作则，多关爱学生、亲近学生，与学生建立起朋友式的师生关系，平时多留意学生的一举一动，多指导学生的一言一行。“学高为师，身正为范”，老师在升旗时没站姿、心不在焉或者交头接耳，能让学生信服吗？礼仪教育应是一个整体，教师应加强自我教育，做好表率。

【参考文献】

【1】胡厚福：《德育学原理》，北京师范大学出版社1997年版。
【2】陈会昌：《德育忧思》，北京华文出版社1999年版。
【3】于明、田晓娜：《商业·学校·涉外礼仪》，海南出版社1998年版。
【4】田晓娜、杨猛、崔雪松：《礼仪全书》，人民中国出版社1998年版。
【5】《论语》，延边大学出版社2002年版。
【6】李莉：《实用礼仪教程》，中国人民大学出版社2004年版。
【7】胡敏、周洋、郭强：《做一个有教养的人》，西南财经大学出版社2007年版。
【8】陈建华：广州市市民礼仪手册。广州出版社2006年版。
【9】宋莉萍：礼仪与沟通教程。上海财经大学出版社2006年版。
【10】《未来之舟》，《礼仪手册》，海洋出版社2006年版。
【11】《增城中学学生手册》。

附录一：师生礼仪调查问卷

中学生校园文明礼仪调查问卷（学生卷）

亲爱的同学：

中学生文明礼仪教育直接关系到你们的健康成长。为进一步培养你们的校园文明礼仪习惯，建设文明校园，想请你帮忙，告诉我们你对以下问题的看法。请你仔细阅读问题，选择一个最接近自己实际的答案，在相应的答案号上画“√”；或按照你生活的实际情况和真实想法填写具体内容。谢谢你的支持与合作！

增城市《中学生校园文明礼仪调查研究》课题小组

性别		年龄		学校		班级	

1. 你认为现在的中学生文明礼仪素质表现总体如何？
   A. 很好　B. 较好　C. 一般　D. 较差　E. 极差
2. 对照《中学生日常行为规范》，你认为现在的同学做得到吗？
   A. 能做到　B. 基本做到　C. 做不到
3. 在课余时间，同学见到老师会主动跟老师打招呼吗？
A. 大部分　B. 少部分　C. 极个别　D. 一个都没有
4. 你看过同学进入营业性网吧．游戏厅．舞厅．酒吧．音乐茶座吗？
A. 没有　B. 偶尔有过　C. 经常有
5. 你的同学有多少能坚持穿校服．佩戴校徽/校卡上学？
A. 全部　B. 绝大多数　C. 少数　D. 没有
6. 你的同学有多少修改校服．染发．戴首饰．穿耳洞．化妆？
A. 全部　B. 绝大多数　C. 少数　D. 没有
7. 升降旗仪式，你的同学有多少能肃立并行注目礼？
A. 全部　B. 绝大多数　C. 少数　D. 没有
8. 集会时，你的同学有多少能自觉地守纪并认真听讲？
A. 全部　B. 绝大多数　C. 少数　D. 没有
9. 同学进入教师的办公室有多少有先喊“报告”的习惯？
A. 全部　B. 绝大多数　C. 少数　D. 没有
10. 你的同学接受了老师的教育后，会说“谢谢”吗？
A. 全部　B. 绝大多数　C. 少数　D. 没有
11. 上课时，你的同学有多少能做到认真听讲，做好笔记？
A. 全部　B. 绝大多数　C. 少数　D. 没有
12. 你的同学有多少在谈恋爱并在大庭广众之下有亲密行为（如拥抱甚至亲吻等）？
A. 全部　B. 绝大多数　C. 少数　D. 没有

13. 你的同学有多少有不乱扔果皮纸屑的习惯？
A. 全部　　B. 绝大多数　　C. 少数　　D. 没有
14. 你的同学说脏话的现象多吗？
A. 比较多　　B. 不多　　C. 没有
15. 你的同学在学校饭堂打饭时，有插队这种行为吗？
A. 全部　　B. 绝大多数　　C. 少数　　D. 没有
16. 你的同学与老师交谈时有多少自始至终聚精会神地倾听老师的谈话，并做出必要的表情或语言呼应？
A. 全部　　B. 绝大多数　　C. 少数　　D. 没有
17. 你的同学有多少能养成良好的个人卫生习惯？
A. 全部　　B. 绝大多数　　C. 少数　　D. 没有
18. 你的同学有多少难养成良好的站姿．坐姿．走姿习惯？
A. 全部　　B. 绝大多数　　C. 少数　　D. 没有
19. 你的同学有多少能经常遵守学校各场室的规章制度？
A. 全部　　B. 绝大多数　　C. 少数　　D. 没有
20. 你的同学在课室有没有写“课桌文化”？
A. 全部　　B. 绝大多数　　C. 少数　　D. 没有
21. 你的同学会随便翻阅他人的书信，把同学的用品带回家？
A. 全部　　B. 绝大多数　　C. 少数　　D. 没有
22. 你的同学在小组活动时，是否做到礼貌待人．各抒己见．虚心听取．达成共识。A. 全部　　B. 绝大多数　　C. 少数　　D. 没有
23. 你的同学上厕所时是否做到讲究卫生，不乱扔乱丢．乱写乱画？
A. 全部　　B. 绝大多数　　C. 少数　　D. 没有
24. 你的同学是否做到不损坏公物，不踩花池，不折树枝花草？
A. 全部　　B. 绝大多数　　C. 少数　　D. 没有
25. 你的学校有开展校园文明礼仪教育吗？
A. 经常　　B. 有时　　C. 从不
26. 你觉得下列哪一项校园文明礼仪有必要在学校开展学习？（可多选）
A. 中学生行为规范　　B. 中学生的异性文明交往
C. 师生关系　　D. 其他。请注明：＿＿＿＿＿＿＿＿＿＿。
27. 你认为你校同学在校园文明礼仪方面的表现哪一项最令你满意？
A. 中学生行为规范　　B. 中学生的异性文明交往
C. 师生关系　　D. 其他。请注明：＿＿＿＿＿＿＿＿＿＿。
28. 你认为你校的校园文明礼仪教育中哪一项还需要改进？（可多选）
A. 中学生行为规范　　B. 中学生的异性文明交往
C. 师生关系　　D. 其他。请注明：＿＿＿＿＿＿＿＿＿＿。
29. 对于中学生在校园文明礼仪方面的表现，你认为哪些方面表现较好？哪些方面表现较差？你对此有何看法和建议？

30. 关于学校开展的校园文明礼仪教育，你认为效果如何？你有何意见和建议？

中学生校园文明礼仪调查问卷（老师卷）

尊敬的老师：

中学生的文明礼仪教育直接关系到孩子的健康成长。为进一步培养学生的校园文明礼仪，建设文明校园，想请您帮忙，告诉我们您对以下问题的看法。请您仔细阅读问题，选择一个最接近自己实际的答案，在相应的答案号上画“√”；或按照您生活的实际情况和真实想法填写具体内容。谢谢您的支持与合作！

增城市《中学生校园文明礼仪调查研究》课题小组

性别		教龄		班主任工作年限		任教科目		任教年级	

1. 您认为现在的中学生文明礼仪素质表现总体如何？
A. 很好　B. 较好　C. 一般　D. 较差　E. 极差
2. 对照《中学生日常行为规范》，您认为现在的学生做得到吗？
A. 能做到　B. 基本做到　C. 做不到
3. 在课余时间，学生见到您会主动跟您打招呼吗？
A. 大部分　B. 少部分　C. 极个别　D. 一个都没有
4. 您看过学生进入营业性网吧. 游戏厅. 舞厅. 酒吧. 音乐茶座吗？
A. 没有　B. 偶尔有过　C. 经常有
5. 您的学生有多少能坚持穿校服. 佩戴校徽/校卡上学？
A. 全部　B. 绝大多数　C. 少数　D. 没有
6. 您的学生有多少修改校服. 染发. 戴首饰. 耳洞. 化妆？
A. 全部　B. 绝大多数　C. 少数　D. 没有
7. 升降旗仪式，您的学生有多少能肃立并行注目礼？
A. 全部　B. 绝大多数　C. 少数　D. 没有
8. 集会时，您的学生有多少能自觉地守纪并认真听讲？
A. 全部　B. 绝大多数　C. 少数　D. 没有
9. 进您的办公室，您的学生有多少有先喊“报告”的习惯？
A. 全部　B. 绝大多数　C. 少数　D. 没有
10. 您的学生接受您的教育后，会说“谢谢”吗？
A. 全部　B. 绝大多数　C. 少数　D. 没有
11. 上课时，您的学生有多少能做到认真听讲，做好笔记？
A. 全部　B. 绝大多数　C. 少数　D. 没有
12. 您的学生有多少在谈恋爱并在大庭广众之下有亲密行为（如拥抱甚至亲吻等)？
A. 全部　B. 绝大多数　C. 少数　D. 没有
13. 您的学生有多少有不乱扔果皮纸屑的习惯？
A. 全部　B. 绝大多数　C. 少数　D. 没有

14. 您的学生说脏话的现象多吗？
A. 全部　B. 绝大多数　C. 少数　D. 没有
15. 您的学生在学校饭堂打饭时，有插队这种行为吗？
A. 全部　B. 绝大多数　C. 少数　D. 没有
16. 您的学生与您交谈时有多少自始至终聚精会神地倾听您的谈话，并做出必要的表情或语言呼应？
A. 全部　B. 绝大多数　C. 少数　D. 没有
17. 您的学生有多少有良好的个人卫生习惯？
A. 全部　B. 绝大多数　C. 少数　D. 没有
18. 您的学生有多少有良好的站姿．坐姿．走姿习惯？
A. 全部　B. 绝大多数　C. 少数　D. 没有
19. 您的学生有多少遵守学校各场室的规章制度？
A. 全部　B. 绝大多数　C. 少数　D. 没有
20. 您的学生在课室有没有写“课桌文化”？
A. 全部　B. 绝大多数　C. 少数　D. 没有
21. 您的学生会随便翻阅他人的书信，把同学的用品带回家？
A. 全部　B. 绝大多数　C. 少数　D. 没有
22. 您的学生在小组活动时，是否做到礼貌待人．各抒己见．虚心听取．达成共识？
A. 全部　B. 绝大多数　C. 少数　D. 没有
23. 您的学生上厕所时是否做到讲究卫生，不乱扔乱丢．乱写乱画？
A. 全部　B. 绝大多数　C. 少数　D. 没有
24. 您的学生是否做到不损坏公物，不踩花池，不折树枝花草？
A. 全部　B. 绝大多数　C. 少数　D. 没有
25. 您的学校有对学生开展校园文明礼仪教育吗？
A. 经常　B. 有时　C. 从不
26. 您觉得下列哪一项校园文明礼仪有必要在学校开展学习？（可多选）
A. 中学生行为规范　B. 中学生的异性文明交往
C. 师生关系　D. 其他。请注明：________________。
27. 您认为您校学生在校园文明礼仪方面的表现哪一项最令您满意？
A. 中学生行为规范　B. 中学生的异性文明交往
C. 师生关系　D. 其他。请注明：________________。
28. 您认为您校开展校园文明礼仪教育中哪一项还需要改进？（可多选）
A. 中学生行为规范　B. 中学生的异性文明交往
C. 师生关系　D. 其他。请注明：________________。
29. 对于中学生在校园文明礼仪方面的表现，您认为哪些方面表现较好？哪些方面表现较差？您对此有何看法和建议？

30 关于学校开展的校园文明礼仪教育，您认为效果如何？您有何意见和建议

附录二：调查问卷数据统计结果

1．国家级示范性高中的统计结果

类别 项目 题目		学生					老师				
		A	B	C	D	E	A	B	C	D	E
1题	所占人数	17	51	25	6	1	1	11	6	2	
	所占%	17%	51%	25%	6%	1%	5%	55%	30%	10%	
2题	所占人数	29	64	7			1	18	1		
	所占%	29%	64%	7%			5%	90%	5%		
3题	所占人数	59	35	6			12	6	1	1	
	所占%	59%	35%	6%			60%	30%	5%	5%	
4题	所占人数	31	66	3			3	14	3		
	所占%	31%	66%	3%			15%	70%	15%		
5题	所占人数	30	66	3	1		1	18	1		
	所占%	30%	66%	3%	1%		5%	90%	1%		
6题	所占人数	2	48	47	3			2	15	3	
	所占%	2%	48%	47%	3%			10%	75%	15%	
7题	所占人数	22	68	10			3	14	3		
	所占%	22%	68%	10%			15%	70%	15%		
8题	所占人数	13	66	20	1			12	7	1	
	所占%	13%	66%	20%	1%			60%	35%	5%	
9题	所占人数	14	64	18	4		1	7	6	6	
	所占%	14%	64%	18%	4%		5%	35%	30%	30%	
10题	所占人数	15	68	14	3			10	8	2	
	所占%	15%	68%	14%	3%			50%	80%	10%	
11题	所占人数	16	72	10	2			17	2	1	
	所占%	16%	72%	10%	2%			85%	10%	5%	
12题	所占人数		2	79	19			1	16	3	
	所占%		2%	79%	19%			5%	80%	15%	
13题	所占人数	4	43	43	10		1	13	6		
	所占%	4%	43%	43%	10%		5%	65%	30%		
14题	所占人数	16	64	20				3	16	1	
	所占%	16%	64%	20%				15%	80%	5%	
15题	所占人数		6	67	27			1	15	4	
	所占%		6%	67%	27%			5%	75%	20%	
16题	所占人数	28	62	10			3	16	1		
	所占%	28%	62%	10%			15%	80%	5%		
17题	所占人数	18	78	4				16	3	1	
	所占%	18%	78%	4%				80%	15%	5%	

18题	所占人数	2	39	56	3			14	5	1	
	所占%	2%	39%	56%	3%			70%	25%	5%	
19题	所占人数	9	88	3			1	17	2		
	所占%	9%5	88%	3%			5%	85%	10%		
20题	所占人数		8	44	48			3	15	2	
	所占%		8%	44%	48%			15%	75%	10%	
21题	所占人数		7	32	61			1	9	10	
	所占%		7%	32%	61%			5%	45%	50%	
22题	所占人数	6	37	52	4	1		16	4		
	所占%	6%	37%	52%	4%	1%		80%	20%		
23题	所占人数	4	39	51	6		2	18			
	所占%	4%	39%	51%	6%		10%	90%			
24题	所占人数	38	60	2			1	19			
	所占%	38%	60%	2%			5%	95%			
25题	所占人数	63	37				12	7	1		
	所占%	63%	37%				60%	35%	5%		
26题	所选人数	44	37	48			17	16	15		
27题	所选人数	49	38	48			12	1	12	1	
28题	所选人数	26	60	30	2		9	18	7		

（说明：表格中空白处代表“0”）

29题：对于中学生在校园文明礼仪方面的表现，您认为哪些方面表现较好？哪些方面表现较差？您对此有何看法和建议？

	学生卷	教师卷
礼仪表现较好方面	1. 文明礼貌； 2. 团结互助，相互理解； 3. 师生关系和谐，尊敬师长； 4. 基本遵守校规校纪； 5. 上课认真听讲，能每天穿校服。	1. 日常行为规范； 2. 尊师守纪，师生关系好； 3. 仪容仪表较好。
礼仪表现较差方面	1. 有些同学乱扔垃圾； 2. 部分同学异性交往过密； 3. 部分同学不注意文明用语； 4. 不注意节约用水．用电。	1. 异性交往过密； 2. 集会礼仪时喜欢讲话； 3. 随意进入教师办公室； 4. 学生个人主义意识强，个人卫生习惯差，有乱扔垃圾的不良习惯。
看法和建议	1. 多开展文明礼仪的教育宣传活动； 2. 加强教育，适当引导； 3. 加强勤俭节约教育。	1. 多宣传文明礼仪，多开展文明礼仪教育以形成良好的社会风气； 2. 曝光不文明现象，加强思想道德教育； 3. 爱护公物教育。

30题：学校开展礼仪教育的效果如何？有什么意见和建议？

	学生卷	教师卷
效果	有一定效果	效果尚可
建议	1. 加强同学之间的互相监督； 2. 多开展实践活动，让学生在行动中学习。	1. 多开展各项文明礼仪的专题活动； 2. 礼仪教育应作为长远目标来抓，要有针对性，加强自律.他律教育，利用班会课开展形式多样的文明礼仪专题教育活动； 3. 加强异性交往教育； 4. 应树立典型，教育时应尊重学生的人格； 5. 采用更丰富的教育形式，避免说教过多。

2. 省一级中学的统计结果

题目	类别/项目	学生 A	学生 B	学生 C	学生 D	学生 E	老师 A	老师 B	老师 C	老师 D	老师 E
1题	所占人数	5	38	100	6	1	1	18	10	2	
	所占%	3%	25%	66%	4%	0.6%	3%	60%	33%	6%	
2题	所占人数	18	132				1	28	1		
	所占%	12%	88%				3%	93%	3%		
3题	所占人数	36	94	18			27	3			
	所占%	24%	63%	13%			90%	10%			
4题	所占人数	6	110	34			9	18	3		
	所占%	4%	73%	13%			30%	30%	10%		
5题	所占人数	12	120	18			6	21	3		
	所占%	8%	80%	12%			20%	70%	10%		
6题	所占人数		112	38				1	28	1	
	所占%		75%	25%	3%			3%	94%	3%	
7题	所占人数	9	78	63				21	9		
	所占%	6%	52%	42%				70%	30%		
8题	所占人数		114	36				18	12		
	所占%		76%	24%				60%	40%		
9题	所占人数		27	111	12			6	21	3	
	所占%		18%	74%	8%			20%	70%	10%	
10题	所占人数	6	18	120	26			27	3		
	所占%	4%	12%	80%	14%			90%	10%		
11题	所占人数	10	116	24				21	9		
	所占%	6%	77%	16%				70%	30%		
12题	所占人数	6	123	21					24	6	
	所占%	4%	82%	14%					80%	20%	
13题	所占人数		105	45				21	9		
	所占%		70%	30%				70%	30%		

14题	所占人数	24	120	6				4	26		
	所占%	16%	80%	4%				13%	87%		
15题	所占人数			132	18				28	2	
	所占%			88%	12%				93%	7%	
16题	所占人数	9	6	120	15		2	28			
	所占%	6%	4%	80%	10%		7%	93%			
17题	所占人数	12	123	15				24	6		
	所占%	8%	82%	10%				80%	20%		
18题	所占人数		36	114				24	6		
	所占%		24%	76%				80%	20%		
19题	所占人数		126	24			3	21	6		
	所占%		84%	16%			5%	85%	10%		
20题	所占人数		6	51	93			3	27		
	所占%		4%	34%	62%			10%	90%		
21题	所占人数		12	60	78				15	15	
	所占%		8%	40%	52%				50%	50%	
22题	所占人数	6	120	34				24	6		
	所占%	4%	80%	16%				80%	20%		
23题	所占人数	30	108	12			24	6			
	所占%	20%	72%	8%			80%	20%			
24题	所占人数	6	138	6			3	27			
	所占%	4%	92%	4%			10%	90%			
25题	所占人数	54	93	12			28	2			
	所占%	36%	62%	8%			93%	7%			
26题	所选人数	75	87	96	2		15	27	18	2	
27题	所选人数	120	20	30			21		12		
28题	所选人数	12	117	63	2		12	24	6	1	

（说明：表格中空白处代表“0”）

29题：对于中学生在校园文明礼仪方面的表现，您认为哪些方面表现较好？哪些方面表现较差？您对此有何看法和建议？

	学生卷	教师卷
礼仪表现较好方面	1. 中学生日常行为规范； 2. 团结互助，相互理解，常有人拾金不昧．乐于助人； 3. 师生关系和谐，尊敬师长； 4. 基本遵守校规校纪； 5. 上课较认真听讲，能每天穿校服；	1. 中学生日常行为规范方面较好，能坚持穿校服．佩戴校卡等； 2. 师生礼仪方面较好，如见到老师大多数能主动打招呼。
礼仪表现较差方面	1. 中学生的异性文明交往的教育不足； 2. 部分同学不注意文明用语，有时讲粗话； 3. 在教室吃东西．不讲卫生； 4. 在课室大吵大闹，影响其他人止常上课，甚至和老师顶嘴； 5. 不注意节约用水．用电。	1. 在课桌上．厕所门墙上乱写乱画； 2. 卫生意识方面较差，乱扔．乱丢现象比较严重； 3. 异性交往过密； 4. 在集体荣誉感．与长辈的关系等方面有待改善。
看法和建议	1. 开展中学生的异性文明交往的教育； 2. 加强教育，适当引导。	1. 加强公德教育； 2. 加强中学生的异性文明交往的教育，帮他们树立起正确的人际关系； 3. 建议联合社会．学校．家庭多方力量来改善集体荣誉感．与长辈的关系等方面。

30题：学校开展礼仪教育的效果如何？有什么意见和建议？

	学生卷	教师卷
效果	1. 较好：（47 人）； 2. 一般：　（13 人）； 3. 有很大成果（24 人）； 4. 效果不明显（16 人）。	1. 效果一般（2 人）； 2. 有一定效果，但形式还可以更灵活（2 人）； 3. 效果良好（6 人）。
建议	1. 加强同学之间的互相监督； 2. 开展实践活动，让学生在行动中学习； 3. 开展校园文明礼仪教育时，要讲同学们较感兴趣的方面，讲的时候要生动； 4. 播放一些关于校园文明礼仪教育的影视作品； 5. 加强宣传力度，抓落实。	1. 礼仪教育应作为长远目标来抓，要有针对性，加强自律．他律教育，利用班会课开展形式多样的文明礼仪专题教育活动； 2. 加强异性交往教育； 3. 若能结合家庭的礼仪教育则更好，另外，学校教育要自下而上．以身作则； 4. 除了开展校本课程之外，还应制定一些奖惩机制，一方面可以提高学生的参与性，另一方面也可以让学生从思想上高度重视； 5. 校园氛围的营造也很重要，宣传工作要加强力度。

3. 市一级及其以下中学的统计结果

类别 项目 题目		学生					老师				
		A	B	C	D	E	A	B	C	D	E
1题	所占人数	18	70	159	52	11	3	14	34	8	1
	所占%	6%	23. 3%	53%	17. 3%	3. 7%	5%	23. 3%	56. 7%	13. 3%	1. 7%
2题	所占人数	28	223	42	7		4	45	11		
	所占%	9. 3%	74. 3%	14%	2. 3%		6. 7%	75%	18. 3%		
3题	所占人数	115	135	45	5		35	20	5		
	所占%	38. 3%	45%	15%	1. 7%		58. 3%	33. 3%	8. 3%		
4题	所占人数	88	164	48			11	40	9		
	所占%	29. 3%	54. 7%	16%			18. 3%	66. 7%	15%		
5题	所占人数	81	174	39	6		12	47	1		
	所占%	27%	58%	13%	2%		20%	78. 3%	1. 7%		
6题	所占人数	10	70	197	23			5	49	6	
	所占%	3. 3%	23. 3%	65. 7%	7. 7%			8. 3%	81. 7%	10%	
7题	所占人数	31	142	116	11		5	47	8		
	所占%	10. 3%	47. 3%	38. 7%	3. 7%		8. 3%	78. 3%	13. 3%		0
8题	所占人数	17	176	100	7		2	47	11		
	所占%	5. 7%	58. 7%	33. 3%	2. 3%		3. 3%	78. 3%	18. 3%		
9题	所占人数	42	122	110	30		4	27	27	2	
	所占%	14%	40. 7%	36. 7%	10%		6. 7%	45%	45%	3. 3%	
10题	所占人数	18	91	142	49		2	22	26	10	
	所占%	6%	30. 3%	47. 3%	16. 3%		3. 3%	36. 7%	43. 3%	16. 7%	
11题	所占人数	27	210	59	4		1	53	6		
	所占%	9%	70%	19. 7%	1. 3%		1. 7%	88. 3%	10%		
12题	所占人数	8	34	156	102			1	29	30	
	所占%	2. 7%	11. 3%	52%	34%			1. 7%	48. 3%	50%	
13题	所占人数	17	108	154	21		1	30	26	3	
	所占%	5. 7%	36%	51. 3%	7%		1. 7%	50%	43. 3%	5%	
14题	所占人数	140	137	20	3			6	50	4	
	所占%	46. 7%	45. 7%	6. 7%	1%			10%	83. 3%	6. 7%	
15题	所占人数	18	71	152	59			1	45	14	
	所占%	6%	23. 7%	50. 7%	19. 7%			1. 7%	75%	23. 3%	
16题	所占人数	33	162	88	17		4	46	10		
	所占%	11%	54%	29. 3%	5. 7%		6. 7%	76. 7%	16. 7%		
17题	所占人数	25	179	83	13		2	48	10		
	所占%	8. 3%	59. 7%	27. 7%	4. 3%		3. 3%	80%	16. 7%		
18题	所占人数	11	109	158	22			51	9		
	所占%	3. 7%	36. 3%	52. 7%	7. 3%			85%	15%		
19题	所占人数	29	192	70	9		3	52	5		
	所占%	9. 7%	64%	23. 3%	3%		5%	86. 7%	8. 3%		

20题	所占人数	12	45	148	95		1	7	40	12	
	所占%	4%	15%	49.3%	31.7%		1.7%	11.7%	66.7%	20%	
21题	所占人数	4	24	109	163			1	35	24	
	所占%	1.3%	8%	36.3%	54.3%			1.7%	58.3%	40%	
22题	所占人数	36	168	83	13		5	43	11	1	
	所占%	12%	56%	27.7%	4.3%		8.3%	71.7%	18.3%	1.7%	
23题	所占人数	74	168	40	18		5	46	8	1	
	所占%	24.7%	56%	13.3%	6%		8.3%	76.7%	13.3%	1.7%	
24题	所占人数	47	179	63	11		7	47	6		
	所占%	15.7%	59.7%	21%	3.7%		11.7%	78.3%	10%		
25题	所占人数	107	161	32			45	15			
	所占%	35.7%	53.7%	10.7%			75%	25%			
26题	所选人数	206	155	164	25		48	46	47	3	
27题	所选人数	118	69	119	27		38	10	14	6	
28题	所选人数	126	159	125	33		19	35	31	2	

（说明：表格中空白处代表“0”）

29题：对于中学生在校园文明礼仪方面的表现，您认为哪些方面表现较好？哪些方面表现较差？您对此有何看法和建议？

	学生卷	教师卷
礼仪表现较好方面	1. 上课较认真听讲，能每天穿校服，每月剪头发，不破坏花草树木； 2. 学生的日常行为规范较好，能自觉守纪； 3. 见到老师时能主动和老师打招呼，能尊敬老师，师生关系良好。	1. 见到老师时能主动和老师打招呼，能尊敬老师，师生关系良好。 2. 能按时完成老师布置的任务； 3. 中学生日常行为规范方面较好，能坚持穿校服.佩戴校卡等。
礼仪表现较差方面	1. 学生异性之间的不文明交往，不够团结，不能互相帮助，说脏话.粗口，同学之间还偶尔会打架； 2. 乱扔垃圾，随地吐痰，经常去网吧，插队打饭； 3. 师生.生生关系不太和谐，同学之间乱起花名； 4. 改校服，乱拿别人的东西； 5. 不注意节约用水.用电。	1. 不爱护公物，在课桌上.厕所门墙上乱写乱画，乱扔乱丢的现象比较严重；； 3. 课堂纪律方面较差，个别学生喜欢顶撞老师，上课迟到不打报告，直接进课室； 4. 随意进入老师办公室； 5. 异性朋友的交往方面，个别学生在同学之间喜欢叫花名，讲脏话。 6. 穿改装校服。

看法和建议	1. 老师应加强与学生沟通交流，不要偏心，加强管理； 2. 学校多开展文明礼仪的教育宣传活动； 3. 多表扬，少批评，加强教育，适当引导。	1. 现在的学生自我中心意识强，目无尊长. 目无纪律. 道德观念薄弱，是非颠倒，建议媒体多宣传以形成良好的社会风气； 2. 培养良好的行为习惯，从制度的改进到评价奖励着手，利用情感教育，通过多种途径对学生加强思想教育与文明礼仪教育； 3. 开展与文明礼仪相关的主题活动，加强学生自信心的培养； 4. 加强社会的重视程度与学生家长的意识，加强社会. 家长. 学校之间沟通，严格管教学生。

30题：学校开展礼仪教育的效果如何？有什么意见和建议？

	学生卷	教师卷
效果	效果一般	效果一般
建议	1. 对触犯文明礼仪的学生有适度的处罚，加强管理； 2. 学校多开展文明礼仪的教育宣传活动. 讲座，让学生认识文明礼仪的重要性，并把文明礼仪教育带到校外，让更多人携手共走文明之路； 3. 加强同学之间的互相监督； 4. 开展实践活动，让学生在行动中学习。	1. 效果一般，惩罚的力度不够，需持之以恒，贯穿到学生的日常学习生活中； 2. 把文明礼仪教育作为衡量学生的一个标准之一，作为学校的常规工作，要形成教育的长效机制，能依时开展各项文明礼仪的专题活动，并让家长参与到活动之中，让我们的家长. 社会都要与学校的教育相一致； 3. 注意身教重于言教，把文明礼仪教育活动落实到实际行动； 4. 从社会上提高教师的地位，让社会形成尊师重教的氛围。

李晓红

中学心理二级教师

格言 用爱筑起心灵的沟通！ ——李晓红

特色引领，构建团体心理辅导新模式
——“提高中学生团体心理辅导实效性”研究报告

增城市高级中学　李晓红

【摘　要】本文是广州市中小学德育研究“十一五”规划课题《提高中学生团体心理辅导的实效性的研究》的结题报告。课题对学校的德育工作注入了新的理念和行动，不但没有放弃原有的优秀做法，反而对一些不足之处进行了优化。本文首先分析和回顾研究内容，接着介绍确实而又具体的研究过程。确定方向，加大培训，动员老师参与和坚定的行动是这次研究取得成果的保证和关键。在反思中，提出了我们的下一个目标：利用班会课对学生开展团体心理辅导，从而对全校教师进行团体心理辅导理念的渗透和辅导技巧的培训。

【关键词】中学生　团体心理辅导　实效性

三年前，我们学校以“提高中学生团体心理辅导的实效性的研究”申报了广州市中小学德育研究“十一五”规划课题。立项之后，课题组制定了行动方案，与班主任一起开展了实践。在实践中，我们不断审视自己的优势与不足，也不断调整了发展方向。在调整过程中，我们逐渐明晰了自己的优势。两年前，学校综合了自身的优势，最后确定了主题引领、心理老师与班主任配合、科任老师协助的团体心理辅导新思路，形成了自己的特色。两年中，我们学校在师生的共同努力下，使学校的实践得以顺利进行，也使学校心理教育的新模式更加清楚。

三年后，我们用“特色引领，构建团体心理辅导新模式”进行结题，回顾我们的特色换来的成果，品尝行动给我们的辛酸和喜悦，更分享了我们的心得。

一、课题的回顾

（一）问题的提出和回顾

团体心理辅导是在团体情境下，利用团体动力营造和推动信任、接纳、理解、支持的团体氛围，通过共同商讨、训练、引导，解决团体成员共同的发展性问题或共有的心理不适应问题的一种辅导形式。我们研究的目的，就是在学校现有的条件下，探索出一条既能解决或预防学生心理问题，又能促进学生学业进步的新路。

（二）研究思路的回顾

我们的行动思路是根据心理学理论，对存在问题的学生进行全面疏导，这过程包括：了解学生的问题，将问题进行归类，再进行分类疏导。具体操作是，首先，对学生进行问卷调查，了解学生成长中存在的困惑。其次，对学生存在的问题进行归类，并分析问题对学生影响的程度。根据学生存在的问题和我们的分析，指导学生参加相应的团体辅导，使学生在团体辅导活动体验问题解决。最后，是设计相关的主题，让学生在参与中正视问题和解决问题，在体验活动中有所感悟，在感悟中成长。

（三）研究内容

研究内容主要包括以下几方面：

①调查了解学生在高中阶段的主要心理问题。

②分析学生存在的心理问题对人格健全和学习的影响。

③探讨团体心理辅导的模式及其意义。针对不同学生的心理困

惑及学生心理发展特点，具体问题具体分析，探索学生不同心理问题操作性、实效性高的团体心理辅导模式。辅导模式拟有：心理辅导活动课模式、心理班会模式、活动小组模式、社团模式等。

④团体心理辅导的反思。即开展辅导后，对团体中学生的变化进行跟踪分析，以不断调整辅导方略，最终形成有效的辅导内容和辅导方法。

（四）研究过程的回顾

研究策略和方法：首先，我们对理论进行学习和研究，掌握一定的团体心理辅导理论，并用这些理论指导我们的实际，为学校的研究工作做好充分的理论准备。其次，学校在研究中遵循理论联系实际的原则，一边提出问题进行研究，一边在理论的引领下进行实践，在实践中不断地改进。所以，我们主要采取理论研究法、调查法、行动研究法、综合分析等。这些环节，我们是认真做好了。

基本步骤：第一步，成立课题研究小组。第二步，开展相关调查研究，为制订可操作性的团体辅导方案提供参考依据。第三步，根据调查反馈，制定方案，并组织相关的实验小组。第四步，从教师培训开始，进入全面的实践研究。第五步，对实践研究进行总结反思，不断调整和完善研究思路。第六步，撰写结题报告，对研究成果进行全面的分析，形成本校的特色团体心理辅导模式。

二、方向的确定

2009年1月，钟雪颜副校长在增城华侨中学作了课题的开题报告。会后，根据指导专家的意见，我们决定，以我校学生的心理特点和发展需要为基础，从教师团体心理辅导的专业素质、团体心理辅导内容的选择、辅导过程的科学性、资源保障等方面开展研究。

2010年4月，我们在荔城三中向指导专家蒋亚辉主任作了课题的中期汇报，总结了我们前一阶段的研究开展情况：第一，利用心理活动课的时间来开展团体心理辅导。第二，利用班会课，与班主任、科任老师合作共同开展团体心理辅导。第三，开展了分类辅导。开设以30人为标准的中型团体心理辅导，设计不同的专题，给学生提供选课指导，学生可以根据自己的需要和兴趣进行选报。第四，学校配置了专门的团体辅导室。

同时，也分析了我们研究中的不足之处，确定了下一阶段的研究方向：第一，继续通过自学、提供机会给课题组成员出外学习、增加校本培训等来提升教师的团体心理辅导技巧。第二，在研究实践中来培养教师的团体心理辅导技巧及能力，通过课题组会议的总结和反思来积累有益的经验。第三，逐步完善团体辅导室的配置。

三、行动带来特色成果，特色成果支撑我们的行动

（一）提升教师团体心理辅导的专业素质，确保团体心理辅导的实效性

要提高团体心理辅导的实效性，教师的专业素质很重要。在课题开题之初，课题组的9人中，1人是专职心理老师，心理学专业毕业；6人有心理B证；1人有培训心理课程的结业证书；有1人在读C证培训班。在整个课题研究过程中，我们通过个人学习和集中学习等方式来不断提高课题组成员的团体心理辅导专业水平。

团体心理辅导对学校更多的老师来说，是一个新领域，老师们还不清楚团体心理辅导与心理辅导的区别，总以为这是很“专业”的心理辅导，不敢参与其中。不错，团体心理辅导有一定的专业性，但只要参与其中，了解规则，成为引导者，也能和学生一起有所感悟。为了动员更多的老师参与其中，学校的第一步就是使更多的老师了解团体心理辅导。为此，学校邀请了广州市教育科学研究所、广州市中小学德育研究与指导中心的蒋亚辉主任来到我们学校，给全校老师作了主题为《学校团体心理辅导理念与实务》的专题讲座，使老师们了解到什么是团体心理辅导。

同时，我校采用“请进来”和“派出去”的方式，不断提高教师的团体心理辅导专业素质。2009年7月，选派罗梦桂、李晓红两位老师参加广州市教科所主办的教师团体心理辅导训练营，进一步了解团体心理辅导的实际操作；2009年12月，我校选派了吕玉雄、陈文胜、李晓红三位老师参加第五届广州市中小学心理健康教育学术研讨会，会上吕玉雄、李晓红分别作了经验交流；2010年5月，选派李晓红老师参加台湾嘉义大学学生心理辅导中心曾迎新主任主讲的《催眠技巧在考试心理辅导中的应用》课程等。

此外，在校本培训当中，我校的李晓红老师对全校班主任作了

主题为《班主任如何对学生实施团体心理辅导》的讲座等。

2011年上半年，在增城市组织的心理体验“成长心连心活动走进增城”的主题活动中，全体班主任对团体心理辅导的操作有了更深一层的切身体验。

（二）认真把握好团体心理辅导内容的选择，提升团体心理辅导的针对性

影响学校团体心理辅导实效性的因素很多，对于辅导内容而言，最重要的是切合学生身心发展需要，学生乐于接受。高一年级应该把握的发展性主题重点有两方面：一是入学适应性辅导。二是引导学生在一个新的、充满竞争的人际环境中，学会与人合作、和谐共处的交往技巧，处理好因学习竞争、情感纠葛、自尊水平降低带来的种种人际矛盾问题。

我校在高一年级开设班级团体心理辅导活动课，每两周一节。在课程开设的初始，心理老师根据自身对学生发展阶段的理解来设计上课的专题，随意性较强，结果发现课堂上学生对上课的内容兴趣不大，从学生的期中教学调查表中发现，部分学生觉得上心理课有些无聊。这一问题引起了心理老师的注意。经过反思，心理老师找到了问题的所在——每所学校的学生情况有所不同，心理辅导活动课的内容选择不仅是切合学生的发展阶段，而且要切合本校学生的实际。

为了使开设的班级团体心理辅导活动课更有针对性，切合我校学生的实际，在2008年9月心理老师采用自编的调查问卷，对884名高一年级学生进行了专门的问卷调查，回收有效问卷852份，回收率96%。调查结果发现，我校高一年级学生最希望班级心理辅导活动课开设的前五个专题是“学习方法”、“记忆方法”、“情绪调节”、“异性交往”和“学习压力管理”。可以看出，高一学生最关心的问题是学习问题，其次是自身的情绪调节，第三是交友问题。

开设专题的选择情况统计表

选项	人数	%	选项	人数	%	选项	人数	%
新生适应	300	34	学会合作	279	32	记忆方法	496	56.1
认识自我	340	38	学习方法	512	57.9	学习压力管理	399	45
亲子关系	195	22	学习计划的制订	323	37	职业指导	158	18
师生关系	256	29	时间管理	290	33	情绪调节	468	53
同伴关系	350	40	备考心态调整	367	42	直面挫折	258	29
异性交往	418	47	注意力的培养	360	40.7	其他	34	4

根据调查结果，心理辅导老师在以后开展的班级团体心理辅导活动课的专题选择上有所侧重，从而使得辅导内容更具有实效性。针对学习问题，我们开展了“有效的学习目标”、“打开记忆之门”、“如何制定学习计划”、“如何对待学习压力”等主题的团体辅导。针对情绪调节，我们开展了“高中新生活”、“我的情绪我做主”等主题的团体辅导。针对交友问题，我们开展了“做良好的倾听者”、“学会竞争与合作”、“假如我恋爱了”等主题的团体辅导。学生在课堂上的乐于分享和课后感言说明了学生对专题内容是感兴趣的和乐于接受的。

而在高二年级，我们主要针对学生的意志力培养方面开展团体辅导，例如“挫折免疫训练”等，在高三，我们主要针对学生的考试焦虑疏导、自信心培养等方面来开展团体辅导，例如“带着焦虑上考场”、“培养自信，走向成功”等。

（三）严格遵循团体的发展进程，确保团体心理辅导过程的科学性

为了确保学校团体心理辅导的实效性，辅导过程的科学性也是非常重要的。对于辅导过程而言，最重要的是教师的辅导技术以及辅导方案是否科学、切实可行。团体心理辅导经常会用到的辅导技术有专注技术、倾听技术、重述技术、具体化技术、引导技术、同感技术、支持技术、面质技术、保护技术和自我开放技术等等。

辅导方案的撰写需要符合团体的发展进程。团体发展进程一般分为四个阶段：第一个阶段是团体暖身阶段，第二个阶段是团体转换阶段，第三个阶段是团体工作阶段，第四个阶段是团体结束阶段。每一个阶段都必不可少，跨越了任何一个阶段都会使得团体辅导的效果大打折扣。

我们课题组的成员黎老师是一位高三班主任，我们以她带的班级作为一个试点来开展团体心理辅导，根据班主任所反映的班级情况以及学生的需要来设计团体辅导方案，利用班会课进行实践研究。我们在她带的2008届的高三（7）班以及2009届的高三（5）班分别开展过“自信心培养”的团体辅导，在高三（7）班开展的团体辅导征集了该班的科任老师担任小组导师，而在高三（5）班开展的团体辅导则采取由课题组的老师来担任小组导师。

在高三（7）班开展的团体辅导实践中，我们组织学生开展了“解开千千结”、“坐地起身”、“优点轰炸”、“放松训练——深呼吸放松调节法”等团体活动，学生在活动过程中很专注、很投入，尤其是玩心理游戏时处处充满了学生的欢声笑语。在每一次活动之后，明显感觉到班级里学生之间的关系更加融洽了，而学生在学习上的压力也得到了相应的释放。

而在高三（5）班开展的团体辅导实践中，我们组织学生开展了“我的花生”、“同心圆旋转木马游戏：优点轰炸同时练习正视别人”、“质辩消极自我暗示、建立积极自我暗示”等团体活动。从学生填写的活动反馈表来看，这几次团体活动没有达到预期的辅导目标。

通过对比2008届的高三（7）班以及2009届的高三（5）班的系列团体辅导实践，我们指导者深刻感悟到：

第一，班级集体不等同于团体，班级动力不等同于团体动力。一个班级集体有其本身的班规，但班规不等同于团体契约。一个班级集体可以很散漫，成员之间不接触，内部几乎没什么交流，但团体成员的关系则要求比较密切，有着双向交流、多向交流，凝聚力强，相互的关系是平等、接纳、尊重，相互信任。在高三（7）班开展团体辅导的前期，我们非常注重培养了班级内部的团体凝聚力，而在高三（5）班开展的团体辅导则忽略了这一点。

第二，在团体辅导开始阶段培养团队非常重要，这将影响着以后每一阶段的开展甚至整个团体辅导的成败。只有把团体建立起来了，才能真正利用团体动力去影响和改变成员的思想和行为。

第三，辅导老师与学生之间的关系处在第一位，辅导的方式与技巧处于第二位。一个学生了解、接纳、信任的辅导老师，学生会愿意听从老师的安排；而一个学生不了解、不信任的辅导老师很难对学生产生影响。在实践当中，本班科任老师对学生的影响比课题组老师对学生的影响要大，可能的原因是学生对科任老师比较熟悉，而对课题组的老师比较陌生。

第四，团体活动的真正意义在于活动中的体验、感受和心得，活动结束后的讨论与交流、反馈或分享才是最重要的。思考、澄清与分享是团体辅导与训练的一个不可缺少的重要环节。而团体活动只是一个载体，不在于其花俏与简单，关键的是它能真正激发学生的体验。在高三（7）班开展的“优点轰炸”活动以前后两桌的四个同学为一个小组来进行，活动形式虽然简单，但是很有实效。而在高三（5）班开展的“同心圆旋转木马游戏：优点轰炸同时练习正视别人”活动则按班级人数排成相对的两个同心圆，随着音乐旋转。活动形式很花俏但实效性不大。

有了这两次的试点研究，我们在后期的心理班会实践中就有了明确的方向：一、选择本班的科任老师作为团体心理辅导的小组导师。二、严格遵循团体心理辅导的发展进程来开展活动。实践也证明了我们的方向是正确的。在2010届高三（6）班、高三（2）班开展“不怕做蛋”的团体辅导就顺利地达成了我们的辅导目标——培养学生坚持不放弃的精神，缓解了学生备考的学习压力，使学生得到放松。而在2010届高一（3）班开展的“解开千千结”活动也促进了师生间的融洽……

（四）利用学校的支持条件建设配套资料设备，保障科研手段

场地的选择对团体心理辅导的效果有着直接的影响。活动空间的大小需要根据人数的多少来确定。为了提高团体心理辅导的实效性，我校专门配置了一个团体心理辅导室“心灵家园”，布置得温馨悦人。同时，学校购买了心理测试软件，从2010年9月起将为每一届的高一新生建立心理档案，了解我校学生的心理健康状况，为学校进一步开展团体心理辅导工作提供参考依据。

四、行动使我们收获了丰硕的果实

（一）老师的反思所得

在课题研究过程中，我们根据本校学生的心理需求不断进行团体心理辅导活动的设计、实践与反思，最后汇编了适合高一年级学生使用的团体心理辅导校本课程教材《与心同航》，印刷了1500本，从2011届新生开始循环使用。

同时，在研究实践中，我们也不断参与各种评比活动，赢得了不少荣誉：

2009年：钟雪颜老师的《提高中学生团体心理辅导针对性的尝试》在增城教育局获一等奖，并先后刊登于《德育通讯》和《增城教育》。同时，该论文在广州教育学会中学德育专业委员会第二十三届年会上获三等奖，并荣获第五届广州市中小学心理健康教育优秀研究成果三等奖。

李晓红老师的《一堂心理教育公开课的实践与反思》在增城教育局获一等奖，在第五届广州市中小学心理健康教育学术研讨会荣获三等奖。

2010年：李晓红老师的《挫折免疫训练方案》在增城教育局获一等奖，在“第六届广州市校本研究与教师发展学术研讨会”上荣获二等奖，并在《广州市中小学德育研究》2010年第3期上发表。

课题组的《“培养自信，走向成功”团体辅导方案》在“增城中学心理健康教育论文评比”中获得一等奖，在《广州市中小学德育研究》2010年第4期上发表。

钟雪颜老师的《别具匠心的新年礼物——我的团体心理辅导故事》在“增城市首届教育教学叙事研究”征文活动中获一等奖。

钟雪颜老师的《<提高高中生团体心理辅导实效性的行动研究>系列成果》在“增城市第三届教研、科研优秀成果评选”中荣获教育教学课题研究类成果三等奖。

2011年：钟雪颜、李晓红老师的《提高高中生团体心理辅导实效性的行动研究》在“增城市中小学德育论文评比”中荣获中学组一等奖，并在《增城德育通讯》总第二十四期上发表；在“第二届广佛肇教师校本行动研究暨第七届广州市校本研究与教师发展学术研讨会”上荣获二等奖。

李晓红老师的《一节班级心理辅导活动课的实践与反思》在“增城市中小学德育论文评比”中荣获中学组三等奖，在《广州市中小学德育研究》2011年第4期上发表。

（二）学生的反思所得

学生的成长和感悟才是我们真正想要的，毕竟我们活动的目的是为了学生，为了学生有所得，有所悟，为了学生的成长。我们的努力总是有收获的，我们看到了我们的学生在不断成熟，我们的学生在活动中也有了许多感悟。下面是部分学生感言，我们一起分享：

“每天来课室之前，我都会对自己说很多句‘我是可以的’。有时是抬头看着蓝天说，有时候看着植物说，这样我每次都可以在一个很好的心情引导下进入学习，并且是快乐地学习。即使每天有做不完的工作我也不会不开心，这反而会让我有更大的动力。”（天生我才必有用——学会自信）

“我们读书不能读死书，要按照规律有技巧地学习。正如有些同学背单词，在午睡时间或在其他不合理时间来记忆，那是效率极低的，从而导致次次听写或默写都失败。往往这些同学是努力的，但成绩却不提升，甚至越来越差，使心理上受到打击。”（打开记忆之门）

“从‘解开千千结’这节课我又学会了一个游戏，更重要的是学到了不放弃和团体精神。不管在校还是在社会上，我们做事一定离不开个人的不放弃，而且还需要和其他人的共同合作，这样我们会活得更精彩。”

“我们既然在春天就不要去做秋天的事，与异性要正确地交往，互相帮助。爱是无罪，但要适时地爱。”（假如我恋爱了……）

“我认为更重要的是我们假如真的恋爱了，我们一定要自爱。”

“上了心理班会以来，发现自己生活得比以前开心了，学习也轻松了。老师也教了我们一个摆脱失眠的好方法，每天睡眠充足，学习也有充沛的精力了。”

（三）社会影响和效益

正因为我们的团体心理辅导取得了成效，影响扩大了，2010年

4月，我们学校承担了心理健康开放日活动。增城市的中小学都派了老师到我们学校观摩，对我们团体心理辅导给予了高度的评价。

2011年6月，我们学校承担了“成长心连心活动走进增城”的主题活动。100多对学生家长、三个年级的班主任老师、全体行政参与了这次大型的体验式活动。这次活动增进了亲子之间、师生之间的关系，培养了学生的感恩态度。

五、团体心理辅导研究工作的回顾与展望

（一）行动研究过程中的探索与提升

从课题研究一开始的迷惘和不知所措，接着不断地尝试和感悟，发展到今天的初有成效，都伴随着“团体心理辅导”这一主线。在实践当中，我们至今对参加过团体心理辅导的学生们的欢声笑语、在活动过程中的执着专注、极具个性和创意的集体分享历历在目、记忆犹新；对参加组织团体活动的教师相互间的信任和合作印象深刻。

在班级团体心理辅导活动课的实践中，我们对团体心理辅导的理念有了进一步的认识和理解，对团体心理辅导的技巧逐渐掌握。回顾上过的班级团体心理辅导活动课，凡是学生畅所欲言、气氛活跃的课堂都满足以下几点：第一，最基本也是最关键的一点，用团体心理辅导的理念来上课。第二，充分给予了学生关注、尊重，倾听学生的发言，也引导其他学生这么做。第三，适时运用了澄清、面质、解释、自我开放、鼓励等辅导技巧来深化课堂的讨论，使问题分析得更加深刻，真正触动学生的心弦。

在心理班会的实践中，我们深刻认识到，无论是整个团体心理辅导过程还是单纯一次团体心理辅导，都需要严格遵循团体心理辅导的发展进程，即从团体暖身阶段到团体转换阶段，再到团体工作阶段，最后是团体结束阶段。团体心理辅导的四个阶段不能随意跨越，如果越过了任何一个阶段直接跳到下一个阶段，那将会使团体心理辅导的效果大打折扣。

（二）行动研究过程中的困惑与反思

在研究实践过程中我们深刻感受到，对团体心理辅导的辅导教

师而言，具备正向态度是第一位的。然而，在实践当中，一些老师的身份、观念转变不过来。在团体辅导的过程中，使用了传统的教导方法，而不是辅导。举个例子来说，在活动后的分享讨论环节，教导较多运用的方法是灌输、说服、训诫、讲解与控制，而辅导则是强调辅导者示范分享、尊重、接纳、聆听、鼓励受导者表达自身的领悟。出现这种现象的根本原因是：在上课和辅导过程中存在角色上的冲突。而这种角色上的冲突需要通过教师的自我修养和培训研习才能得到化解。重要的是教师要有这样的意识，同时要善于进行角色的转换。正如香港学者伍建新博士所说："在上课的时候就是老师角色，在团体心理辅导时就是辅导的角色。"

此外，一些老师对团体辅导的技巧不够熟悉。团体辅导的技巧有倾听、澄清、面质、分享、示范、鼓励、反馈等。这些技巧可以通过自身学习、专家培训等方式来改善。

若要把团体心理辅导广泛应用到教学工作、班级管理中，对全校老师进行团体心理辅导理念的渗透和辅导技巧的培训将会是一个非常漫长的过程，也是我们尚待解决的问题。基于以上思考，我们提出了我们的下一个目标：利用班会课对学生开展团体心理辅导，心理老师主持，班主任和科任老师配合，从而对全校老师进行团体心理辅导理念的渗透和辅导技巧的培训。

【参考文献】

【1】钟志农：《心理辅导活动课操作实务》，宁波出版社2007年版。

【2】刘勇：《团体心理辅导与训练》，中山大学出版社2007年版。

邱　华

中学英语一级教师
广州市优秀教师
广州市优秀党务工作者
广州市教育工会优秀工会工作者

格言 构筑立体德育内容、评价、教育模式，提高德育实效性。
——邱　华

构建立体德育模式，促进校园和谐发展

广州市新穗学校　邱 华

【摘　要】百年大计教育为本。教育以人为本。素质教育是以促进学生身心发展为目的，以提高国民的思想道德、文化科学、劳动技能、身体心理素质为宗旨的基础教育。其中思想道德素质是最重要的素质，是素质教育的灵魂。德育教育是教学生如何做人的教育。如何从学校的实际出发，贯彻‘德育为先’的精神，提高德育实效性，落实德育培养具有主体精神、积极个性、良好德性和健全人格的人的本质？广大德育工作者孜孜以求不断寻求这个问题的答案。本文尝试从架构立体德育模式出发，寻求学校和谐德育的门径。

【关键词】立体德育　构建　模式　实效性　和谐发展

如何创设和谐的学校文化氛围，如何在德育上充分发挥学生的主体性作用以推进德育向自律和自我教育转变，从而落实德育培养具有主体精神、积极个性、良好德性和健全人格的人的本质？教育专家指出，道德不是教出来的，而是学生在参与实际生活的过程中，与他人合作和交往中发展起来的。在此，我们从一个整体、动态、开放的视角，从德育模式的视野着眼进行探索。

一、问题凸显：中学生令人担忧之现状

近年来在我们的社会经济高歌猛进的大好形势下广大德育工作者在提高德育实效性上进行了大量有益的探索和实践，取得了丰硕的成果。但是我们同时也看到在基层进行学生德育工作的广大德育主任、班主任等在感叹复杂多变的形势下教育有时显得有些无奈和无力。德育，本是素质教育的重点，却已经成为素质教育的难点，这是不争的事实。长期以来，“育德”的付出与绩效之间存在着明显的落差，即“育”的付出巨大，“德”的成长甚微，甚至会出现零效应，负效应。在社会负面因素影响下，未成年人思想道德建设存在一些普遍性的前所未有的问题，主要表现在：

（一）生活无目标，缺乏理想信念，人生追求迷惘

近几年社会转型加剧，人们的价值观念、生活方式等方面发生了全方位的变革。社会腐败、道德沦丧、行为失范，对青少年思想道德建设产生了巨大的腐蚀作用。据调查，崇拜伟人和英雄模范的未成年学生不足20%，34%的学生崇拜歌星、影星、大款、大腕。

（二）受功利价值观影响严重，以自我为中心意识强，缺乏社会责任感

经济全球化下以各种方式流入国内的西方政治、文化思潮的影响进一步加大；市场经济的利益原则诱发的私欲膨胀；很多学生认为，“只要有了钱，什么事情都好办，有钱能使鬼推磨”。学生中目前为竞选班干部用请客吃饭等形式拉选票的屡见不鲜；未成年人贪图享乐，盲目攀比，追求高消费现象也甚嚣尘上。大多数未成年人一味要求别人对自己负责，而不懂得自己对社会、对家庭、对他人同样负有相应责任，缺乏对他人的理解和宽容。

（三）心理素质弱，耐受挫折能力差

很多学生在遇到挫折时，不是积极应对而是陷入慌乱沮丧，动辄离家出走，甚至轻生自残。心理问题凸显，不健康行为突出。据有关调查发现，80%的青少年“嫉妒比自己条件好的同学”；有的做事不能脚踏实地。

（四）厌学队伍日渐扩大，青少年过度迷恋网络已日益成为社会问题

信息多元化导致互联网等新兴媒体以及网吧等各类文化娱乐场所快速发展，含有色情、暴力、赌博、愚昧迷信的腐朽落后文化和有害信息乘隙传播，严重地毒害着青少年的健康成长。一些未成年人世界观、人生观、价值观因此也发生了扭曲和错位；据对部分学生调查，近20%学生不爱学习、不想学习，他们大部分抱有读书没用的想法，整日无精打采或上课睡觉，周末整日泡在网吧、游戏机室、台球室等营业性场所，对老师布置的作业置之不理，甚至有学生逃课、旷课长达数周。

（五）规范意识淡薄，违法犯罪增多

青少年违法犯罪已成为严重的社会问题。相当数量的未成年人不懂法、不学法、不守法，文明意识差、出口成“脏”，行为粗野。少数未成年人甚至参与吸毒、赌博和敲诈，步入歧途。近年来，青少年违法犯罪呈上升趋势，接二连三发生的暴力案件令人触目惊心。诸如《黑恶势力渗透广州校园 十几个帮会活跃中学》、《XXX学生因为迷恋网游杀死亲生奶奶》等等报道不时见诸广州市各大媒体。广州市政协在1996、2000、2007年分别三次调研后大声疾呼广州市青少年违法犯罪问题不容忽视，每年须入读类似广州市新穗学校一类特殊教育学校的学生不低于3000人。广州市人民检察院、广州青少年犯罪研究会等组织对于广州市青少年犯罪呈现出逐年上升、团伙性、紧密性、智力性、反复性、低龄化发展等新特点表示担忧。

中学生表现出的种种现象令人担忧，造成上述现状原因是多方面的，诸如社会风气的影响，家庭对孩子的溺爱，父母外出打工缺乏家庭管教，影视音像制品及网络文化的影响等，应引起全社会的关注和思考。影响人的品德生成的因素是一个复杂的系统，有社会的，有家庭的，有学生个人的……但在德育指导思想上的空泛滞后，德育定位上的模糊不实，德育目标上的抽象高大，德育内容上的远离实际，德育过程中的单向灌输，德育途径与手段上的封闭机械等问题导致的学校德育严重脱离学生实际应该引起充分重视。

二、架构学校立体德育模式，凝聚合力，拓展空间，夯实内涵，提高德育实效性

德育教育是一个系统工程，需要学校、家庭、社会及学生本人的密切配合，涉及到学校、家庭及社会教育的各个环节，在教育过程中必须坚持实事求是的原则，特殊性与普遍性相结合的原则，做到有的放矢。笔者认为学校德育教育尤其应强调以下几点：

（一）构筑符合青少年学生年龄和身心发展阶段特点的“倒金字塔型”年级序列德育模式

孩子的身心发展有其自然的规律性，学生道德品质形成和发展是有序的，是个逐步深化的螺旋上升的历程。随着年龄的增长，道德认知、道德知识的积累，良好行为的强化，体现出从低到高，由浅入深的进程。我们的德育模式建立必须遵守这个规律，在低年级注重基本道德行为和良好生活习惯的养成，高年级注重理想信念阶段的培育。可喜的是近年来改革后我们现行的德育教育指导性纲要中体现出道德养成教育培养目标的层次化原则要求。比如：根据各年级、年龄段学生的身心特点，构建以爱国主义教育为主线，以日常行为规范训练为基础，各年级各有重点，相互贯通的思想品德教育系列。在初中，初一年级，以抓学习目的性教育为主，培养学生良好的学习习惯；初二年级，建立以“防分化，促转化”的目标管理，创造让每一个学生都能得到健康发展的机会和条件；初三年级，以人生观教育和理想前途教育为主，让学生做好第一次接受选择的准备。

（二）夯实德育核心内涵，架构函纳“褒扬、包容、贬斥” 层级丰富的立体德育内容体系

德育教育的灵魂是“德”，我们宣扬的文化道德价值观是核心。德育实质其实就是如何引导学生在多价值观道德冲突中增强道德判断能力，并按照自我道德标准进行践行的过程，德育的内容是关键。长期以来我们对道德行为的评价一般地绝对化为“非彼即

此”，即一类是道德褒扬，一类是道德批评。但是在实践中我们会发觉并非如此，还存在一些灰色地带。有些人的道德行为从动机和效果看一般属于利己不损人，或者主观利己、客观利己且利人的。对这类行为如果褒扬则显得评价过高，而谴责它又显得评价过低。所以在实施德育教育时应将道德内容分解成三种层次，即增加一个道德包容层次。也就是说我们也包容一些不高尚但也不损人的行为，也属于对于次道德的包容。在对学生实施“层次化”道德教育中，要引导孩子们逐步认识到在社会生活中，人们的道德行为存在着超前性、滞后性和现实性不同因素和表现，道德褒扬反映的是社会主流文化中对理想道德的追求，体现了超前性与现实性的结合；道德批评反映的是社会文化中的支流是陈旧落后的道德意识行为，体现的是滞后性；而道德包容的行为则是社会相当一部分人对现实生活所作的一种简单适应，它是一种最低水平、最低层次的道德肯定行为，它是社会主义道德建设多层次中的一个低层次。我们的德育必须从实际出发，把高层次要求作为目标，把低层次要求的普遍实现，作为侧重点，逐步向高层次的道德水平努力。

（三）拓展德育教育平台，以活动为载体，尝试万花筒式多样多级德育教育模式，丰富学生德育体验和实践

根据主客观因素视角，我们的德育教育按作用于教育对象的形式，可分成两个层面，即外在教育和内在教育。外在教育，是指我们的学校教育、社会教育和家庭教育；内在教育，是指学生从内在精神世界出发进行的自我教育。德育的核心是教会学生如何做人的教育，是社会价值观的传承。大量心理学研究表明：学生品德的形成一方面是通过学校、社会、家庭多方面相互结合地教育把道德规范传递给学生的过程，另一方面也是学生通过自己的道德实践活动由被动到主动地去掌握（认知领会、选择取舍、践行运用）这些规范并形成道德行为习惯的过程。外因是变化的条件，内因是变化的根据，学生思想内部的矛盾斗争冲突、德育形成和发展的动力，自我教育的过程就是学生为了品德形成和发展的动力，是学生品德行为的自我完善、自我扬弃的过程。强调学生的自我教育，绝不是否定教师的作用，而是提出了更新更高的要求，教师要善于激发学生自我教育的愿望，培养学生自我教育的能力。

江泽民同志曾经说过：“教育不只是学校和教育部门的事，家庭、社会和各方面都要来关心支持。”我们的道德教育不能只局限于学校，要不断拓展校外教育和社会实践活动的空间，不断提高社会和家庭对未成年人德育的关注程度，形成良好的家庭和社会德育环境。学校可以根据学校实际，成立以校长为首，由政教处（学生处）、教务处、团队组织、政治学科组长和有关年级组长等人员组成的德育领导小组，统一指挥和领导学校德育工作。以大德育观统筹学校德育工作。学校、社会（社区）、家庭教育必须进一步加强统一与整合；要高度重视并切实加强少先队、共青团工作。以团队组织为抓手，要充分发挥少先队和共青团组织的优势，团队组织要按照计划开展好丰富多彩的教育活动。开展主题鲜明的系列德育体验和实践活动。要利用各种重要节日和各种有利时机，开展好相应的教育活动。当前要以弘扬和培育民族精神为重点，落实好《中小学开展弘扬和培育民族精神教育实施纲要》，深入开展中华民族传统美德教育、革命传统教育和国情教育，不断培育青少年学生的爱国情感和民族精神；要充实校外辅导员队伍。要充分发挥老干部、老战士、老专家、老教师、老模范在德育工作中的重要作用，组织“五老”当好未成年人思想道德建设教育的辅导员、文化市场和未成年人校外活动场所的义务监督员、优良传统教育的宣传员。要充分发挥法制副校长和关工委的作用。

（四）以养成教育为重点，设立以知、行、意为维度的立体德育层级模型，促进德育实效性在学生德育践行中提升

在我国古代教育中就特别注重知行合一的问题。同样就受教育者完善自己的道德过程而言，我们可以解析为知、行、意三个层面。其一是德育认知层次，以学生为主体，在教育者的主导下对学生进行道德观念和行为的教育，引导学生以道德观念进行道德行为的判断、选择。其二是德育实践行为层次，德育的关键是由知到行的转化，如果只有道德知识，没有行为，就不能形成品德。精神品质的外观形式是行为，行为训练可强化其精神品质，是一种高效的教育手段。因此，要善于抓住机会，让学生进行行为实践。其三是德育情感层次，让学生通过身体力行，对道德观念和行为产生体验，诱发道德情感，这是促使道德观念保持稳定持久的必要条件。有了道德情感，就能自觉地抑恶扬善，保持“慎独”，形成道德习惯和完善境界。道德完成的三个层次是相互联系，逐步提高的，只有三个层次的积极配合，才能有助于道德观念的接受、形成和保持。所以我们的德育必须完善不同层级上的考核和指导，有计划、有目的地推进德育实效的提升。

（五）倡导德育个性发展，设立科学合理立体德育评价模型，建立动态地涵盖“优良中差”不同层级的立体学生道德水准模式

作为教育工作者，承认孩子们在文化知识的学习上存在着好、中、差的不同层次是很容易的，但是同时我们也要看到在思想道德品质上也同样存在着“优良中差”不同层次。这就要求我们对于孩子的德育不能一刀切，一个模式，要依据德育大纲提出的目的要求，对道德品质不同层次的学生，着眼面向全体，进行分类设计，实施分层教育。按照循序渐进和可接受性原则推进。提倡有针对性的教育、倡导在德育上根据孩子的特性和所处的德育阶段进行德育个性发展教育。让德育符合学生成长的“基本需要”，我们需要调查学生的德育需求和德育兴趣，需要根据学生的德育需求和德育兴趣制定和调整德育的目标、课程、策略和评价，让“基本需要”成为学生主体育德的原动力。比如：对后进生这一层次学生的教育，进行理想价值观念的教育必不可少，但是首先应从他们的行为规范抓起，以贯彻《日常行为规范》为中心，实行“学和行”的有机结合教育，使他们熟悉“知”，领会规范要求，同时，抓训练，见行动，并努力增强其自律能力。

综上所述，德育需要全社会都来关心和探讨，我们的目的是让每一位中学生都能健康成长并最终成才。德育必须从远离学生生活的教育模式中走出来，回归学生的真实生活，关注学生个人的生命经历、感受与体验，在发展学生道德认知能力，培养道德情感的同时，通过创设切合学生身心发展特点的体验情境，让学生自觉参与德育实践活动，使学生在实践中体验，在体验中强化，在强化中内化，达到知、情、意、行和教、导、学、做的有机统一，完成从“知”到“行”的转化，从而提高德育的实效性。

【参考文献】

【1】贺允清：《提高中学德育实效性研究》。

【2】杜时忠、杨炎轩、卢旭：《社会变迁与德育实效：转型期中小学德育实效报告》，教育科学出版社2009年版。

【3】布鲁巴克著、王承绪等译：《高等教育哲学》，浙江教育出版社1987年版。

【4】成达如：《学校管理的人本意蕴》，北京大学出版社2004年版。

【5】肖川：《教育的理想与信念》，岳麓书社2002年版。

【6】朱小蔓：《课程改革的道德教育和价值观教育》选自《2002/2003中国基础教育发展研究报告，教育科学出版社2003年版。

【7】林崇德：《教育的智慧》，开明出版社1999年版。

【8】金一鸣：《教育原理》，安徽教育出版社1995年版。

【9】单振涛：《学校德育的功利化倾向及其成因分析》，《教育科研与实验》1997年版。

【10】《学会生存》，联合国教科文组织国际教育发展委员会，上海译文出版社1979年版。

刘远霞

中学一级教师
越秀区优秀共产党员
校优秀共产党员
越秀区优秀团干部
广州市优秀班主任

格言 永远不用疲惫起皱纹的声音和年轻鲜活的生命对话。
——刘远霞

用班刊建设班级文化，优化班级管理
——我的班级文化建设实践略记

广州市八一实验学校　刘远霞

班会课上，当我捧着43本崭新的班刊走进教室时，初三(5)班的教室沸腾了，学生争先恐后地抢阅起班刊来。打开这小小的班刊，我们会读到：“5闻联播”记录着班级一学期以来发生的重要事件，“5动青春”描绘着校园形形色色的生活片段，“5文弄墨”、“5之画廊”是学生文学绘画才华的展现，“5言乱语”尽显校园活泼有趣的一面，“5出我未来”那是师长、家长和同学对自己未来的期许。他们交口称赞着这本小小的刊物，脸上尽是欣喜的微笑。不知不觉，我们的班刊“5的进行时”已出版了四期。

这是一份完全由学生自己组织、策划、编辑、排版制作的刊物，是班级朝气蓬勃、奋发向上的精神的写照，是学生甜酸苦辣的初中生活的记录，是学生展示自己风采的平台，是学生自我管理、自我教育、自我升华的空间，也是老师、家长和学生情感互动的载体。

一、班刊的由来

从初三下来接手初一的新班级，初一孩子的天真幼稚和初三学生的成熟懂事形成鲜明的对比，我萌生了一个想法：能否找个载体将他们三年经历的精彩瞬间记录下来，让这群小朋友在以后回忆起初中的生活时，能重温自己成长的轨迹和美好的青春，引导他们制作一本属于他们的刊物的念头油然而生。

初一上学期期末考结束后两天，我打开学生的QQ群，发现小家伙们或在离开学校无所事事，或在慨叹成绩不如意，或在交流游戏心得。我灵机一动，与其让他们在无聊中度日，倒不如花点工夫引导他们实现我之前的想法。我在班群里发出了召集小编辑做班刊的号召，此举很快得到了学生的响应。

下午约十个学生聚集到教室，他们在我引导下七嘴八舌地讨论该用什么刊名，用什么做封面，要设置什么栏目，体现哪些内容等等。最后，他们定下了用“5的进行时”作刊名，用赵一茹同学创作的校运宣传画作封面。“5的自画像”、“5动青春”、“5文弄墨”、“5言乱语”、“5出我未来”作为栏目，开始正式编辑制作起班刊来。

初一的孩子不懂如何排版，我便手把手地教他们如何使用PS美化相片，如何在WORD中分栏、插入图片、设页眉、设页脚、加边框……那两天的时间里，我家成了一个小小编辑室。小家伙们或在电脑上忙碌地撰稿，或是坐在书桌边精心地创作漫画，或积极地讨论主题。他们还发动了家长的力量，邀请了程XX同学的妈妈为他们写了家长寄语。他们的热情甚至感染了我在办公设备公司工作的朋友，他答应免费帮我们打印、装订班刊。

第一期的班刊发下去之后，学生拿到班刊后无比激动，他们争着看刊物上有没有自己的文章、相片，同学记录的校园逸事中有没有自己的影子。家长会上，当我向家长说明这是孩子们花了两天时间制作出来的刊物，家长们都呆住了：他们在“5的自画像”里，认识到43位特色鲜明的孩子；从“5动青春”里，了解了孩子军训时的苦与乐，校运会的拼搏和团结，元旦文艺汇演的大秀才华；从“5

文弄墨”中感受着孩子自习课上打蜜蜂的捣蛋和反思，树上掉下毛毛虫的害怕和互助，同学间斗嘴的小欢乐。这一切让家长清晰地理解到自己的孩子半年的初中生活，让他们看到了孩子身上的巨大潜力，赢得家长的一片赞誉，更赢来了家长的支持，之后几期班刊的印刷，均由家长赞助完成。

第一期的成功，大大增强了学生们的自信心。初一下学期一开学，先前的十人小编辑队伍便聚在一起商量如何做好下一期的班刊，很多之前没有参与编辑的孩子也交了班刊的策划方案过来，纷纷表示要加入编辑的队伍。我趁机要求他们把班刊物作为展现我班风采、宣传班级形象的窗口。然后利用班会课、自习课的时间，引导学生确定主题，创新栏目，写作稿件，审稿选稿，编辑校对。到了这学期期末放假，我放手让学生自行组织制作班刊。

学生展现极高的热情，他们选出主编，自主选题，自主创意，自主编辑，在原来的基础上添加了“5光十色过暑假”栏目，将他们假期生活的见闻都加入其中。在初二学了新闻之后，他们在第三期的班刊上开辟了“5闻联播”这一栏目。很多的家长和任课老师也加入到班刊的供稿队伍，科任老师写的“刊首寄语”真情流露，“家长的话”字字贴心，而学生自己提供的稿件更是五彩斑斓。它建立了孩子、家长和教师之间的最亲密的沟通纽带，最平等的对话平台：家长交流感想，提出建议，分享育子心得；学生畅谈理想，倾吐心声，抒发真情实感；教师诠释教育理念，捕捉校园镜头，记录学生点滴，感谢热心家长…… 班刊也从先前的三十几页，慢慢做到第四期的一百多页，内容真实详尽，丰实细腻。这个过程中也遇到了诸如时间限制、印刷费用等问题，但都在学生、家长和老师三方的相互支持、相互理解、相互鼓励中走过来。

二、班刊的管理效应

苏霍姆林斯基曾说过：“成功的教育应该使学生在没有意识到受教育的情况下却受到毕生难忘的教育，这种潜移默化过程中受到的教育往往具有滴水穿石的作用。”在带着学生制作班刊的这两年时间里，我深切地体会到良好的班级文化是对学生的一种熏陶和感染，能唤起他们对美好事物的追求，无论是在发展学生素质，还是在塑造学生人文品格上都能起到类似催化剂、助推器的作用，能使教师的教育教学活动达到事半功倍的效果。

（一）用自我教育和同伴教育帮助学生树立正确的价值观

学生在成长过程当中难免会犯各种错误，班刊则提供了另外的一种方式让学生认识到自身的错误并实现自我的修正。平时我让学生写随笔，提供了一个平台让学生对班级的事件进行评说，而其中有教育意义的事件会选入班刊，引导学生树立正确的价值观。如对自习课的纪律意识和对生命尊重教育我是这样通过班刊来实现的：

记录学生的自省：从小就淘气、贪玩的我，一旦惹出祸来，就什么也不管啦，只是简单地检讨一下，没把它当回事……一只迷路或是掉队的小蜜蜂突然飞进教室……我和几个同学立刻变成了魔鬼抄起“家伙”，你一拍，我一捶……这件事后我被老师骂了一顿，要我写一篇关于蜜蜂的作文。但这还仅仅是开始，之后，每一次评随笔之星的时候，同学们便不断地声讨我们这种不爱惜小动物的行为，我们深感惭愧与自责。所以从现在开始，我再也不敢淘气了。也希望大家不向我学习。

——《5的进行时》第一期之《打蜜蜂的忏悔记》

记录同学的批评：我家住在东湖公园……八一实验学校是我们去采花粉必经之路……这几个男孩有的拿着书本，有的拿着报纸，有的甚至还抄起了扫把，追打起妹妹……从此我再也不敢从学校的教室飞过了。

——《5的进行时》第一期之《一只蜜蜂的自白》

在学生犯错后对其以合适的方式进行引导，再将其自我反省的文章放上班刊供大家阅读，一来也让当事人清楚记得自己犯过的错误及作出的承诺，二来能警醒其他同学。而学生通过不同的侧面去理解追打蜜蜂扰乱自习课堂的事件，用同学们的观点去影响犯错的学生，比单纯的批评教育更为有效。

（二）鼓励学生全面发展，培养学生的创新意识、创新思维和创新能力

每一期的班刊，我都将它当成展现学生多样才能，培养全面素质的窗口。

每一期班刊的封面都以学生自己创作的元素为主体：第一期“唯五独尊”是学生创作的校运会班级宣传画，第二期的“5班全家福”是学生自行PS的同学笑脸合集，第三期“5动青春班徽”是校运会时的入场班徽，第4期“像兔斯基一样闪闪亮”则是学生新学年主题墙报。这样处理除了能很好培养学生的集体荣誉感，更能引导学生在参与学校和班级的各种活动时，用心创作出好的作品，因为他们的作品很可能成为班刊的封面被永久地记录下来，而不仅仅是只用一两天就被弃之不顾。

《5之画廊》主要是展现学生平时的漫画作品。一类是以模仿日本漫画为主，如《火影忍者》，一类是自主创作的素描类，如《大提琴》、《小破孩》，一类是结合教学要求命题，如《木兰诗》。学生因为有了展现的平台，对于绘画的学习有了更大的积极性，学生在课余时间也乐于创作积累，而这一切最终促成的是学生在各级各类的绘画竞赛中取得佳绩。

从《庆元旦图片展》对学生古筝、竖笛、相声、街舞等艺术特长的能力肯定，《化妆舞会》对学生创意的褒扬到《义卖也疯狂》对学生交流、合作、理财能力的表彰；从《换书换出乐趣》、《校园大访问》、《5闻联播》等对学生新闻写作能力的突显到编班刊过程中学生文字、图像处理能力，编辑校对能力的培养等等，班刊这一平台让学生学有所长，有所发挥，真正做到德、智、体、美、劳全面发展。

3、展示班集体朝气蓬勃的精神风貌，促进学生、家长、老师的情谊交流。

当家长想了解孩子的同学时，当新的任课老师接手班级想尽了解学生时，他们可以拿起班刊读读第一期“5的自画像”，内有所有孩子的简短介绍，可以了解孩子的个性爱好。如：

NO.1　大名：蔡昊原　　性别：男　　别号：菜包　　特点：活泼调皮，是JAY的超级粉丝，是本班著名的K歌之王。

——《5的进行时》第一期之《5的自画像》

他们想了解孩子的天马行空的想法时，可以读《5言乱语》，去了解孩子中流行的语言，拉近与孩子的距离。

当校长、级长、班主任、科任老师除了在课堂上给学生以指导外，还有对学生、对家长有要求有期待时，他们可以通过师长寄语，让学生和家长了解到他们对学生的关心和重视，增进学生对老师敬重和感激之情，让家长更支持和理解学校的工作。如：

当新学期的阳光打在你脸上之时，初二这一年已来到了我们的面前，她是我们生命途中又一片新的天空。

我相信在这一年，我会看到5班的更多精彩，因为曾经的分数，不代表什么！曾经的表现，不以为什么！今天，此时此刻，才是一个新的开始！播下春天的种子，洒下夏天的汗水，收获秋天的果实，品尝冬天的快乐。知识的海洋等你们去探索，生活的天空等你们去翱翔！

那么我会看到在数学课堂上你们思路会更清晰，想出更多比老师更简单、更绝妙的解法；我会看到在初二级中，5班最出色，是吗？

——《5的进行时》第二期之《师长寄语》

当家长想要跟孩子表达关爱时，班刊家长亲笔手写的扫描信件《家长说》、《家长信》是一个很好的平台。如：

作为一名家长，其实我是很不想给你报这么多的补习班的。我希望你有一个快乐的童年，一切靠你自觉，不用我在后边“抽着”、“赶着”，让你有相对宽松的时间自己支配。但是形势不容乐观，这个问题你自己也已经意识到了。

作为一名家长，我无论在道德还是法律或是我自身的角度来讲，我都必须对你、对你的将来负责。尽到我应尽的责任，在你一时“痛苦”与一生的痛苦中选一个。答案很明显，只能是用你这一时“痛苦”换取你一生的“快乐”。如果我为了现在让你快乐而放弃了你一生的快乐，那么不用别人，就我自己都会心中有愧。天下有哪个父母不希望自己的孩子快乐且又优秀？所以在这最后至关重要的一年中如何度过，由你自己来选择。是前者“自主快乐轻松高效率地学习”，还是后者“我在后面像赶牛一样的‘抽着’‘赶着’痛苦地学习”，全都要看你自己。

——《5的进行时》第四期之《家长说》

通过班刊这一特殊的形式，可以传递给家长这样的信息：你的孩子转校到5班，她和班里的同学相处得很好。同时也在班级中引导一种正确的价值观：5班是个大家庭，能够接纳任何的一个新的成员。

如：天娇同学来到学校第一天……同学们便蜂拥而至，把她围成了一个圈，争先恐后地介绍旁边的同学……天娇同学和其他同学已不再有一丝一毫的隔阂了，大家都接纳了她，认可了她……我们收集到了同学对天娇的评价：乐于助人，玩的时候会有点疯，很可爱。

——《5的进行时》第二期之《迎天娇》

虽然李睿同学转学离开了，但他却常与班里的老师同学联系，在看完4期的《学长说》后，主动要求第5期发文。这种人虽离开心系同学的情谊正是通过班刊这一媒介得以传递和实现。

……此刻，我们也只能寄予他最好的祝福，欢送阿睿，希望他在新的学校里能交到新的朋友，也希望，他总是能记得跟我们在一起的欢乐时光。

——《5的进行时》第二期之《别李睿》

三、班刊制作的小技巧

（一）排版软件的选择

第一至第三期的排版软件选用的是WORD2007。其特点是有较强大的图片编辑功能，操作方便，容易上手，学生很快就能学会。如果不适应WORD2007的情况之下，可先用WORD2003把文章和图片排好，再用WORD2007进行图片处理和其他功能的添加。但WORD需要整本进行排版或每页单独加文体框，一行的调整有时会影响到下面的排版，不是特别的方便。第4期选用的是专业排版软件PUBLISHER，这款软件的特点是与WORD相似，学生在简单培训后很快能完全上手，但功能更强大，可每页单独排版，可自由调整。建议采用PUBLISHER进行排版。排版前需将所有栏目想好，每个栏目单独做好模板，内容导入后，套入模板即可。

（二）图片的处理

用数码相机拍的照片，插入刊物后，一般都需要调高亮度10%，否则会出现图片较暗的情况。图片插入后要用排版软件的压缩功能进行压缩后再进行排版，否则会影响电脑反应速度，十分不方便。

（三）纸张的选择

班刊的制作过程中，费用主要是彩色打印而非纸张费用，因此封面可以选厚的铜纸，内页可用120克的铜版纸。如果页数过多用120克的铜版纸就太厚而且胶装后可能会掉页，则应当选用较轻的纸张。

（四）关于留白

纸张上下左右0.4CM是激光打印机是无法打到的，也就是留白。排版时需要将其考虑入内，加上双面打印，两页不可能完全对齐，会有0.2CM的误差。也就是说，必须考虑上面左右0.4~0.6CM的留白部分在胶装时切掉。因此在设页边距时，上下左右留1.5cm左右为佳。

教育的本质是发展人，班刊的编辑制作过程是学生大胆实践、动手操作的过程，是师生不断学习、丰富经验的过程，是教师寓教其中、明理达人的过程。它符合“让每一朵花儿都开放，让每一只鸟儿都歌唱”的教育思想，重视学生自主自强自立能力培养，尊重学生差异，培养学生个性，引导学生向真、向善、向美，引导学生全面发展、人格优秀。它对于班级管理、教学活动开展、学生与家长的交流都有积极的辅助作用，它就是一本青春物语，虽然单薄，但是意义非凡；虽然粗糙，但意义深远。

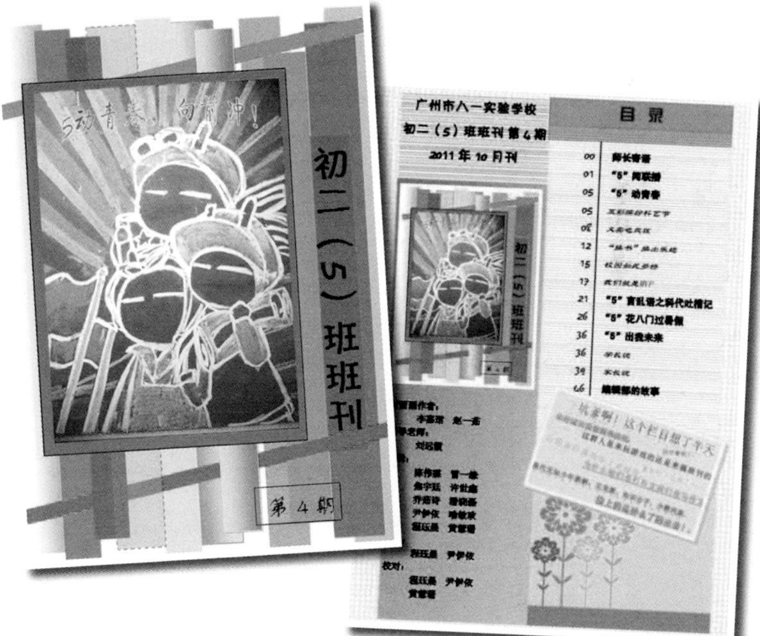

广州市八一实验学校初二（5）班班刊第4期

李俊文

中学数学一级教师

格言 爱生如子、视生如师、待生如友。——李俊文

嘀嘀嘀嘀——班级管理新旋律

——利用QQ进行班级教育和管理初探

广州市恒福中学　李俊文

【摘　要】随着互联网的飞速发展，网络已经融入我们生活的方方面面，它正在改变着世界，同样也改变着我们的教育模式。利用QQ聊天，可以与学生打开沟通的第一步；通过QQ签名可以及时了解学生新动态；开设QQ空间使我们与学生进行心灵沟通；经营QQ农场告诉学生小游戏寓意大人生；建立QQ群使老师与家长有了共同沟通的平台……总之，QQ即时通讯软件对班主任管理班级有着意想不到的积极作用，是班主任开展工作的好帮手。

【关键词】QQ　沟通　教育　班级管理

嘀嘀嘀嘀，这是很多人都很熟悉的声音，没错，这是QQ上有人找你的声音。随着互联网的飞速发展，网络已经融入我们生活的方方面面，它正在改变着世界，同样也改变着我们的教育模式。QQ即时通讯软件已被许多学生使用，中学生使用QQ的频率更高。我曾经对本班学生进行了解：刚进学校的学生使用QQ的约占百分之五六十，半年后，拥有QQ的学生就占百分之百，有的学生甚至有多个QQ号。在这种情况下，班主任也应该与时俱进，把QQ用于班级教育和管理。我在班级管理中就利用QQ与学生进行零距离的亲密接触，经过两年多的探索与尝试，觉得它对班级管理有着意想不到的积极作用，是班主任工作的一个好帮手。

一、QQ聊天——打开沟通的第一步

QQ聊天为网络环境下师生的情感交流提供了强大且丰富的交流方式，如文字聊天、语音聊天和视频聊天等。QQ聊天还突破时空的局限，不但可以进行实时的在线交流，还可以实现非实时的离线留言。聊天时还能够辅以QQ表情、动作和场景等个性化元素，使师生交流更具个性、特色和针对性。

QQ聊天不仅能够消除师生之间的信息不对等，还能够淡化师生之间的地位差别，增强了部分对老师有畏惧情绪的学生在交流时的安全感，能够促进师生之间的深度交流，甚至某些敏感而从不愿意找老师面对面谈的问题也会尝试在QQ上与老师聊。

在一次期末考试中我们班的成绩退步很大，当我在苦思冥想原因的时候突然听到嘀嘀嘀嘀的声音，一位学生找我呢。谁想到他一开口就和我说：“老师我们班这次是不是考得很差？你放弃我们吧。”我当时听了就很生气，心想怎么可以这么没有志气呢？一次小小的失败就放弃了。我正想把我心中的想法说出来的时候，突然一想，既然是他主动找我，是不是其实还有一些想法？如果我现在批评他，岂不是把他要说的话堵住了吗？我静下心来问道：“你是谁？”他回答道：“我是谁并不重要，关键是老师你知道我们班为什么会这样呢？”果然不出我所料，他真有话说，我马上摆出很谦虚的态度，请教他的高见。结果他就开始一一道来：

两毫纸 13:37:55
不知老师有没有听过“三人成虎”

两毫纸 13:39:53
最大的问题出在我们班身上

两毫纸 13:41:11
老师想听听我们班的关系链吗？

两毫纸 13:42:57
有着与周逸相同的爱好

两毫纸 13:42:40
赖宇立和周俊宏非常open

两毫纸 13:43:11
他们便成了朋友

李俊文老师 13:43:44
然后呢？
两毫纸 13:44:03
后来陈宇骏跟着周俊宏
两毫纸 13:44:09
也加入了
两毫纸 13:44:35
詹润楷和陈宇骏friend
两毫纸 13:44:41
也加入了
两毫纸 13:45:16
赖宇立和范嘉泳friend
两毫纸 13:45:30
也扯上关系了

两毫纸 13:46:14
孙义坤喜欢和open的赖宇立和詹润楷玩
两毫纸 13:46:37
某些时候也是有关系的
两毫纸 13:47:18
陈月翎喜欢和孙义坤玩
两毫纸 13:48:02
以前罗倩莹和陈月翎friend
两毫纸 13:48:12
基本上
两毫纸 13:48:33
我们班比较厉害的一群人
两毫纸 13:48:49
就这样和周逸扯上关系了
两毫纸 13:49:53
但偏偏这群人对班的影响非常重要
两毫纸 13:50:02
他们好
两毫纸 13:50:09
班也好
两毫纸 13:50:14
他们不好
两毫纸 13:50:21
我们班就坏了
两毫纸 13:50:34
我是指学习气氛
两毫纸 13:51:01
但周逸太那个了
两毫纸 13:51:30
结果对这群同学或多或少有影响
两毫纸 13:51:42
所以我们班也就……

看他一口气说了那么多，我逐渐明白，心里也开始愧疚。虽是他们的班主任，但的确没有他那么了解情况。现在他不说，我也知道他是谁了，他就是我们班的班长梁浩智同学。听他这么说来，我意识到了问题的所在，并针对这位同学的分析逐渐对症下药，经过半个学期的努力，我们班的学习成绩有了明显的提高。现在回想起来，在现实生活当中，也许这位同学不一定会和我说这些心里话。正因为有了QQ，才使得我们的沟通距离变短，能鼓起勇气迈出沟通的第一步。

二、QQ签名——及时了解学生新动态

QQ签名指即时通讯软件QQ中，人们可以设定的签名，它可以展示自己的个性。不少人通过QQ签名能够反映近来的心情、动向等等，其实这也是老师了解学生思想动态的有效载体。记得班上有一位男同学，一直以来都是品学兼优，是班上同学的学习楷模。但突然有一段时间，这位同学上课没精打采，下课更是若有所思，成绩也退步了不少。于是我找这位同学谈话，但可能因为自尊心强的缘故，他一直不敢透露这段时间变得消极的真正原因，只是用初三学习紧张、晚上休息不够的理由搪塞我。后来，我在他的QQ签名上发现了一些微妙的变化，以下是这位同学从10月份以来的QQ签名：

其实这位学生之前是从来不会写这样的QQ签名的，偏偏就在这

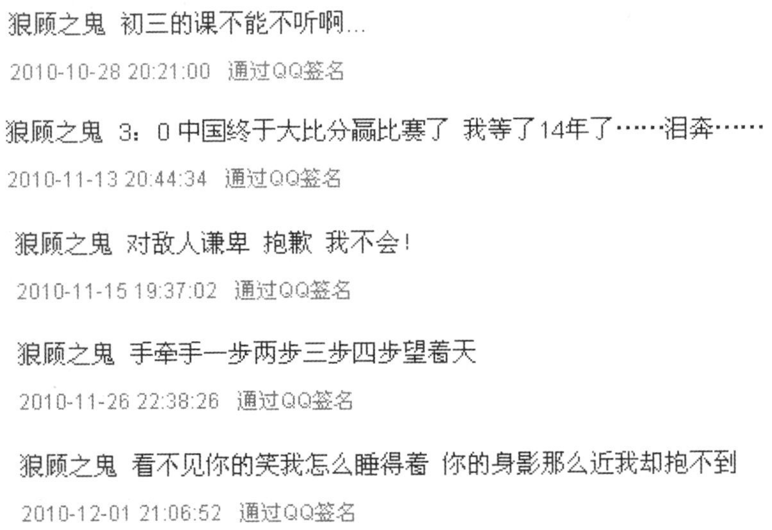
狼顾之鬼 初三的课不能不听啊…
2010-10-28 20:21:00 通过QQ签名
狼顾之鬼 3：0 中国终于大比分赢比赛了 我等了14年了……泪奔……
2010-11-13 20:44:34 通过QQ签名
狼顾之鬼 对敌人谦卑 抱歉 我不会！
2010-11-15 19:37:02 通过QQ签名
狼顾之鬼 手牵手一步两步三步四步望着天
2010-11-26 22:38:26 通过QQ签名
狼顾之鬼 看不见你的笑我怎么睡得着 你的身影那么近我却抱不到
2010-12-01 21:06:52 通过QQ签名

段时间出现了这样的状况，于是我不动声色地观察，也和家长联系了，的确家长也感觉到孩子近来下午放学很晚才回家，晚上总是挂QQ，电话多了很多……终于有一天我们找到了机会，老师、家长、学生都进行了深入交谈，从而纠正了这位学生在思想上的偏差。慢慢地，这位同学的脸上又有了从前阳光般灿烂的笑容，学习成绩有了明显的回升，最终以优异的成绩考上了执信中学。

三、QQ空间——与学生进行心灵沟通

通过QQ空间，学生可以书写日记并公开发布，上传自己喜爱的图片，听音乐，写心情，多种渠道、多种形式，立体化展现自己。在班主任的常规管理中，有目的的聊天交流固然是一种重要的教育方式，但在日常生活中，除非十分有必要，学生是很少主动找班主任聊天的。此时我会利用QQ空间的博客功能，结合工作生活中的实际，撰写一些原创性的博文，潜移默化地对学生的人生观、世界观和价值观进行渗透式的教育，产生潜移默化的影响。

我在工作实践中曾经遇到过这样的情况：在一次学校期中考试中，有一道题目被改卷的老师改错了，不少同学在那道题目中多得了不少分数。几经思量之后我认为还是应该把分数改过来，虽然这样会影响到班的总平均分，但是出于对学生负责，使学生有实事求是的求学态度，我咬紧牙关，把不少原来不错的分数改回到真实的分数。但是学生毕竟是学生，有时候考虑事情不一定那么周全，老师的苦心学生也不一定都明白，甚至有时候反而会给德育带来很多的麻烦。所以我决定“先发制人”，在学生还没有拿到考试卷的时候，我在QQ空间里发了这样的一篇日志：

不少学生通过QQ空间看到我的发言后，都明白了老师的苦心，

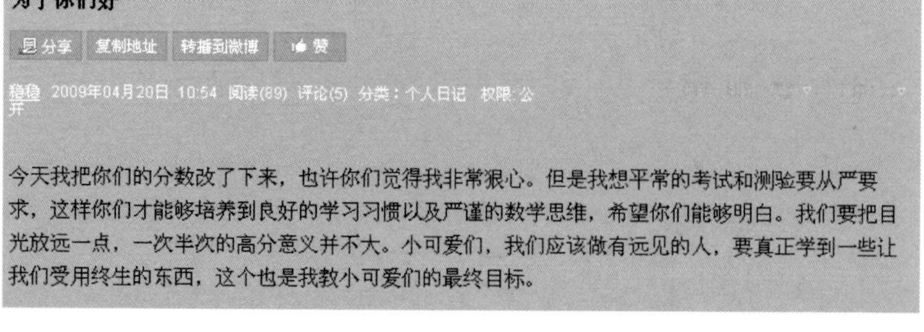
为了你们好

分享 复制地址 转播到微博 赞

稳稳 2009年04月20日 10:54 阅读(89) 评论(5) 分类：个人日记 权限：公开

今天我把你们的分数改了下来，也许你们觉得我非常狠心。但是我想平常的考试和测验要从严要求，这样你们才能够培养到良好的学习习惯以及严谨的数学思维，希望你们能够明白。我们要把目光放远一点，一次半次的高分意义并不大。小可爱们，我们应该做有远见的人，要真正学到一些让我们受用终生的东西，这个也是我教小可爱们的最终目标。

在发试卷讲评的时候，同学都显得很平静，甚至个别同学还发表了评论表示支持老师的做法，我的隐忧也就随之消去。

班主任在除了要加强自身的QQ空间建设外，还要鼓励学生建设QQ空间，定期对自己的生活和学习进行梳理和总结，这样班主任也可以通过学生空间了解学生的思想动态并进行及时的教育。记得在初一开学初不久，我们班的赖××同学，从她的个人空间我看出了她的心路历程。她是个比较骄傲的人，在读小学的时候成绩就很优秀，是班上的班长，可是电脑派位没有让她去到理想中的学校，特别是看到学习成绩比她还要差的同学去到不错的学校时，她更是怨恨不浅。刚入校，她对学校不满、对老师不满、对班级的同学不满，不良的情绪使她的成绩一路下滑。从她的QQ空间里看到她其实很怀念以前的“辉煌史”，她也想好好表现，但又不屑于在这里争取机会。我特意找她谈话，以我自己的亲身经历教育和鼓励她，让她慢慢明白到“现实生活其实就是很残酷”的道理，如果再不从打击中站起来，接下来要承受的是更大的打击。后来这位学生意识到不能自暴自弃，从而发奋图强，在初三的中考中以700多分的优异成绩考入提前批学校。

四、QQ农场——小游戏寓意大人生

QQ农场是以农场为背景的模拟经营类游戏。游戏中，玩家扮演一个农场的经营者，完成从购买种子到耕种、浇水、施肥、除草、收获果实再到出售给市场的整个过程。游戏趣味性地模拟了作物的成长过程，所以玩家在经营农场的同时，也可以感受“作物养成”带来的乐趣。尽管是游戏，但是它却寓意着不少的人生道理，也能给我们的教育带来启发。

在一次单元测验前，我做了精心的准备：课桌抽屉清理干净，一律朝前；尽量把桌子的间隙拉大，做到单人单桌……尽管如此，还是在改卷的过程中看到有抄袭作弊的行为。我非常生气，正想找几个“犯罪分子”来办公室大批特批的时候，我突然觉得这种教育方法以前不是试过了吗？如果有用还会有今天的局面吗？我静下心来思考，突然想到一招，现在不是很多学生都喜欢玩“QQ农场”吗？我何不用这个游戏来和大家说说呢？于是我走到课室，装着很虚心的样子和同学们说道："我刚刚开始玩QQ农场，大家能教我尽快升级的法宝吗？"学生一听可来劲了，教室一片沸腾。"老师！"班上一个电玩高手大声说道："我告诉你，就是每天只种白萝卜和白菜。""为什么？"我一脸的困惑。"因为白萝卜和白菜成熟期短，得到的经验值多，也就是性价比最高的。只有经验值增加得多，升级才快的。而有些作物二三十个小时也只得相同的经验值，划不来的。""哦！原来如此。"我有些明白了，接着问道："那我去偷好友的庄稼可以换经验值吗？""不能！"同学们纷纷回答道，"只能把庄稼卖了后增加金币。""那我不种了，直接去偷，然后去换金币，有金币不就能扩建土地吗？"我又装作糊涂。"哈哈！不行的。偷又不增加经验，金币再多有什么用，有经验才能有等级的，才能够扩建土地，从而进入良性循环的。""嗯！看来同学们是真有心得的。但如果我们在考试前后都用这种农场经验该多好啊。"一瞬间，教室里静了下来，同学们都在思考，不一会儿，有学生就说："学习和复习要像种庄稼那样有计划。""学习要勤奋，要每天播种、照看。""帮助别人的同时就是帮助自己，正如我们为好友的庄稼除草、杀虫那样，好友的庄稼获得保护，我们的经验值也会提高。""偷东西终究会被人家发现的，正如我们考试那样不能作弊。"最后还是班长说到我的心坎里去了："作弊就像偷庄稼，根本不能为我们的头脑增加砝码，不能给我们的知识增值……""是啊！同学们，你们都说得很对。要想取得好成绩，就要靠我们每天不断地播种，偷不能为我们的知识增值！其实我们的人生何尝不像农场游戏呢？"我语重心长地总结。在后来的测验中都是天下一片太平了。其实，通过小小的QQ农场游戏给学生揭示了人生道理，比我们苍白地讲大道理有效得多。

五、QQ群——老师与家长共同沟通的桥梁

QQ群是QQ的一个附加功能，能够支持多人的聊天交流服务。QQ群不仅拓展了老师和家长交流的空间与形式，还能够满足不同家长的个性化需要。班主任可以根据工作的需要，组建不同类型的QQ群，如班级家长群、班级家长委员会群、单亲家庭群等等。根据不同人群建立起来的群在开展话题讨论时更有针对性、更高效。记得

有一次，我们适逢教育体制的改革，学校不再统一订购学生的教辅材料，所有的材料都需要学生自行到书店去购买。不少学生跑了很多书店都没有买齐各科的辅导书，纷纷打电话给我告急。学生马上要开学了，家长们都很着急，当时也正处于放暑假期间，学校课室都在装修，开家长会共同商议不合适。于是我就在QQ群上呼吁家长们共同商议，家长们都各抒己见，各出奇招，群策群力，最后找出解决问题的方法。首先由老师提供每科所需要的教辅材料的名称，接着家长们按照清单分头找，然后回来到QQ群上报告汇总，确实断销的书再由个别家长找关系，家里有车的家长负责购买和运输回校，最后由家长委员会的家长统一收回买书所要的费用。在家长的努力之下，学生们的教辅材料在开学前已经全部备齐。当学生看到家长们辛辛苦苦买来的辅导书时倍感亲切与珍惜。

总之，通过QQ即时通讯软件，我们可以及时了解学生的动态，能够第一时间掌握到平时观察不到的信息，甚至可以用他们所熟悉喜欢的游戏来揭示人生哲理，时刻与家长保持紧密联系，这些无疑都是对班主任管理班级有着意想不到的积极作用。看来QQ即时通讯软件是班主任开展工作的好帮手，建议各位同行不妨一试。

【参考文献】

【1】莫雷：《教育心理学》，广东高等教育出版社2002年版。
【2】扈中平：《现代教育理论》，高等教育出版社2005年版。
【3】秦岩：《QQ农场里的故事》，《班主任之友》2010年版。
【4】魏书生：《班主任工作漫谈》，文化艺术出版社2011年版。

刘晓玲

中学语文一级教师

格言 爱，就是最好的管理。 刘晓玲

爱，就是最好的管理

广州市荔湾区外语职业高级中学 刘晓玲

【摘　要】中职学生文化基础薄弱，行为偏差，学生较多，班主任管理更具挑战性。如何管理好一个班级，让学生在三年中职生活中学有所成，学有所乐，成为一个全面发展的应用性人才？我坚持用“教育就是爱的事业”这个理念进行班级管理，抓住时机撒播爱的种子，用尊重和宽容来爱学生，正确处理爱与严的关系，与学生成为知心朋友，关注每一个学生的发展，努力成为一个优秀的班主任。

【关键词】爱的教育　尊重与宽容　爱与严

我是一年级新生2011财2班的班主任。11财2班是会计和金融专业合班，共有学生38人，问题学生有5人。整体来说学生文化基础偏弱，但活泼好动，接受能力较强。面对着这38张洋溢着蓬勃气息的青春脸庞，我该如何开展班主任工作，让学生在这三年中职生活中收获知识和技能、收获成长和历练，留下最美好的青春印记？

“热爱孩子是教师生活中最主要的东西。”教育家苏霍姆林斯基的这句教育名言立刻跳入了我的脑海。对，就是爱，爱就是最好的管理，尤其在职中。

一、抓住时机，撒播爱的种子

爱是一切的源泉。爱是人的一种基本需要，对于身心处在发展变化尚未成熟的职中学生来说，他们更迫切地需要爱。可能他们心里还存留着中考失败的阴影，可能他们在原来的学校是被忽视的群体，可能残缺的家庭让他们心里充满了焦虑和自卑……爱是学生的一种心理寄托，是一种内心的渴望。教师只要真心地付出爱，不仅可以使学生体会到温暖之情，而且很容易使学生感动，一旦学生的这种心理需要得到满足，就可以打开心灵之门，架起师生沟通的桥梁，使师生之间的情感产生共鸣，学生就会从内心深处对教师产生亲近感和依赖感，就会把对教师的爱迁移对教师的尊重，接受教师的教育，这样的教育才能获得事半功倍的效果。正所谓“亲其师、信其师”进而“乐其师”。

本届新生的军训安排在8月底，天气非常炎热，住宿条件也不尽如人意，学生怨声载道，其中有几个情绪波动很大，哭闹着要回家，继而影响到整个班级的军训。在这个时候，我密切关注学生的心理变化，利用晚上军训休息时间与学生一起娱乐：我和学生围坐成一个大圆圈，跟学生一起唱歌，从《宁夏》到《美丽的草原我的家》，一首首歌曲像插着翅膀的天使抚平了学生躁动的心田；我还和学生一起做游戏，输了就愿赌服输，跟大家一起受罚，拉近了师生之间的距离；晚上训练结束后跟那几个吵着要回家的学生谈心；及时帮助学生解决实际问题等，用像妈妈一样温柔体贴的爱安抚了学生波动的情绪，让学生安心训练，功夫不负有心人，本班在新生队列会操比赛中荣获第一名。

在离开训练基地前，学生们跟教官一起合影留念，当大家再次唱响《团结就是力量》时，很多学生眼里都蓄满晶莹的泪水，依依不舍地跟这个洒下无数泪水和汗水的地方告别，为自己战胜这个锻炼体能考验毅力的军训而欢呼。同时大家也感受到了爱的力量是无穷的，只要有爱，大家就可以团结起来，互相帮助，从一个第一天屡次被教官批评得体无完肤的班级到最后勇夺第一名的坚强团体。

在随后学校举行的校运会、大课间和广播操比赛中，我都跟学生一起训练，在爱的鼓舞和激励下，都取得了较好的成绩。其中校运会勇夺团体二等奖；广播操比赛荣获三等奖。

二、爱要学会尊重和宽容

美国心理学家马斯洛在他的著名的需要层次理论中提出人的几个基本需要，其中就有尊重的需要。他认为，这些基本需要在一个人的社会化过程中是必须得到满足的，否则就会产生焦虑或其他心理障碍。因此，对于教师来说，成功之处并不是看有多少人羡慕你的成就，而是要看有多少人因为你对他们的爱而变得有自尊，有自信；看有多少人从你的眼中看到了自己的美丽，从你的声音里听出了自己的可爱。老师的天职就是尽可能地给每个学生的成长创造条件和机会，把每一位学生都作为有人格、有个性、有希望的人去尊重和爱护，使他们成长为学有所长、全面发展的人。事事处处以“假如是我的孩子”和“假如我是孩子”来看待学生，就能理解学生所说的话或心境，不否定其知觉，不驱斥其情感，不否认其愿望，不嘲笑其嗜好，不损毁其品格，不羞辱其个人，学生因此会感到受人了解和尊重，当他们感受到你的脉搏在和他一起跳动的时候，就是你在学生中享有崇高威信的时候。

班里的小樱同学上学经常迟到，上课时喜欢趴在桌子上睡觉，作业也不按时交，批评她时也是一副爱搭不理的样子，找她谈心也是金口难开，她是很多老师眼里的问题学生。我也时刻留意着小樱在学校里的举动，打算找一个契机跟她谈谈。这时候刚好是班际篮球赛，我发现小樱很喜欢摄影，因为她自己的手机没有摄像功能，就跟其他同学借来手机，满场跑来跑去选取最佳角度拍摄那些篮球运动员。我就把小樱叫过来，把自己的相机递给她，教她使用方法，让她大胆去拍摄，还特意叮嘱她比赛结束后把拍到的相片跟我一起交流摄影心得。

比赛结束了，小樱来了。看着她被汗水打湿的头发粘在红扑扑的脸颊上，我的眼前仿佛浮现出这样一句话：没有不良少年，只有不幸少年。我让小樱坐在我旁边，把她拍摄的相片一一点评，其中精彩的几张我还打算冲洗出来贴在班里的宣传栏里。小樱很高兴，大声地说："老师，下次比赛再把相机借给我吧，我还想拍！"我当场答应了她。看着她兴致勃勃的样子，我趁机问起她家里的情况，得知她父母是再婚，家庭经济条件不好，父母每天都是早出晚归打零工，要不就长时间不管她，要不就骂她不好好学习。我没有批评她在校的不好表现，而是问她学习上有什么困难，跟同学交往有什么障碍。小樱说："专业课很难，也没有兴趣；同学们好像都不喜欢我，没几个人愿意跟我聊天，组建学习小组时没人要跟我一组。"说着说着还流下了眼泪。看着这个刚才还兴致勃勃的孩子转眼就泪流满面，我知道这是一个多么敏感和率真的孩子！

我叫来了班里的学习委员，让她平时多多帮带小樱，及时跟我汇报小樱的行为变化和思想动态。我还跟小樱的家长保持密切联系，对于小樱取得的一点点进步我都及时跟他们汇报。小樱的家长很感动，说："很久没有老师这么关心小樱了，老师打电话来竟然不是告状的，而是来报喜的。"我也提醒了家长平时要多关心和尊重孩子，对孩子的缺点多一些宽容，多一点耐心。

慢慢地，我发现小樱变了：活泼开朗了；学习有自信了，点钞还是班里的第四名呢。小樱补齐了所有的作业，期末考试成绩良好，德育评分也是良好。

孔子云："过也，人皆见之；更也，人皆仰之。"宽容，有一种巨大的人格魅力，它能产生强大的凝聚力和感染力；宽容也是一种豁达和挚爱，它如一泓清泉可化干戈为玉帛；宽容是一种深厚的涵养，是一种善待生活，善待他人的境界。宽容蕴藏着一种殷切的期望和潜在的教育动力。

三、正确处理严与爱的关系

班主任的工作具有特殊性，在与学生相处之中，经常会碰到如何处理对学生严与爱的关系问题。从表面看，严与爱是相矛盾的，好像要严格要求、严格管理，就不能爱，要爱就不可能严。本质上，二者却是和谐统一的。爱而不严就会降低育才的标准，严而不爱就会导致师生关系紧张，甚至激起逆反心理。正如著名教育家斯宾塞所言："野蛮产生野蛮，仁爱产生仁爱，这就是真理。待儿童没有同情，他们就变得没有同情；而以应有的友情对待他们就是一个培养他们友情的手段。”严出于爱，爱与严结合就会让学生可亲可敬，乐于接受教育，乐于接受管理，朝着培养目标迈进。因此，班主任对于学生的教导，不仅要做到“严”而且还要做到“爱”。严是要对学生严格管教，所谓“严师出高徒”。爱是要鼓励、关心，但不是无原则的爱，而是有度、恰当地去爱，做到宽与严皆有度，只有这样才能够全面培养学生健康的发展。

我时常反思自己的班级管理方式，发现问题就及时纠正。以下是我在2011年12月20日下午放学后连续给学生发的三条飞信。

第一条：“到这星期为止，2011财（2）班一次卫生红旗没有，眼操红旗也没有，更甭提德育评比红旗了！恐怕这样的成绩在全校都绝无仅有了。我开始反思自己的班级管理方式：我主张让学生会自我管理，强调自律，不愿意动不动就找家长，给处分。我愿我班的学生在很多年后仍记得这个充满“爱”的集体。可是，我错了吗？”

第二条：“我高估了某些同学的自我约束力，给他们的自由过了火，导致让他们在心里以为上学如逛街，想来就来想走就走，毫无责任感，毫无组织纪律性！我反思，我自责：对于那些准时上学，认真听讲的学生，我要表扬；对于那些顽劣不堪，屡教不改的学生，我要怎样，才能让他们从良呢？放弃？处分？唠叨？请家长？”

第三条：“现在我心中充满了挫败感：周一升旗后去校门口领人；周一大扫除只有几个人在劳动；每天眼操时间班里乱七八糟，被扣好几分；部长把长长的迟到名单放到我桌面；站在讲台上闹哄哄的课堂难以控制……这就是对我爱的回报吗？”

这段时间班里由于几个退学学生的影响，迟到现象反弹，课堂纪律较差。面对这些不良现象，我一时控制不住自己的情绪，连续给全班同学发飞信发微博敲警钟。很快地，很多同学在班级Q群、微博上、飞信开始反馈。

有个学生回复：“老师，对不起！我们知错了。以后的大扫除我都会留下来帮忙的，眼操早操我都会认真做的！老师，真的很对不起，我会改过的！”

大部分同学都回复了我，表示一定要改过自新。有的同学特意跑到我面前，含着眼泪跟我说一句：“老师，对不起！我再也不会了！”

“终于还是没有忍住泪水：看了同学们在飞信和微博上的留言，看着那三十多张真诚的脸，听着你们信誓旦旦的保证，我再也控制不住自己的情绪……热烈期待你们浴火重生脱胎换骨洗心革面自律自爱！！！！”这是我在微博上给同学们的留言，被转发多次。

自从这次“眼泪”事件，学生的行为规范有了很大改善：基本杜绝了迟到现象；很多同学积极补交作业；课间操和眼操整齐有序；上课时秩序井然，任课老师纷纷表示“2011财2班进步很大”。

“教师的爱是滴滴甘露，即使枯萎的心灵也能苏醒；教师的爱是融融春风，即使冰冻了的感情也会消融。” 这是巴特尔的一句教育名言，我深以为然。教育，就是爱的事业。爱是无声的语言。老师对学生真挚热爱，就是重视学生，把学生当做自己平等的有独立性的个体，尊重学生，理解学生，信任学生，积极主动地与学生沟通，让学生在言行中感受到这种真诚的爱，学生才能健康成长。我们工作着、我们学习着、我们忙碌着、我们也爱着、服务着，并要将爱的服务进行到底。

【参考文献】

【1】钱理群：《爱的教育》，天津教育出版社2011年版。
【2】张斌贤、王晨：《外国教育史》，教育科学出版社2008年版。
【3】张大均：《教育心理学》，人民教育出版社2005年版。

余文娟

中学数学一级教师，
多次“优秀指导老师”称号

格言 师以德为本，心以爱为源。——余文娟

构建班级可持续自我发展的教育案例

广州市绿翠中学　余文娟

【摘　要】笔者尝试从“自定向、自运作、自调节、自激励”四个方面探索如何实现班级的可持续自我发展，个人以新接手的初二（5）班为对象，进行了为期两年的实践，探索实现“四自”理论，并把过程记录，希望能抛砖引玉。

【关键词】“四自”理论　自我发展　班级管理

联合国教科文组织的著名报告《学会生存》提出“未来的学校必须把教育的对象变成自己教育自己的主体”，教育专家冯国文教授认为：学生的发展的核心在于自我发展意识与能力，还有自我反省和自我教育，这是德育工作的重中之重，它有助于学生的人格塑造及完善，在可持续自我发展的过程中，最重要的是情感价值的认识，这就是冯国文先生的自我发展理论。冯国文先生把学生自我发展学习模式分为具体的可操作的四个部分——“四自”：自定向、自运作、自调节、自激励。“四自”之间相互独立又相互渗透，它们是相辅相成的。

“四自”理论如何在班级管理中得以实现，如何构筑一个符合“四自”理论的班集体，实现班级的可持续自我发展？带着一系列的疑问，2007年9月，笔者以新接的初二（5）班学生为对象，实践“四自”理论，现在将构筑过程记录如下，希望能抛砖引玉。

对象背景介绍：接手的初二（5）班是整个年级里一个普通的班集体，班内较为突出的问题主要有：首先平时的课堂纪律比较差，除了班主任的课和语文课（是学校的书记上课）外，其余的课堂纪律都是相当差的，有的任课老师甚至怕上这个班的课；其次，该班会考学科的所有学习成绩都位居全级10个班的倒数第一；再次，成绩好的同学都是只顾自己学，而对班上的违纪行为不愿意理会。

一、起步阶段：探究生涯规划，树立发展理念，确立阶段目标

对于初中阶段的学生，让他们有方向感、责任感甚为关键。要强化学生自我发展的意识，班主任应创设条件，引导学生认识自我、发展自我、自我发展，成为自由自觉发展的人，即主体自我教育——自育。

要使班级在德育方面有进步，如何引导他们制定目标是起步，冯国文教授提出：要教会学生“逐步确定自己思想品德发展的目标，而且有短、中、长期的发展目标，并寻找发展自我的方法、策略”，“会计划，初步拟定德育目标的具体计划和打算。”制定目标可以使学生明确努力目标，少走弯路，而且有利于对学生做出及时评价和鼓励，也有利于学生的自我评价和自我激励，制定目标在当前被我人为地分成两个部分，班级目标及个人目标，班级目标的制定是从一堂班课开始的。

案例一：2007年9月班会课

课题：从初中生的生涯规划展望初二（5）班

班会课目的：

1、为了让同学们增强升学意识，培养对个人、家庭和社会的责任心，了解人生规划的意义，认识成功的人生要从规划自己的人生开始；理解人生理想与职业理想的关系。

2、理解升学对个人未来职业和家庭的影响，树立正确的劳动、

生活和学习态度。

3、正确认识自我和人生发展及努力完成初中学业的重要性，做好人生发展规划，走好人生每一步。

班会课流程：

1、老师主题演讲，并提出问题：你们希望有一个怎样的班主任，怎样的班集体？

2、初二、初三你们将分别面临新的挑战，从学科开设的增加到毕业班的升学压力， 初中剩下的两年你准备怎样度过？投影去年初三升学部分学校的录取分数线。

3、组织同学们分小组讨论后，请各小组代表轮流把期望和这两年的计划告诉大家，同时把意见整理归纳板书在黑板上。

4、全班讨论后，把确认的好计划、期望和每一个细节归纳板书在黑板上。

5、老师表态，我会尽量做一位同学们期望的好老师！并指出：全班45人有31人都期望读高中而不选择职业类学校，有哪些方法可以使我们更接近我们的目标呢？

6、全班讨论，民主通过每一项措施，制定班规。

7、老师启发：要达到以上目的，我们每一位同学可以做什么？——思考并写出个人计划！并宣布下周重新民主选举班干部。

案例反思：

初中生虽然还没有能力来规划自己的人生，但他们的理性认识逐渐增强，自我认识意识在不知不觉中驱使着自己的言行，他们的习惯意识不知不觉中影响着自己的人生。因此，我认为对初中的生涯规划教育是至关重要的，可以让学生们在成长过程中，反思自己的规划、修正自己的规划、充实自己的规划，从而自己在学习生活工作中善待自己，快乐幸福地生活。

此次班会课，从讨论作为新接班的班主任——我开始，“希望我是怎样的一位班主任？”让同学们与老师马上处于一个平等的地位，让学生们有一个宽松的环境，有利于师生、生生、组组的多维互动，为学生的自我发展、自我管理奠定了感情基础。下一个环节（初中剩下的两年你准备怎样度过？）引发思考，让同学们明了今后的目标，再设计两年以后的自己，为制定自己的目标和计划做准备。在制定班规环节中， 我们知道一个人的发展是受多种因素制约的，但习惯是其重要的基础。鲁迅先生“随便翻翻”的读书习惯；华罗庚教授的刻苦自学习惯等等，都成为他们走上成功道路的基石，严谨的班规，是班级走向自我调节的关键。

附件一：

广州市绿翠中学初二（5）班学生公约

一、考勤

二、纪律

三、卫生

四、学习

五、两操

六、仪表

七、加分部分

从以上几大个方面细化德育评分标准，建立奖惩制度，让同学们共同学习阅读后再进行签约，然后就成为我们班上共同的契约，作为班级成员要共同遵守这份契约。以此强化学生的主人翁意识，实现班级自动化管理。以制度管理制服人，以情感管理取悦人。

二、执行阶段：民主选举班干部，有效培训班干部，实现班级自运作

1. 2009年9月第二周通过民主选举，选出了班干部（含班委和组长）13名，其中有6人首次担任班干部。班委是班主任与学生联系的一座桥梁。一个强有力的班委会，是一个班级是否成为优秀集体、是否有凝聚力的关键。管理流程图：

2. 针对班干部怕事、怕浪费时间和怕同学不服的“三怕”情况

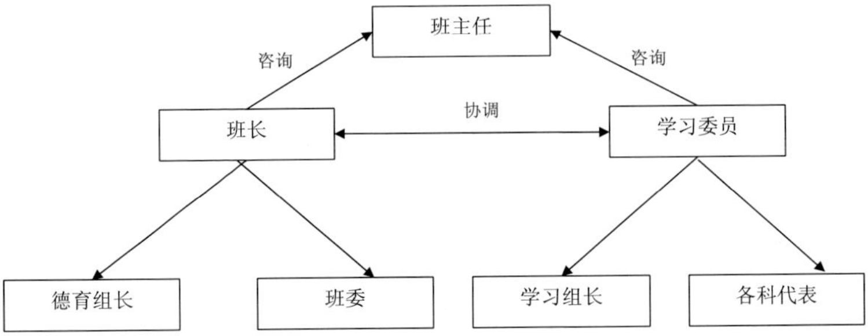

开展专题培训，老师提出了5方面的要求：1. 明白为同学服务最光荣，明白班主任的苦心；2. 敢管；3. 善管；4. 真做；5. 爱“家”。老师还结合班级管理中的实际案例，深入浅出地指导学生干部们正确处理班级内部事务，在班级管理中如何体现全心全意为同学们服务；并强调，要做好工作，一定要处理好人际关系，要讲艺术，讲策略。

案例二----确立学生干部的威信

2009年9月第三周星期二下午第三节自习课，由于老师要集中开会，我便让班长周同学负责看自习，并强调同学要遵守纪律。

第二天上午，班长来到办公室，反映了昨天自习课很吵，并把违纪较严重的学生名单交给了我。作为班主任的我第一时间约见了这五个学生，经过一番纪律、说理教育后，几位同学都承认了在自习课上的确违反了课堂纪律，并接受德育扣分等处理。本以为此事就此结束，可是…

中午放学后，我约好班长午饭后来找我，帮忙做点事，可到了12点半仍不见人。我心里感到奇怪，这同学平时可不是这样的，于是便让同学去催，结果回来的同学说班长在哭，不愿意来，我想是不是发生什么事了呢？我亲自来到课室，把女班长带到办公室。在我的追问下，她才道出了缘由：原来上午我找过的那几个违纪的学生放学后，把女班长包围起来，一直逼到课室的墙角，并质问她为何要记他们的名字，其中陈姓男生还举起了一个矿泉水瓶敲打女班长的头，另一个学生举起一张凳子吓唬她，她心里感到委屈，便哭了。我听到这里，心里为之一震！怎么可以发生这等事情，分明是他们违反了纪律，还以这种极其恶劣的手段对待班干部，如果不予以严肃处理的话，班里就变成“坏人当道”，还有什么正气可言，班干部就更不敢管了！

于是，一方面，我对班长进行心理疏导，明确“你如实反映他们的情况没有做错”。另一方面，我在班上一再强调：老师不在时，班干部是老师授权对班集体进行管理的，不听从班干的指挥，就等价于不听从老师的指挥，如认为班干处事不公，为大局着想，先服从管理，可第二天到老师处申诉处理；再次，召开全体班干会议，表扬班长的做法，强调老师会在背后支持他们的工作，是他们坚实的后盾；最后，一连几天，约见违纪同学的家长，共同对学生进行教育，他们也纷纷当着家长的面对班长赔礼道歉，陈姓男生的家长还主动提出要求儿子在家长的陪同下，在全班作出了检讨。

案例分析：

虽然在处理这件事的过程当中花费了很多的时间和精力，但自此，班内的自习课纪律有了较大的改善，我们的班长及其他班委也大胆地开展着她们的管理工作。通过这件事，不仅教育了违纪的同学，而且以此影响了其他的同学，更重要的是树立起班干部的威信，让他们能够大胆地开展自己的工作。诚如魏老师说的：班长能管理的，班主任就不用管，小组长能管理的，班长就不用管理，给学生一个自由的空间。为班级的可持续自运作构建良好的基础。

三、推进阶段：善用激励教育，巧用舆论导向，促进班级可持续自我发展

如何让学生在困境中学会前进，在生活中学会做人，在挫折中学会成长，在学习中自我发展。在培养学生自我发展能力的时候，老师应是一个比学生更年长，经验更丰富的老者，当学生在自我发展预见困难时，那么老师就是一个最好的咨询者，老师用自己的经验给同学提供一些方式方法作为参考，及时给学生一些心理疏导。例如：“好学生是夸出来的。” 老师是学生自我评价、自我激励中的一部分，鼓励教育也是一种行之有效的教育方式。同时，正确的舆论导向也是关键，思想导向的关键是让学生学会做人，形成对自己、家庭和社会的责任感；在行为导向上，让学生学会学习、学会生活和学会交往，养成良好的行为习惯；在班集体中正确的舆论导向可以达到使学生遵守纪律、努力学习，自觉地改掉学生中存在的不良习惯，从而形成自我管理、自我教育、自我调节、自我激励的良好效果。

四、总结经验

在构建班级可持续自我发展的指导思想下，经过对班集体一年的建设，学生的各方面有了较大的变化。特别在自调节，自运作方面。表现在后来的初三（5）班，学生的学习目标较为明确，整

个班集体自运作得比较平稳，在其他班老师还在呕心沥血管理的时候，我班几乎是没什么学生的违纪行为需要我去处理的，悠闲有序，在2009年的初中会考当中，完全消灭了任何一科倒数第一的情况，数学成绩位居年级10个班的第四，全班四分之一的学生总分700分以上。一切的实现，关键在于“四自”理论在班级工作中的贯彻实施。

【参考文献】

【1】冯国文：《学生自我发展的理论研究》。

【2】《学会生存》，1972年联合国教科文组织的著名报告。

越健鹏

中学一级教师
越秀区教育系统优秀共产党员
东山区教育系统德育先进个人
东山区优秀教师

格言　相信自己，相信孩子！　——越健鹏

真心沟通，真情交流
——家长学校创新活动探索

广州市第十三中学　越健鹏

【摘　要】家长是学生的监护人，在对孩子的教育目标上与学校教育者是一致的。而家长会则是实现学校教育与家庭教育密切配合的有效途径，同时也是班主任协调班级与家庭的教育的一种重要教育形式。成功的家长会有助于在家庭与学校，家长与教师间建立一种“理解、互信、共赢”的合作关系。为了更好地实现“家—校—社会”三位一体的教育模式，学校应充分发掘“家长”这一有效的教育资源，组织有效的家长会，使教师与家长间增强互信，增强合作，形成全力，共同教育我们的新一代。本文就如何用心创设家长会活动，探索新型家长会，完善家长学校建设提出笔者的见解。

【关键词】创新　家长会　活动

一、问题的提出

组织家长会是属于学校德育工作的范畴，是学校的一项常规工作，它本应起到加强与家长的沟通、交流，达成教育共识，形成家校教育合力，更好地促进学生身心健康发展的重要作用。但现实情况却不容乐观，从现状看，家长会总是在考试前后举行，目的都是为了考试服务，通常情况下家长会主要关注学生成绩。在学生和家长的眼里，在某种程度上说，家长会往往变成了“告状会”，或者变成了学校领导或专家向家长灌输怎样教育孩子的大道理“培训会”。因此学生和家长都不愿参加这种类型的家长会。

由于班主任工作经验的不足和家长会模式的陈旧，目前的家长会都在沿用单一固定的模式，大致是：第一阶段全体家长集中，内容是阐述级组的总体情况，提出下阶段要求，第二阶段分班进行，讲述各班的具体情况，第三阶段就是个别交流。具体说就是，首先是学校的领导、主任或级长从宏观上向家长通报教学和教育情况，或是专家进行家长培训；然后分班集中，班主任和科任老师从班级角度向家长通报情况；最后留下部分家长个别座谈，这部分家长多为学习后进生的家长。这种模式存在着许多不尽如人意的地方：1. 家长是坐着的听众，没有发言权。2. 部分学生被批评，其实这类学生家长也在被批评，经常被批心理自然过不去，几次家长会下来，每次都听批评，以后干脆不来（有这种情况出现：初一比较积极，初二开始懒散，初三不见人影）。3. 老师“轮番上阵”，家长不知听什么。网上有句话很贴切：“家长会，家长会；老师站，家长坐；老师说，家长听，学生直哆嗦；回家挨骂不说，冷板凳要坐一坐。”

总体来说，这种单一的家长会模式既影响了家长的积极性和参与意识，又影响了家长会的效果，最终导致影响班主任的管理和家校的合力。实际意义上它已不能适应新形势的发展，因此，家长会无论是形式还是内容上迫切需要创新。

二、与家长沟通的原则

家长会其实是家校沟通，教师与家长沟通的一个平台，实际还是人与人之间的沟通交流，因此相互沟通过程教师要遵循以下四个原则，组织家长会会有意想不到的效果。

（一）尊重原则

教师与家长相互沟通的前提是尊重。根据马斯洛需要层次理论，人有五种需求：生理需求、安全需求、社交需求、尊重需求和自我实现需求，而且由较低层次过渡到较高层次，自我实现需求是最高需求。而人是一个自然人，具体群体性，不管是家长、教师还是学生都有社交的需求，都有受尊重的需要，这是每一个人的基本需求。如果一个人的尊重需要得到满足，那他一定会获得心理上的愉悦，应会自动产生沟通的意愿和行为。因此学校召开家长会，关键是班主任和所有老师在对待家长态度上要体现一种尊重。教师应从衣着、语言（包括口头语言和肢体语言）、表情、姿态上等各个方面体现对家长的尊重，让家长感受到老师确实在对待自己，从而体会到教师确实在用心教育自己的孩子，都在为自己的孩子成长着想，自然会与教师自然地交流，真心地交流，愿意配合教师的工作。

（二）平等原则

平等也是和谐沟通的重要原则，也是尊重的另一方面体现。教师不应预设家长为“受教育者”。而要从语言、神态上克服那种“居高临下”的姿态，放在高高在上的架子，与家长站在同一高度上交流。教师应全面认识到家长与班主任之间是一种平等的关系。对家长是要争取而不是排斥，不是训斥。虽然由于各种原因造成教师与家长在教育孩子上可能会存在有很大的差异和分岐，但只要能做到平等对待，相互之间营造一种平等的氛围，教师和家长就会逐步消除各种诱发心理障碍的因素，在心理上、情感上逐步接近融洽，友好的交流自然会顺利进行，家校合作才能不断深化。

（三）针对性原则

还要注重家长会要有针对性，要明确召开家长会的目的既是让家长了解学校的教育教学工作和了解孩子的学习状况，也是要争取家长对学校工作的配合。在这种目的的指引下，教师要根据学校、家长和学生的实际情况确定内容。只有班主任和家长就学生最迫切需要解决的问题达成共识，才能一步一步由难至易地共同研究和提出解决问题的方法和对策。这样的沟通才具有针对性，才会产生实效。

（四）主体性原则

我们教师在教育教学工作中经常要体现教师的主导性，要体现学生的主体性，同样召开家长会时，班主任也要发挥组织者的作用，引导家长积极参与思考和活动，发挥家长的主体性。从旧的家长会模式来看，家长完全是被动，没有参与思考和活动，何来体现主体性？效果自然大打折扣，家长怎么会在一两个小时里面专心听讲呢？因此，家长会要体现家长的主体性，要创设一些环节活动，寓教于活动中，让家长能够参与，能够体验，能够有所感悟。

为达到让家长积极参与，变被动为主动，由客体变主体的目的，笔者精心创设了一系列活动，将家庭教育理念渗透在活动中，让家长有说有笑有活动有感悟，直到一定的成效。

三、用心创设家长活动载体，探索有效模式

学校召开家长会，教师不应预设家长为“受教育者”，应使家长参加家长会时感到与老师是平等的，是受到尊重的，只有这样，家长才会积极参与。为提高家长会效率，学校组织者应首先确定内容，最好能根据学校的实际情况和家长的实际情况确定。其次是要做精心的准备，包括设计的流程、准备的素材等。当然最重要的是设计好活动的方式，要着重体现家长的主体性和参与性。以下是笔者与其他老师精心创设的一些家长会中的互动环节，目的是让家长积极参与，使他们由听众变成讲者，由被动变主动，由客体变为主体，以期大大提高了家长会的有效性。

（一）精心设计分层家长会

笔者所在的学校，无论是成绩还是行为表现，学生差异都比较大，会更加适合召开分层家长会。分层家长会一般分两种，一是学生成绩层面的分层；二是行为表现层面的分层。第一种主要是针对学生学习方面的分层，可根据成绩分成三四个层次。这种分层是从学生学习态度、学习习惯、学习方法等角度而展开，应是研讨式的会议，应充分让家长去发言表达意见。第二种主要是针对行为偏差学生的家长而举行。主要是从学生的生活习惯、待人处事、行为表现、纪律情况等方面与家长展开沟通，向学生家长反映其孩子在校各方面情况，然后提出希望家长配合的事宜，争取家长的支持。学校各班主任会根据实际情况每学期在考试前后召开一次学业成绩分

层家长会，根据班级实际情况召开德育分层家长会。

经验表明，分层家长会效果比较明显，尤其是德育分层家长会，会议对行为偏差生有一定的教育效果，对形成良好班风、学风有一定的促进作用。

（二）参与活动，体会亲情

平时家长都忙于工作，忙于家庭琐碎事，很少与孩子一起玩。笔者精心设计了一些活动让家长参与其中，目的在于提供一个平台让家长与学生一起活动，在合作活动中用心去体会亲情，让亲情唤起父母与子女间的信任感。为此，笔者曾专门设计了以《感恩》为主题的班会。其中包括了四个亲子活动：1）“小手拉大手”：让孩子辨认妈妈的手；2）“乒乓球传递亲情”：用乒乓球拍把10个乒乓球送到对面，要求孩子与父母一起完成；3）“两人三足”：父或母与孩子把其中一只脚绑起来，把对面的气球拿回来；4）“屁颠屁颠送亲情”：父或母与孩子一起用屁股夹住一个心形气球送到对面。第1个活动是让学生通过辨认父或母的手来感受岁月不留人，感受父母为了家和自己所付出的艰辛。而没有机会参加的学生可以在座位上观察父母的手，同样感受亲情。第2、3、4个活动是让学生体会与父母合作的乐趣，希望能在家里也能与父母合作玩游戏，不仅在此次活动中增进感情，还可以延伸回家里。

为了使效果更加明显，笔者在主题班会前半小时首先召集家长，向家长说明本次活动的目的和流程。关键是鼓励家长在主题班会时要主动带小孩参加活动。在活动结束后，又召开家长会，让部分家长分享活动的感受。这时就让家长充分发言，表达自己的想法、体会与见解，也让家长了解其他家长的感受。

从活动的反响来看，效果是明显的。原因在于，一是活动前和活动后对家长的集中说明非常关键。前是铺垫，后是分享与巩固。目的是让家长懂得适时要放下“高高在上”的架子，才能了解孩子内心的需求，才不会发出“孩子长大了，不听话了”的感慨。二是家长普遍反映这种方式很好，希望能多进行，一改过去抗拒参加家长会的想法。

这种活动中，教师没有说教，没有指责，没有“告状”，家长既能参与活动也能表达感受，体现了主体性。活动既让家长明白和感受到教师的一片苦心，又能体会到与孩子合作的乐趣，又让学生了解家长阳光的一面。效果就是好。

（三）开展主题家长会

在教育孩子方面有很多很多的问题，为了解决家庭教育中的某些常见问题，笔者尝试组织主题家长会。这种家长会是为解决某一个教育孩子的问题而召开的。我们主要是通过家长信传递信息，家长以自愿的原则参加。

我们根据家长反映难与孩子沟通的问题而设计了《接纳孩子的感受 迈出成功沟通第一步》的家长主题会议，邀请了部分家长参加。会议由笔者主持，过程是这样设计的：

第一环节：通过两个环节展现孩子的想法，引发家长反思。环节一是“演绎学生的原话，触动家长思想观念”；环节二是“对比调查的数据，加快家长转变思想认识”。环节一展示了某一节班会课《如何与父母沟通》上一些学生的原话，让家长初步去了解孩子的真正想法。例如有“为什么我没有错，父母还是责备我？”，“即使我做好了，她也只会拿别人和我比较，永远只会说那个谁有多好，谁有多优秀。”，“母亲，千万不要用‘爱’的名义来伤害我，我知道您的行为是为我好，但切记，不要用‘爱’这个名义。”，“我和母亲之间有一层隔阂。好像我做什么都不能讨她欢心……”等等。环节二主要是对比调查问卷结果，引发家长更强烈的思想转变。在活动前对学生进行问卷调查，了解学生的情况。活动时将调查问卷（家长的调查问卷直接学生问卷中的“父母”改为“孩子”）展示给家长，让家长写下答案。然后再将学生的问卷结果展示给家长，让家长自己比较，看自己的想法是否与学生的情况相吻合，从而引起家长的思考。

第二环节：家长换位思考，接纳孩子感受。环节一是进行案例分析。在活动中，笔者首先模拟七种说话方式（与对学生说的一样），让家长作出选择，把答案写在问卷纸上，最后对七种反应按最能接受的顺序进行排序。然后再把学生回答的结果展现给家长。让家长去比较自己与学生的选择，看看自己的想法是否与学生一致。

从活动环节中让家长感受到在与孩子谈话时要尝试真正地站在孩子的角度去看问题，这就是接纳孩子的感受的开始。

环节二是情景演绎。用两个不同的场景演绎向家长传递不同的谈话方式对学生产生的教育效果不同。一个场景是：“不利于孩子成长的随意性对话”，第二个场景是“有利于孩子成长的引导式对话”。我们分别邀请了两位家长辅助表演（开会前排练）。

第三环节：请家长以《如何与孩子沟通》自由发言，分享自己的感受。这个环节没有标准答案，只有不同意见。

第四环节：主持简单归纳，并介绍一些与子女沟通的方法，并观看一段CCTV《心理访谈》的节目作最后的总结。

此次活动中运用了调查数据对比和情景演绎的方式进行。主要的目的是让家长能换位思考，在教育孩子的过程中不要一味地指责孩子，而要尝试站在他的角度去看问题，并用恰当的沟通方式与孩子交流。从最后反馈的效果来看，家长接受这种家长会的形式，表示有收获。有个别家长还特意留下来再沟通教育子女的经验。

四、对创新家长会模式的新思考

通过对家长会创新活动的组织探索，笔者体悟到，这种创新的家长会模式是可靠的，也是可行的，也是必要的。要提高家长学校课程的效果，还要注意以下几个方面。

（一）从家长的实际需求出发组织活动，体现主体性

活动的对象是家长，就如教师上课要研究学生一样，活动组织策划者也要研究家长的需求，从家长的实际需求去设计活动组织活动。要了解家长参加家长会最想得到什么？应设法将家长会开展得更好一些，让家长每一次参加家长会都有具体、实实在在的收获。

（二）精心准备策划是成功的基础，体现针对性

精心设计的前提是用心去设计，我们面对的是学生家长，是成年人，有一定的社会经验，会有很多的想法，有个别的家长素质还比较高，很容易找茬挑刺。因此要对活动作精心的策划和设计，减少失误。本次活动中对学生的二次调查、对话场景的准备、过程的设计都是与同事们一起去精心研究策划的。整个活动的顺利进行也是团体精心准备的结果。

（三）活动形式的转变带来成功体验，体现多样性

本次活动形式比以往有很大的转变，由原来的纯听讲座转变为参与式的活动，活动中有情景表演，有视频观看，有调查问卷，有交互式提问。这些形式促使家长能专注于活动中，在活动中获取知识与

技能。更重要的是让家长由听众转变为参与者，由被动变为主动。

（四）参加人数适宜

参与的家长人数不宜过多，一般控制在15到30人左右，要根据活动设计的需要而定。

（五）用心去设计活动，用真情去交流

教师与家长之间需要真情交流。在组织活动过程 ，笔者从表情、神态、语言、姿态等方面始终保持谦逊和谐的态度，结果是赢来家长的信任和支持。

家长会是一座桥，是老师、家长、学生共同成长的载体。通过家长会活动形式的创新改革，我们要把家长会开成“交心会”、“感恩会”、“促进会”、“活动乐园”，让每一位家长在家长会上有情绪波动、有情感的投入，收获了体验和有所感悟。

在社会发展的新形势下，家长会要与时俱进，在传承中创新，在创新中发展，用真情去感染家长，争取家长的最大支持与配合，为实施素质教育和学校发展创造出一片更加广阔的新天地。

刘东玲

中学语文一级教师
南海中学优秀班主任

格言 教师的价值在于能得到家长与孩子的尊敬和喜爱。
——刘东玲

架起沟通之桥
——小议如何利用家长会与家长有效沟通

广州市南海中学　刘东玲

老师与家长沟通的方式有很多种，其中利用家长会与家长沟通这种方式让我感受颇深。家长会是家长了解子女所在班及子女在校学习情况的窗口，也是班主任班级管理和班风建设的重要途径和有效拓宽。如何利用家长会与家长沟通更有效，我结合自己几年来的实践，认为要做好以下几方面的工作。

一、充分利用家长会与家长沟通，实施教育目的，达到教育效果

俗话说：台上十分钟，台下十年功。深入细致地做好家长会的准备工作，让家长全方位了解你的工作，是得到家长认同并愿意积极主动与你沟通的保证。让你的工作态度与家长进行无声的沟通，让他们充分感受到老师对孩子们密切的关注与爱，老师工作的热情

也能充分激发家长与老师沟通配合的愿望，对家长会中老师提出的各种问题他们会表现出极大的关注，对孩子出现的种种问题会及时与老师进行沟通。

每次家长会，我都会认真写好家长会讲稿，内容全面，形式多样。如准备有关分析材料（如班综合情况分析、学生成绩分析、阶段表现评语等），反馈材料（如学生家庭表现情况记录、对学校班级管理建议等），家长、学生代表发言等。在初一的时候，我觉得我班比较活跃，孩子们的“感情” 也过于丰富，部分家长对孩子也过分溺爱，喜欢听孩子的一面之词，对老师的做法不理解，甚至与他的孩子站在同一战线上，让老师与家长的沟通一度陷入窘境。所以在初一期末家长会的时候，我首先结合成绩来剖析班级的点滴变化，通过事实让家长认同你的做法，然后我还请了一些与老师沟通较好，孩子的成绩，表现又取得较大进步的家长和学生代表出来发言，用身边活生生的事例与家长沟通，往往能达到意想不到的效果。比如我班的关某某，曾是一个聪明、任性、霸道、是非观较差的学生，对于他的种种劣行，我一与家长沟通，她就会袒护小孩，甚至罗列一大堆她孩子在小学的 “辉煌史”，对于这种类型的家长若不掌握好沟通的技巧，不但不能取得教育效果，甚至会和你产生对立情绪。于是在和这位家长沟通时我就改变以往直接反映“情况”的方式，而是先肯定她的孩子的点滴进步，比如说“您的孩子最近哪几方面表现不错，如果在以下一些方面改进一下，孩子的进步就更大了。”又比如当她开始愿意与你配合并对孩子的情况表现焦虑时，我又会适时地去安慰，比如“请家长不要着急，孩子偶尔犯错是难免的，我们一起来慢慢引导他”。当她对教育孩子感到无方时，我就会给她提建议，最后还会问她“您有什么事情需要老师做吗”？老师贴心的话语让她感到老师的无私帮助。通过多次的交锋，这位家长终于改变“立场”，与我统一战线共同教育小孩，这孩子也因此产生很大的改变，变得上进、明理、知礼。家长对我更是心存感激，也更加主动、开心地与老师沟通了 。此外，在每次家长会，我都会有针对性地开展有关孩子教育专题讲座，让家长通过学习，不断提高自己的教育水平，让大家通过学习、沟通在教育上达成共识，在教育情感上产生共鸣，从而使沟通更为顺畅，教育效果更佳。

二、“活、精、实”是在家长会取得较好沟通成效的关键

活——形式活泼。家长会作为一种教育活动，是需要认真组织、讲究沟通艺术，才能发挥其“立体教育”的作用。老师讲话要简明，且富于启发性、感染力，能引起家长的注意，切忌唱独角戏，而应让家长参与讨论，这样既活泼了会议气氛，又给自己争取到“喘息”之机，并有利与家长畅所欲言。例如初二时我班举办了题为“为你骄傲”的家长会，我就抓住我班董晓晴同学被评为校十佳的契机，让她和其他几位综合表现突出的同学出来谈心得、交流经验。这样通过孩子与家长直接沟通，让家长了解她们的心声，在家长心中树立良好的 “教育模板”，使家长们对子女有了更深层次的了解和更高的目标。

精——沟通的内容要精炼，切忌没主题。家长会最忌面面俱到，幻想通过一次就把所有问题解决是很难的。每次会议一定要目标明确。或就学校和班级工作计划与管理措施向家长征求意见；或向家长明确学生每个阶段的不同教育目标以求得家长配合教育；亦或是针对家长在教育子女中的某些问题等，只有内容精炼，主题突出，才能有的放矢，话题集中，谈到点子上，谈得开阔、谈得深刻。从而有利于彻底解决问题，实现目标。如谈谈中小学如何科学衔接；初一学生良好学习、生活习惯的养成；初二学生出现分化的原因及家长的对策；初三备考策略（初三学生的身心特点及应对提示；初三不同档次学生的教育提示；对不同学习阶段学生教育的提醒；家长在教育中要避免的误区等），通过这些专题形式的 沟通、交流，让家长更能理解老师的做法，也更明确自己应该配合老师做些什么，从而达到知、行、教的统一，也更有利于扫除平时沟通的障碍。

实——沟通的内容实在。家长们在百忙中抽时间来参加家长会，倘若使他们感到自己没多大收获，觉得会议价值不大，那么就会降低他们下次再来的兴趣。因此，家长会一定要务实不务虚。每次会议，都须结合学生实际和家长实际展开讨论，确实解决一些实际问题，使家长们感到来了有所得，不来有所缺，激发他们积极参加的浓厚兴趣。在召开家长会的过程中，老师和家长要真诚相待，推心置腹，为了一个共同的目标在友好和谐的氛围中取得支持与配合。

三、做好会后沟通是取得良好教育效果的保证

家长会不能开完就了事，而应该及时收集家长开完会之后反馈的信息。以便更好地与家长沟通、配合，共同做好教育学生的工作。

1. 收集“家长意见单”“学习心得”或者针对某些现象而设计让家长答的问卷资料，并进行归类推理，装订成册。

2. 对反馈回来的信息采取整改措施：涉及到学校的意见及时向学校反映；涉及到班级和老师方面的意见，本着“有则改之，无则加勉”的原则采纳；对有关赞扬肯定老师的话，则应把它作为前进的动力；对家长提出学生哪些方面需要改正的，及时对学生进行教育。

3. 对因故未到会的家长，则要利用其他时间分别与其取得联系——或邀请家长抽空到校谈；或电话联系；或登门拜访，将有关情况及时沟通。

家长会是一座桥梁，又是一方阵地，是良好的教育契机，我们和学生家长交流沟通本着诚恳的态度，注意沟通的方法和技巧，使家长有所获，有所启示，有所措施，达到在情绪上感动、思想上触动、措施上启动，使教育工作及时准确，就一定能获得比较好的效果，使学生健康成长。

彭天颖

中学一级教师
广州市优秀教师
越秀区三等功
越秀区优秀党员

格言　细节决定成败。——彭天颖

非优质生源初中心理健康主题班会的构建与实施

广州市第四十中学　彭天颖

【摘　要】本文简要回顾了我校近年开展心理健康主题班会的做法和意义，着重阐述了心理健康主题班会这一新形式的构建思路和实施，心理健康主题班会是学校多样性教育的形式之一，是开展心理素质教育的有效途径，有助于促进青少年情感心理健康发展。启发指导性、互动性、情景式的综合教育方法适合于中学生。

【关键词】心理健康　主题班会

当前，中学生心理健康已成为教育实践的重要课题，心理健康教育走进大课堂，利用班会课与学生开展生动、有趣的情感体验互动已成为我校班主任积极配合个别心理咨询工作的一种新形式。心理健康主题班会，从多方面改善和提高班级中学生的心理健康水平以及班级风气，满足学生的成长需求，为学生营造出能促进其人格健全和优良品质的发展环境。以下是对我校近年来开展这方面工作的回顾。

一、心理健康主题班会与传统班会的区别

心理健康主题班会是渗透心理健康教育理念，以心理学理论为指导，以心理健康教育内容为主题，融心理团队辅导活动的方法于班会中的一种主题班会形式。

（一）范围不同

班会课的范围比较广泛，包括德、智、体和社会实践活动等，而心理健康主题班会的范围比较集中，主要围绕学生的心理健康。

（二）性质不同

心理健康主题班会的设计需要有系统的心理学理论为指导，有一定的理论框架和专门的技术支持，而班会课设计不一定有理论结构。如班主任设计一次迎国庆活动，事先并不需要思考依据什么理论。

（三）主题不同

心理健康主题班会往往是以学生的成长作为活动的主题，如学习困扰、人际交往、青春期问题等；而班会课的主题活动则既可以围绕学生个人，也可以围绕社会。它作为学校德育的一种形式，更具有社会取向。

二、开展心理健康主题班会的意义

（一）可以促进全体学生心理健康的发展性目标

（二）可以落实心理教育全员性

从培养学生健全人格的角度来看，每一位教师都是心理教育工作者。当然，这不是要求教师承担专职心理教师的任务，诊断和矫治学生的心理障碍，而是关心学生心智的成熟。开展心理健康主题班会，可以促进教师边实践、边学习，在不太长的时间内，逐步理解、掌握心理教育的理念、方法和技术，提高教师教育的能力与效果。

（三）可以体现“以人的发展为本”的教育理念

学校德育教育工作侧重刚性教育形式，难以将道德意识内化为学生思想深层的理念和行为。心理健康主题班会是以个体发展的取

向为主，以个体的经验为载体，以活动为中介，通过学生参与、体验和感悟，认识自己，开发自己的潜能，获得自助能力。它可以极大地调动学生心灵感受的主动性。

三、初中生的心理健康主题班会的构建和实施

教育改革的主旋律是把人的发展和成长作为教育的目标，“为了每一位学生的发展”已成为课改的基本理念。作为班主任，要根据学生身心发展的特点和规律，关注学生在不同年龄阶段的生理变化、心理成长、学习和生活状态，倾听他们的烦恼，满足他们的需求，解决他们的具体问题，促进学生主动健康地成长。心理健康主题班会的构建，一方面可以依托坚实的理论基础与实施流程，另一方面可结合班级实际有针对性地进行构建。

根据初中生的年龄特点和我校学生的特点，我校按年级的不同将心理健康主题班会的内容分为三条主线。初一级以“做好小升初的衔接，尽快适应初中生活”为主线；初二级以“迈好青春第一步”为主线；初三级以“克服困难，向发展目标迈进进”为主线。

（一）初一以“做好小升初的衔接，尽快适应初中生活”为主线

学生从小学升上初中，面临着环境的变化、学习方式的变化、作息时间的变化等，这些都会对学生产生一定的心理影响。班主任将学生入学适应问题作为新生心理健康主题班会的第一课，给予他们必要的生理、心理上的辅导和帮助，这有助于他们尽快熟悉中学生活，缩短适应期，顺利地融入新的集体，重构新的人际关系，适应新的生活方式，健康全面地发展。

初一心理健康主题班会的实施：新生入学适应是一个复杂的心理过程，不可能通过一次心理健康主题班会完成，需要开展每次一个主题的系列班会。更重要的是，活动内容应该符合学生的心理特点与兴趣，具有可操作性，让学生们互动起来，在真实的体验过程中得到心理疏导。在具体实施时，可以按以下步骤进行。

清晰学生心理状态，明确学生需求。

初入学，新生存在的心理问题具有普遍性，如处于新的环境，因为对陌生环境的不适应，学生多表现出不安、焦虑等情绪。但是，学生存在的心理问题，也因成长环境的不同、个性的差异、心

理承受能力的差别等因素呈现出多样性。因此，学生入学心理健康主题班会的实施，不能忽视对学生心理状态的调查。调查可以通过观察、问卷、谈话等途径展开，旨在获得学生心理实际需求的具体信息，包括存在的共性问题、不容忽视的突出问题，以此作为主题班会实施的目标依据。

确立心理健康主题班会系列主题，制定主题班会达成的目标。

班会系列主题可以根据班级的具体情况自己确立。班主任可以根据学校及班内的情况，对如何解决适应问题做好整体规划，使得主题班会有整体规划，以利于主题班会的有效性。

选择心理健康主题班会展开策略，设计主题班会实施过程。

设计能为心理健康主题班会提供模拟生活情境的活动，把学生需要解决的问题放回到类似的环境中去再认识，重新进行调整，有助于学生发现建设性的解决问题的方法。一般来说，可以采用游戏、行为训练等形式。

附：近年来，我校初一级曾经开展的心理健康主题班会（汇总表）

主　题	目的要求
我们的学校	适应新学校的学习环境，引发学生热爱学校
认识新伙伴	学会如何认识新同学，培养学生人际交往能力
认识自己　活出精彩	通过活动让学生认识并正视自己的优缺点，完善自我、超越自我、培养自我调整的能力
预算时间	学会预算时间，列学习、生活计划，有效地把握和利用时间

主　题	目的要求
驾驭中学的学习生活	了解学习方法的重要性和基本的学习方法
养成良好行为习惯——初中学生综合评价解读	培养学生良好的行为习惯，使班级形成一个具有凝聚力、有良好班风的集体
快乐的科学，科学地快乐	通过活动让学生充分正视表达了解自己的情绪，并感悟积极快乐的情绪体验
让智慧插上翅膀	通过培养学生的想象力来提高学生的学习兴趣
天生我才必有用	鼓励学生运用自己的能力承担一定的生活或工作责任，强化自己某方面的自信心
唱响自信之歌	引导学生认识自己某些方面的能力，寻求自信的支撑点
面对心理挫折	通过活动教会学生一些应付挫折和困难的技巧和方法
调整心态，为自己喝彩	通过活动让学生学会调节和控制情绪的好方法

主　题	目 的 要 求
有理也有礼	通过活动让学生用积极正确的态度对待教师的批评，促进师生间的理解和沟通
怎样使用零花钱	帮助学生初步学会合理使用零花钱，做一个理智的消费者
校园“追星族”	通过活动对学生中的“追星族”现象进行正确的引导，帮助学生学会在生活中寻找理想的坐标
网上世界真精彩	通过活动使学生明白上网的利与弊，使学生学会合理上网，健康上网
画出人生的彩虹	通过活动让学生树立远大的理想，培养学生的自信心和班集体凝聚力；指导学生对人生进行初步简单的规划，树立积极进取的人生观

（二）初二级以“迈好青春第一步”为主线

初二的学生已适应学校的学习生活，学习的差异对学生的心理产生了一定的影响。一部分学生因为学习、交往等方面的原因产生自卑。随着青春期的到来，学生内心细腻，男女同学交往变得敏感起来。学生与家长之间的关系也出现变化，与父母的沟通上会有一些新障碍。心理健康主题班会的实施可以围绕体验克服困难的快乐、学习倾听和理解、学习合作与交往、提高注意力等目标展开。

通过心理健康主题班会，指导学生学习与朋友倾诉，学习尊重与关心异性队员，体验集体荣誉感。初二学生的策划、组织能力明显增强，学生特别渴望拥有自我展示的舞台。班主任可以把主题班会的部分活动交给学生去组织实施，教师从旁指导。与此同时，借助于心理健康主题班会，架起新型亲子关系的桥梁，通过邀请家长参加主题班会，帮助家长了解孩子的成长与发展，使家长和子女通过积极有效的途径进行交流沟通。

附：近年来，我校初二级曾经开展的心理健康主题班会（汇总表）

主　题	目 的 要 求
我喜欢的少男少女形象	通过活动使学生认识和体验到什么是良好的少男少女形象，帮助学生确立适当的性别角色意识
非常青春　非常自信	通过学生对自己优点的挖掘和肯定，培养和增强学生的自信心
谈笑有鸿儒——友好交往，共同进步	通过积极的同伴评价，学会欣赏他人，同时也感受被同伴欣赏的快乐
我们都是好朋友	帮助学生理解“朋友”的含义，增进学生间的友谊
把握青春　珍爱友谊	通过活动让学生了解男女差异，帮助学生解决有关青春期的困惑
莫食苦涩的青苹果	通过活动帮助学生树立健康的异性交往观念，明白异性交往应该注意的一些准则

主　题	目 的 要 求
听父母讲过去的故事	了解父母的过去或家庭的发展，感悟人生的价值
吾家孩子初长成	通过活动使学生全面理解“长大”的含义，学会用正确的态度来认识生理上、心理上的各种变化，积极主动地走向成熟
懂得关爱，学会感恩	通过“当家人”的活动，体会父母的心情和操劳，增进对父母的理解
我该如何和家长沟通	让学生正确认识父母与子女之间的心理代沟，学会理解代沟存在的原因以及主动去化解这种代沟
架起亲子沟通的桥梁	学会与父母沟通，理解父母的感情和思想，增强对父母的关心和尊敬之情
理智面对学习压力	让学生学会用理性想法去对付各种难题，学会心理上自助
不让判逆的心态影响我们的学习	认识消极情绪对学习的影响，寻找缓解和消除不良情绪的方法

主　题	目 的 要 求
心有他人天地宽	培养学生具有勇于接受他人否定的勇气和胸襟
网上交友	引导学生正确对待网上交友，强化防范意识
让红丝带飘起	通过活动让学生认识和了解艾滋病，能采取正确的态度和行动来对待艾滋病病人
远离毒品	通过活动让学生认识毒品的危害，增强学生拒绝毒品的意识
拒绝吸“第一支”烟	通过活动让学生认识吸烟的危害，自觉远离烟草，拒绝吸“第一支”烟
快乐成长，有“法”相伴	通过活动增强学生自我保护的意识和能力

（三）初三级以“克服困难，向发展目标迈进”为主线

初三学生的学习任务最艰巨，学习压力很大，学习活动内容占据了学生生活的绝大部分。随着中学毕业的临近，学生对升学的选择，乃至对自己的人生理想开始有了思考。由于应试教育的压力，也由于现阶段优质教育资源与人们需求的巨大差距，中学毕业生承受着身心负担。如果这些负担不能及时化解，学生们的苦恼、忧郁、抑郁、烦躁、暴躁等不良情绪，就会发展为厌学、反抗、叛逆……影响他们的学习、生活乃至身心、情感的发展。

初三心理健康主题班会的实施主要围绕学生的学习问题和考试压力问题，班主任需要开展深入的工作，使学生进一步掌握学习方法，自主、有效地开展学习，尤其是转变对学习的认识，从挑战性的学习任务中感受学习的快乐。正确对待学习、生活的挫折、困难，提高适应力。可以适时组织“照镜子——学会正确评价自己的学习”、“轻松驿站”、“成长的足迹”等系列主题班会，指导学生分析评价自己的学习，学会自我减压，并向其他伙伴学习；组织“我选择我快乐”、“我是一名合格的中学毕业生”、“为母校留下什么”等系列主题班会，指导学生学会选择和对自己的选择负责，做合格的中学毕业生。在充分关注学生成长需求的基础上，引领他们更好地发展。

附：近年来，我校初三级曾经开展的心理健康主题班会（汇总表）

主　题	目 的 要 求
学会称赞他人	在活动中学习克服自己的嫉妒心理，学会欣赏他人的进步和成功，既学会发现别人的优点，也进一步树立自信
舞动青春的旋律，放飞青春理想	引导学生树立远大的理想和初三阶段的近期理想，用于指导初三的学习
积极的心态，成功的一半	提高学生心理应激能力，尤其是学会如何轻松迎考，调节自我学习生活
树立信心　我的未来不是梦	帮助学生寻找现实的我和理想的我的差距，并明确完善自我的努力方向和途径
越学越有劲——学习动机辅导	通过活动让学生端正学习动机，正确面对学习的压力

主　题	目的要求
学习的策略	通过活动帮助学生理解学习策略，启发学生选用合适的策略
学习中的自我调控	启发学生根据各人实际情况，采用自我调控方法来提高学习的效果
让我们更坚强	让学生了解自己意志力的情况，实施意志力的培养
战胜紧张　笑面人生	让学生了解紧张的情绪对考试的影响，指导学生借助暗示克服焦虑的心理
以积极的心态迎接中考	通过活动让学生用正常积极的心态去应付挫折和困难，迎接中考
规划人生　绘出彩虹	让学生有良好的心态对待初三，引导学生思考如何面对升学和就业的问题，规划自己的人生之路
百日誓师　百战不殆决胜中考	通过百日誓师，培养学生认识自我、挑战自我、超越自我的情感，树立正确的备考信念，激发学生决胜中考的士气

四、实施心理健康主题班会的成效

据统计，初一、初二、初三级同学对心理健康主题班会的内容、形式及时间安排持积极肯定性评价者分别为92.3%、86.2%及90.3%，认为总体效果很满意、较满意者达88.5%；认为因集体心理辅导的作用，在健康心理知识学习方面发生中等以上变化者达89.5%以上，同时认为在情感与健康心理的内涵、问题处理与自我调节能力、方法的学习方面发生积极变化者达68.4%以上；对自我和社会的伦理道德建设持积极态度者达93.2%以上。结论：心理健康班会是学校多样性教育的形式，是开展心理素质教育的有效途径，有助于促进青少年情感心理健康发展。启发指导性、互动性、情景式的综合教育方法适合于中学生。

五、反思实施心理健康主题班会的几个问题

（一）选题的单一化

许多心理健康主题班会大多选择有关人际交往和情绪调节的内容。人际交往，尤其是团队合作的内容比较有动感，上起来顺手一些；而情绪调节的内容参考资料相对来说稍多一些，这恐怕是大家不约而同选择这两类主题的主要原因。但心理健康主题班会是为促进学生发展成长服务的，必须以学生面临的实际问题和需要作为选择主题和内容的主要依据。学生除了人际交往的问题之外，还有许多发展性问题需要我们给予帮助，如学业失败带来的自我意识调整问题等，都是我们心理健康主题班会在选题上必须考虑的。

（二）活动的单调化

班主任上心理健康主题班会，最发愁的是设计不好活动，往往是看别人有什么活动，就马上照搬过来。由于活动设计不精心，结果就只剩下讨论和说教，这就必定影响对学生的吸引力。所以在心理健康主题班会的“活动设计”方面，一要取材于学生的学习和生活，要贴近学生的生活实际；二要坚持创造精神，靠自己动脑筋来解决问题，不要一味模仿别人。

（三）游戏的过热化

这个问题与上一种倾向是有联系的。由于活动的单调化，许多

教师就对“游戏”产生了浓厚的兴趣。这一点并没有错，因为游戏也是心理健康主题班会的一种重要形式。但如果教师不加以分析地把许多游戏引进心理健康主题班会中，并以此作为常规项目就不妥了。

（四）班主任思想误区

班主任把心理健康主题班会上成“思想品德课”、上成“班队活动课”、上成“文化课”这一类的谈话课。班主任在传统的德育工作模式下，习惯了灌输与说教的思想教育方式，现在要他们一下子转轨到心理健康主题班会的模式上来，他们很难适应。心理健康主题班会强调主体的体验与感悟，强调学生的自我成长，要落实这样一种理念，班主任就必须学会专注、倾听、同感、回馈、引导、重述、具体化等一系列技巧，而这些技巧的掌握是需要班主任在实践中慢慢体会和逐步了解、掌握的，绝不可能仅凭短期的培训就能彻底解决问题。

总之，心理健康主题班会能否有效实施，班主任能否处理好活动中的角色定位是关键。在实施中，要着重处理好以下两个问题。一是实施时要精心策划，考虑周全，注重细节。班主任事先要做到胸有全局，应该对主题班会的目的，对班会中可能出现的种种问题做最充分的估计，尤其要注重细节的设计。二是实施时要淡化教师传道说教的角色意识，做一个出色的组织者。学生成长过程中出现的心理问题是不确定的，会应时而变，应地而宜，新的问题与困扰会层出不穷。这就需要班主任善于审视、发现新的问题，形成新的心理健康班会主题。教师可以在实践中发挥创造性，设计出更多更新更有意义的心理健康主题班会，促进学生健康成长。

【参考文献】

【1】吴增强：《初中生心理辅导指南》，上海科技教育出版社2001年版。

【2】王一军、李伟平：《班级活动设计与组织实施》，教育科学出版社。

【3】陈立群、晨光：《班主任，您好》，红旗出版社2006年版。

徐 敏

中学语文一级教师
越秀区教坛新秀，获越秀区嘉奖

格言 尊重学生，做智慧型班主任！ ——徐 敏

论自我教育理念下的班主任工作

广州市培正中学 徐 敏

【摘 要】自我教育理论提倡学生的自我完善，班主任与学生建立师生合作关系，并在其中起到引导作用。教师注重创设教育情境，激发学生的内驱力。同时还提倡在集体中对学生进行教育。

【关键词】自我教育 班主任

苏霍姆林斯基曾说：“只有能够激发学生进行自我教育的教育，才是真正的教育。”这是其关于自我教育理论最经典的阐述。继他之后的另一位苏联教育家阿莫纳什维利肯定了他这一理论，并用自己的理解重新表述了自我教育思想：“真正人道的教育学——是能够吸引儿童参加到造就他们自己的过程中去的教育学。”他认为，“应该指引学生走上自觉地效力于自我教育和自我完善的道路。”

自我教育理论并不能简单等同于自我检讨、自我批评等自我压抑，它更多的是提倡一种积极的自我培养的过程，发展积极的个性品质，追求自我发展、自我实现。儿童自我教育也是蒙台梭利教育思想的精华。她认为，“教育并非教师教的过程，而是人的本能发展的一种自然过程，不是通过听，而是依靠儿童作用于环境获得的经验。教师的任务不是讲解，而是在为儿童设置的特殊的环境中预备和安排有益的文化活动主题。”

在自我教育理念指导下，班主任的工作并不是无所作为，相反，应该更有工作的智慧，并使自己的工作能更好地协助学生进行自我教育。

一、尊重学生的主体地位，建立新型的师生合作关系

在班主任工作中，教师不再是传统意义上的班级管理者。在自我教育理念中，自我教育是主体教育的基础。自我教育认为学生是自我发展的主体，教师则充当引导者的角色，引导学生对自己、人生、社会、历史等进行追问，从而达到人生价值的实现。

从这个意义上说，班主任与学生间更多的是一种新型合作关系，学生真正成为学习的主人，是自我成长的主人，教师应学会与学生交往，做学生发展的战友、志同道合者。班主任不再高高在上，以真理的掌握者或布道者的姿态进行班级管理或德育渗透，而是更要掌握与学生交往的艺术、教育的艺术。

班主任不再成为权威，应允许学生有独立的思想，能独立思考问题，主动探索真理。甚至允许学生和老师辩论。阿莫纳什维利就曾说过，“教师要培养自己的学生具有怀疑的能力，因为掌握知识的过程中产生的怀疑为思想打开着认识世界的通道，孕育信心和个性的独立性。”

这种新型的师生合作关系尤其强调要建立民主和谐的师生关系，“亲其师，信其道”，学生喜爱一位教师，会产生强大的内在动力，愿意接受老师的协助。很难想象，一位不尊重学生、教育不讲究方式方法，单纯靠批评或空洞的说教来教育学生的班主任能赢得学生的衷心爱戴，要想实现学生的自我教育更是无从谈起。

二、创设教育情境，激发学生的内驱力

学生的自我教育应包含的内容有自我对照、自我分析；自我规划、自我鞭策、自我激励；自我督促、自我控制以及自我评价。要想实现自我教育，激发学生的内驱力是班主任要做的很重要的工作。辩证唯物主义也告诉我们，外因是变化的条件，内因是变化的根据。教师为学生创造一定的教育情境，给学生带来变化的契机，并触动学生的内心，使学生产生一定的心理过程，并最终成为学生主体的自觉意识。

如在一次题为“我的理想”的主题班会课上，笔者设计了一个环节是“谈谈你的高考目标”。设计这个环节是考虑到学生处在高二即将升入高三的学习阶段，高考是他们近期最紧迫的任务。首先笔者播放了几所全国著名高校如北大、清华的宣传片，创设出了相关教育情境，营造了一个相对宽松的氛围。不少学生，尤其是部分女生刚开始不愿意说出自己的高考目标，担心考不上被同学笑话。但在笔者的鼓励下，最终几乎每个学生都大胆地谈出了自己心仪的高校，有的学生还谈到了自己想报考的专业，更有的同学还很详细地谈到自己目标的形成过程，赢得同学的阵阵掌声。每一个理想的展示都是对在场所有同学的激励，从他们的脸上我看到了青春的激情和奋斗的快乐。笔者只是点评说，“每一个有理想并且愿意为理想而奋斗的人，都是值得尊敬的。祝愿你们梦想成真。”通过这次教育情境的创设，学生在互相分享中实现了自我激励，激发了他们学习、发展的内在动力。

班主任应善于抓住全校性的教育契机，创设教育情境。如培正中学高三的百日誓师活动和毕业典礼都是极好的激发学生自我教育的机会。有一年毕业典礼的第二天，笔者曾收到一名学生发来的短信：“老师，昨天还没来得及说声‘谢谢’就已哭得不成人样了。请容许我衷心地说一句，‘谢谢老师！我爱你！’剩下的十几天，我一定会倾尽全力！不留遗憾！一个不争气的学生：×××。”在教师的眼中，不会有不争气的学生，学生的这种看似自我否定其实蕴含着对学校、对教师的深厚情感，这种情感将转化为她奋斗的动力。毕业典礼成功地调动了孩子们的内心情感，使学生自我鞭策、自我激励。

三. 发挥集体作用，在集体中进行教育

阿莫纳什维利曾说，真正人道的教育学是能够吸引儿童参加到造就他们自己的过程中去的教育学。他认为，应该指引学生走上自觉地效力于自我教育和自我完善的道路。因而，他非常重视集体的自我教育，他将自我控制和自我评价视为学生学习和认识活动的一个必要的组成部分。而在集体中，这种自我控制和自我评价能得到更充分的发展。班主任可以从以下几方面开展集体教育：

（一）在集体中树立榜样

中学生作为未成年人，有易模仿的特性。班主任可以有意识的树立一些社会上的或者身边的榜样，使学生产生一定的崇敬之情，从而激发学生的自我要求，形成自我激励。如笔者曾经在班会课上为学生播放尼克·胡哲的视频，学生被他的坚强、乐观深深打动，在经历了这种积极的情感体验后，学生也会在内心认可这种价值观，从而转化为对自我的期待。

当然，现实集体中的榜样同样也能对学生起到引导作用。甚至，身边的榜样对学生起到的激励效果会更明显。教师注重选择不同类型、不同特点的榜样，也有利于因材施教，从而引导不同的学生进行自我教育。

（二）灵活开展各项精神活动

班主任工作的重点之一是德育工作，机械的说教显然不符合自我教育的要求。为了将学生的道德认识内化为行为习惯，教师需要开展多种形式的活动，让学生在集体中进行自我对照和自我激励，最终达到自我督促和自我完善。这些活动的开展就能很好的达到教师的指引效果。

苏霍姆林斯基也认为，教育应以自我教育为基础，通过丰富多彩的精神生活，让学生在多方面、多领域充分表现自己的天赋、爱好和特长，促进其全面和谐发展。活动的开展有各种各样的形式，如针对社会热点时事进行讨论，佛山小悦悦事件、虎妈狼爸鹰爸等教育现象、食品安全事件、雷锋精神的发展及现实意义等，引导学生关注社会、关注生活，让学生在交流中提高对自己的认识和期待。既培养了学生的社会责任感，更鼓励学生思考、教会学生思考，同时也为学生创造出独立思考的条件。

又如开展有关道德品质的辩论赛、开展读书活动、结合学校社团活动开展爱心义卖、义演等，使教育由灌输性向实践性转化。各项活动由学生自己组织，在评价阶段则是学生自我评价与他人评价相结合，并坚持自我评价的主导作用。学生通过自我评价，变被动为主动，充分调动学生的内在动力。

（三）注重班干部队伍建设，营造良好班风

《教育心理学》曾指出，“学生担负一定的社会工作对于道德品质与个性的发展具有重要的意义。”为了在班干部队伍建设的过程中达到学生自我教育的效果，在班干部的配置上可以采用择优选择和学生轮换担任两种形式相结合，力争使每名学生都能从中得到自我激励。

良好的班风能起到春风化雨的作用，能促进学生间、师生间的相互交流。这正是环境的暗示效果。如课室文化的布置。班主任利用班训、激励语黑板、图书角、学习园地等创造出适合学生自我教育的自然环境和人文环境，使学生个体的自我教育和集体的自我教育相互促进，相辅相成。

著名教育家叶圣陶曾说，最好的教育是教学生自己做自己的先生。马斯洛的自我实现理论也能为自我教育提供理论依据。他从人类需要的角度来认识自我实现，将自我实现视为人成为自己本性所规定的那种人的需要或愿望。而这种自我实现的需要决定了学生自我教育的可能性。

理论是灰色的，而生命之树常青。班主任进行的是有关人的工作，面对的是鲜活的生命个体，更需在理论的指导下，因材施教，培养出人格更健全发展更全面的学生。

【参考文献】

【1】苏霍姆林斯基、杜殿坤编译：《给教师的建议》，教育科学出版社1981年版。

【2】冉乃彦：《阿莫纳什维利自我教育思想述评》，《班主任》2011年版。

邹志英

中学语文高级教师
广州市优秀班主任
从化市教育系统师德标兵

格言 要想学生爱你，首先你要学会爱学生！——邹志英

用心教育，用爱感化
——关于做好班主任工作的几点体会

从化市第四中学　邹志英

【摘　要】班主任工作在学校的教育教学工作中起着举足轻重作用。在新课程改革中，班主任如何通过教育、教学活动影响学生，使学生健康成长？笔者试从自身班主任工作的一些体会来谈谈如何做好班主任工作。

【关键词】用心　用爱　班主任工作

教育部原部长何东昌曾经说过：“一个优秀的班主任，就是一个教育专家。”这既是对优秀班主任的极高评价，也为班主任指明了努力方向。新课程改革，要求我们树立以人为本的教育理念，要更多地关注学生的情感、态度。那么，在学校的教育教学工作中起着举足轻重作用的班主任，在新课程改革中如何如何通过教育、教学活动影响学生，让他（他们）全面发展和健康成长呢？又如何在工作中体现自我的价值，成为受学生、家长喜爱的优秀班主任呢？

在这里，笔者联系自身班主任工作的一些体会谈谈如何做好班主任工作。

一、提高自身素质，把握班主任工作方向

教师被称为“人类灵魂的工程师”，从这句赞美之词就可以看出教育的本质：教育首先是培养学生做人，其次才是培养各方面的技能。所以，作为一名教育工作者，既然担负着塑造人类灵魂的崇高责任，那首先自己要有“魂”。那么，作为一名班主任，该如何才让自己有“魂”呢？那就要求班主任用思想、用正确的教育理念指导自己的教育教学活动，提高自身的素质，把握工作方向。

（一）班主任必须是一个善于思考的人

班主任面对着的是一个个性格各异的学生，要带好一个集体的学生，不是一件容易的事情。曾有教师认为，班主任是德育工作的组织者、实施者、监督者、检查者和评价者，处于集编、导、演于一体的主体地位。从这可见班主任工作的高难度了。因此，要把编、导、演的角色当好，你就必须是一个善于思考的人，首先，你要常常思考自己的品德是否能成为学生的模范；自己的学识能否让学生学有所得。因为爱因斯坦曾说过：“使学生对教师尊敬的惟一源泉在于教师的德和才。”如果自己无德也无才，那岂不害人子弟？其次，时代在进步，学生、家长乃至整个教育事业都对班主任工作提出了新的、更高的要求，传统式的批评、管教和训斥已经不是灵丹妙药，婆婆妈妈、辛辛苦苦的工作方法显然并不能得到学生的认同、理解和尊重。怎样才能让学生团结在你周围，被你吸引，乐于接受你的教导？所以，作为班主任，你要常常思考：我教育的个体是怎样的个体，我采取怎样的方式才会取得好的教育效果？我的教育要取得怎样的效果？在工作中不断思考，不断纠正错误的观点、做法；总结有效的方法去做好班主任工作，以求达到让“自己的个性、思想信念及精神生活的财富成为激发每个受教育者检点自己、反省自己和控制自己的力量。”

（二）班主任必须是一个善于学习的人

陶行知先生曾说过：“在教师手里操着幼年人的命运，便操着民族和人类的命运。”这话精辟地说出了我们教育工作者的历史

使命。正如前文所言，时代在进步，学生、家长乃至整个教育事业都对班主任工作提出了新的、更高的要求，这就要求班主任要紧跟时代的步伐，学习和掌握正确的新的教育理论，拓宽自己的知识层面；在工作中勇于实践，提升自己的教育能力。只有这样，才能成为教育工作真正的能手。

二、用“心”去做好班主任工作

“用心”即心中有学生。班主任工作的对象是学生，心中有学生，才会用心去观察学生，留意学生的点滴变化，发现问题时也就会设身处地的去理解学生，帮助学生解决问题。选择了教师这个职业，就注定要把心真正用在学生身上，尤其是一名班主任，更要做一名有心人。

（一）做一名有心人，要学会用心去观察

在班主任工作中，我们经常会发现，学生主动找老师聊天、谈心的情况少了，有时，他们远远发现你走来时便会停止谈话，说笑，当你主动询问他们时，他们也就用“没什么”来敷衍你，或笑笑之后就走开。他们有许多事、许多话，但许多时候“欲言又止”，与我们保持着一定的距离。所以，作为班主任，我们必须学会用心去观察，从他们的言行举止、情绪反应当中去捕捉学生的心理活动，及时给予关心、安抚或提醒和纠正。

记得那一年，刚接初一的一个班，担任班主任。开学两个多星期后，大部分同学已能相互认识，并融入这个班集体了。但我发现，有一个学生上课时不发言，下课时也不和同学玩，经常呆呆地坐在座位上，心事重重的样子。通过其他同学，我了解了他的一些情况：该名学生在小学时是班中的优生，由于一时失手，没能考上从中，看着以前的好友一个个都上从中了，而自己却只能来四中，心中很不是滋味，因此上学也提不起劲了。了解到这一情况后，我主动找他聊天，鼓励他：一时的失败不代表什么，重要的是懂得从失败中爬起来，勇敢地面对。在班集活动中也经常创造一些机会，让他去表现，让他从中获得成功感。另外，也经常与其家长沟通，共同做他的思想工作，肯定他，鼓励他，让他明白：一次的失败不代表什么，只要努力，在不同的学校也同样能取得成功。通过一系

列的工作，这位同学的心结解开了，脸上重新绽放自信的笑容，与同学的关系融洽了，也乐于为班做事。后来在初三会考时也以优异的成绩考上了从中。由此可见，用心去观察，才能发现问题，找到解决问题的方向和途径。

（二）做一名有心人，就要学会用心去倾听

那一段时间，我发现班中一名平时学习成绩优异的男生，连续几天被老师投诉，说上课睡觉，作业马虎。听到老师的投诉，心里很是恼火，优生都这样，差生还得了？想到这，真想马上把他找来，骂他一顿。但转念一想，会不会有其它的原因？因为对这个学生，我还是了解的：父母离异了，他跟父亲，父亲经常在外跑运输，他只能跟爷爷奶奶一起生活。虽然这样，但他很懂事，在家经常帮爷爷奶奶干活，在校也热心为集体做事，学习刻苦，深受老师、同学的喜爱。现在，出现这样的情况，会不会有什么原因呢？想到这，我打住批评他的念头，把他找来后，也许他也悟到些什么，站在我面前，头一直低着，像在等着我的批评。我直接把他这段时间的表现摆了出来，也把老师对他的评价说了出来，然后对他说："我不相信这是你的表现，你能告诉我原因吗？"也许是我的真诚打动了他，他看了看我，然后小声地对我说："老师，这段时间我心情不好，我爸爸交了一个女朋友，她天天来我家，但我不喜欢她，她一来，我就走。"噢，原来这样，问题出在父亲身上。在进一步的交谈中，学生告诉我，由于父母的早早离异，他已习惯与父亲、爷爷、奶奶一起生活，现在多了一个女的，他感到非常不习惯和不喜欢，所以情绪受到影响，才会有近段时间不良表现。也许是心里的话积压太久，没人诉说，学生和我交谈了差不多一个小时，在交谈的最后，我明显感到他心情的改变，"老师，我知道怎么做了，谢谢你。"他长长地舒了一口气，笑着对我说："说出来，我的心情好多了。"看着他脸上的笑容，我知道，他会做得很好，也为自己感到很幸运，自己没有简单处理问题。

由这件事，我明白了，一名出色的班主任，不仅仅把自己当作是一名老师，还应该是学生的知心朋友，当学生需要倾诉时，我们都应该是一名很好的倾诉对象。听听他们的快乐，听听他们的苦恼。在倾听中，我们就会发现他们丰富而敏感的内心世界，从而找到沟通的钥匙，打开通往心灵的大门。把这扇大门打开了，那么所有的学生问题也会迎刃而解。

（三）做一名有心人，还应学会用心去理解

那天下课，经过某班门前的时候，课室里的某个学生对着我大喊："老师，小A同学哭了。"我随着声音看去，发现小A伏在桌子上，旁边有几个同学在安慰她。我走进教室，问小A旁边的同学发生了什么事，一个同学告诉我："小A刚才上课时让老师批评了。""为什么？"我追问了一句，因为据我了解，小A是一名不错的学生，学习成绩优秀，又是班干部，老师得力的帮手。对于这样的学生，老师是不舍得骂的。"小A昨晚发烧，所以没有完成作业，刚好今天缺交作业的学生较多，老师一怒之下就不问原因骂了所有的学生一顿，还特意点了小A的名字，批评她，作业都完成不了，还做什么班干部？小A听完后，就哭了。""那小A没解释吗？""老师说，没做就没做，有什么好解释的。解释不就是为自己的错误找借口吗？"一位学生有些不平地说。哦，原来是这样。我安慰了小A，回到办公室后，我的心情久久不能平复，"解释不就是为自己的错误找借口吗？"唉，多经典的语句，殊不知，学生对老师的信任就在这一句句的经典语句中消失了。生活中总有意想不到的情况出现，人也会有出错的时候，如果这是无心之失，无伤大雅的，为什么我们的教师就不能宽容一些，用心去理解学生呢？教育家波普曾说过："错误在所难免，宽恕就是神圣。"为什么我们的老师就不能这样做呢？想到这里，脑海中又浮现出另一件让我不能释怀的事情：那一天，某班一个男生因为心情不好，在课堂上撕烂自己的作业本乱扔，影响了课堂纪律，班主任知道后，找来学生大骂了一顿，并讽刺地说："你又不是皇帝，如果你是皇帝，那课堂就是你的了，你想怎样就怎样，可惜，你不是。"批评的最后，就是让学生左手打右手，当作对自己违纪行为的惩罚。看到这样的处理方式，看到学生那充满怨恨的眼神，我的心情久久不能释怀，难道没有更好的处理方式吗？心情不好，需要发泄，我认为是人之常情，当学生因为自己的心情而影响到别人、影响到班集体正常的秩序时，我们要做的仅仅就是批评、斥骂吗？这样，就能取得好的教育效果吗？

以上的事例，让我深深地感受到，作为老师，特别是班主任，在处理学生问题上，不能只按自己的意志、方式去处理，而是要用

心去揣摩和理解学生的内心，想想学生的情感。只要我们用心去和他们交往，去换位思考，学生一定会明白老师的用心，许多问题也会迎刃而解，而在学生心里，老师也会留下一个美好的形象。

三、用“爱”去做好班主任工作

教育是情与爱的事业，没有爱就没有教育，热爱学生是教师的天职。所以，在班主任工作中，只有对学生怀有一份真诚，一颗爱心，一片热情，用情感温暖每一个学生，学生才会与你产生共鸣，才会自觉愉快地接受你的教诲，并用真心报答你！

在工作中，班主任的动情之处，不一定是“惊天地、泣鬼神”的大事，它其实就体现在平凡的生活中：天气变冷了，提醒学生记得添衣服；在走廊上被学生碰撞了，说声“没关系”，还细声地告诫他要注意安全；学生犯了错误，耐心地引导、教育；学生遇到挫折，悲伤哭泣时，能拍拍他的肩膀，给他最有力的鼓励，我认为，在这些点滴的小事上，最能体现班主任的一片真情。

我永远也忘不那一届学生，因为他们让我体会到付出“爱”的喜悦和幸福。那一年，我怀孕了，学校为了照顾我，没有让我再做班主任，而是只当任课老师。工作轻松了不少，但也许是习惯了班主任工作，除了上好语文课外，我还经常找学生聊天、谈心，关心他们的生活、学习情况。也许是我的真情付出感动了学生，慢慢地，我发现原本吵闹的课堂安静了；上课时，总发现讲台旁多了一张椅子；当我走在走廊时，原本追逐打闹的学生都会靠边站着，然后笑眯眯地对我说：“老师慢走。”还有那一个开学就被级组老师定格为差生的小H，在一堂自习课前，对班中学生说：“以后上邹老师的课，一定要听她的话，不能惹她生气，不然，别怪我不客气。”听到这样的话，让当时站在走廊的我感动不已。多可爱的学生，他们让我体会到收获学生真情的喜悦和幸福，也让我明白到：只要老师对学生付出真情，总有一天，学生也会用真情回报你！因为“教师的爱是滴滴甘露，即使枯萎的心灵也能苏醒；教师的爱是融融春风，即使冰冻了的感情也会消融。”（巴特尔）

有位名人说过：“把热爱自己的专业和热爱自己的学生结合起来才是一个好教师。”把教育当做一份事业，而不仅仅是一份职业，热爱这份事业，就会热爱学生，对学生的那份真情就会情不自禁地流露出来。班主任就应该如此。也只有如此，我们班主任才会享受到一般科任老师享受不到的乐趣与幸福。

新的时代，新的发展，赋予班主任工作新的内涵，新的挑战。在这日益发展的时代里，笔者相信，只要我们班主任用心教育学生，用爱感化学生，我们所钟爱的那片土地一定会芬芳尽现，姹紫嫣红！

【参考文献】

【1】关承华：《凭什么让学生服你》，中国青年出版社 。
【2】陈立群：《教育的真爱、假爱与错爱》， 红旗出版社。
【3】《情感教学心理学》，上海教育出版社。

高素华

中学政治一级教师
广州市优秀班主任

格言 教师爱学生，学生爱教师；班主任给后进生一份情，后进生对班主任掏全心。——高素华

给后进生更多一份师爱
——班主任工作之我见

从化市城郊中学　高素华

【摘　要】后进生的转化既是老课题又是新问题，后进生的转化是班级管理的重头戏，也是德育工作的重要一环，但常常让教师感到头痛的是后进生学习的严重落后、行为习惯的偏差等。可以说，转化后进生是班级管理“永恒的主题”。转化后进生不仅是社会的需要，也是时代的需要，更是每一个学生健康成长的需要。那么，如何科学而有效地做好这一工作呢？笔者从转化后进生的意义、对策和反思等方面简单谈谈对后进生转化工作的一点体会。

【关键词】班主任工作　师爱　后进生　转化　健康成长

后进生通常是指那些智力发育正常、行为养成习惯差或学习成绩落后的学生。虽然他们在班上人数不多，却是班上的消极因素。能否做好后进生的转化工作，不仅关系到一个学生的前途，还关系到一个班级的管理、一个家庭的幸福、社会的和谐。所以说，教育好后进生相当重要。

后进生的转化既是老课题又是新问题，后进生的转化是班级管理的重头戏，也是德育工作的重要一环，但常常让教师感到头痛的是后进生学习的严重落后、行为习惯的偏差等。著名教育家陶行知说：“你的教鞭下有瓦特，你的冷眼里有牛顿，你的讥笑中有爱迪生。”这就昭示，教师对后进生不能有歧视、冷眼、讥笑，而是要给后进生更多一份无私的爱，引导他们进步，这是每个教育者义不容辞的责任。

一、后进生转化的对策

（一）爱心是教书育人的根本

教师爱学生应是无条件的。一位优秀的班主任必须具有一颗爱心，这是老生常谈，但也是老生“必”谈的问题。热爱学生是班主任工作的第一要素，后进生更需要教师的厚爱。

1. 尊重学生

后进生的心理状态往往是多疑、自卑、冷漠。其中最敏感的问题是教师能否对优秀生和后进生一视同仁，公平对待。爱默森说过：“教育成功的秘密在于尊重学生”。教师应该尊重学生的人格，尊重学生的劳动。对后进生尤应如此。

平时，学生处于受教育的地位，他们尊重教师是比较容易做到的。但作为教育者要尊重受教育者，就不一定每个教师都能做到。笔者在做学生思想工作中也曾出现过不尊重学生的现象，对学生的违纪行为只简单地加以批评，致使个别后进生故意与教师顶撞，抵制教师的说教，因此做后进生的工作很被动。一个偶然的机会使我慢慢改变了对后进生的态度。一次，笔者一个人正在篮球场练投球，这时三个“双差生”走过来，其中最高的小邝说：“老师，我们三个加入，我和你一组，他们俩一组进行比赛，好不好？”我说：“可以，不过输的一组要做5个俯卧撑，进5个球为一局。”他们同意了。第一局，我们赢了，他们主动做了5个俯卧撑；第二局，他们连进二个3分球，让他们领先，这时，小邝说：“我做10个俯卧撑，代老师做。”其他两个同学你看看我，我看看你，没有吱声。我说：“小邝，不行，愿赌受罚，这是游戏规则，也是对比赛对手的尊重，这才公平。”说完笔者就认真地做俯卧撑，才做到第三个，掌声就响起来了，这时小邝已做完，他边鼓掌边笑着说：“老师，您真棒……”

在教育学生时，作为教师要多站在学生的角度看问题，这样才能拉近师生之间的思想距离，才能相互信任、相互尊重，才能打开后进生因自卑、消极和抵触情绪而紧闭心灵的窗户，才能找到开启其心灵的钥匙。

2. 了解、理解学生

后进生经常受到不同程度的冷落和歧视，他们的心理活动存在很大程度的封闭性。作为班主任应以宽广的胸怀、诚恳的态度，通过网络聊天、课外活动等方式主动与后进生交朋友，从生活中的小事关心他们的身心健康，取得他们的信任，这样才有可能启开他们的心扉，倾听到他们的心声。

善于了解、理解学生心理是师爱的重要条件。了解是一种过程，需要教师付出艰苦的劳动。理解是一种心理反应，当学生觉得教师已经理解了他的时候，在他心灵上将更容易接受对他的要求。例如，在自习课上，班上的“打架大王”小郑在玩手机，当时笔者没有吱声，也没有没收他的手机，而是让他课后到教师办公室。在办公室小郑红着眼圈说：“老师，我上课玩手机的事请你不要告诉我父母！”原来，他的父母正为如何教育他的问题经常吵架，甚至闹离婚。他担心父母离婚，近段时间心情很差，他玩的手机是没有电话卡的，只是用作闹钟。听了小郑的话，笔者和他约定：玩手机的事不作处理，但以后不能再带回学校；两个星期之内不能迟到、上课不能趴台、不打架、准时交作业。如果都能做到，老师颁发一张“进步奖”奖状。两个星期后的班会课上，小郑高高兴兴地从班主任手中接过奖状……

了解、理解学生是做好教育工作的必要条件。教师和学生之间有了这种相互了解、理解，才能做到以情感人，以心育人。

（二）激发后进生的学习积极性

1. 善于鼓励学生

教学依赖于一种真诚的理解和信任的师生关系。教师一个宽容的微笑，一句体贴的话语，一个会意的眼神都能激发后进生巨大的学习动力。课堂上多投以他们赞赏的目光、真切的笑容和热情的表扬，让他们体验成功的喜悦，主动参与课堂教学活动，提高学习兴趣。

在教学中，笔者根据思想品德学科的特点，设置课前5分钟的“时事播报”。又根据后进生爱看电视、爱上网的特点，引导他们平时多看时政新闻，然后在新闻播报时间里，尽量让后进生上讲台播报他们在电视或网络上看到的时政新闻，提高他们在班上的“威望”，以激发他们的学习积极性。此外，笔者还正确利用考核这一手段，从“德、智、体、美、劳”多方面评价学生，在班上设立各种“进步奖”，如“劳动进步奖”、“美术进步奖”等，一个月进行一次评比，颁发奖状，让后进生分享进步的成果。在批改作业时，对后进生的评分（政治开卷评分）采用宜松不宜紧的方法，从而调动后进生的学习积极性。同时对字迹工整的试卷或作业要适当加分，并写上一两句鼓励性的评语，以激发后进生的上进心。

2. 善于抓住学生的闪光点

善于发现别人的长处是人的美德，教师善于发现学生优点是良好师德的具体体现。教育后进生，适当的批评、处罚都是必要的，但学生一有违纪就搬校规、班规，甚至向家长“告状”，这未必是好办法。如果教师能敏锐地捕捉后进生大大小小的闪光点，在批评后进生的缺点错误时，从表扬他的优良品行切入，采取“迂回战术”，这样做比直截了当的批评效果更好。

我国教育家陈鹤琴先生说：“积极的鼓励胜过消极的制裁，积极的暗示胜过消极的命令”。每个学生身上都存在着积极因素和消极因素，做教师就要像探测金矿一样，去寻找后进生身上的闪光点，如对成绩不好但劳动积极的学生，委以劳动重任，对画画好的可让其负责黑板报。并对其努力和成就加以肯定和赞美，燃起一把熊熊的情感之火，温暖他们那颗受伤的心。例如，一节政治开卷练习课，“双差生”小邹正在画画，做卡片，笔者当时拿起了他的卡片并举起来说：“同学们，看看这卡片做得多精致、卡片上的画画得多好看！”全班同学都不敢吭声，可能他们感觉这是“暴风雨”之前的平静。出乎意料，笔者拿起正在测试的试卷对全班同学说：“这试卷的最后一道漫画题《未来的龙舟赛》，因印刷的关系，同学们都看不清楚这漫画的内容，为了更好地完成这道题目，现在我们请小邹同学上黑板把这幅漫画画出来，然后我们一起分析、解答这道题，好不好？”话刚说完，教室里就响起了热烈的掌声。小邹同学的面部表情也放松了，带着一丝腼腆的微笑走到黑板前认真地画起来。不一会儿，一幅惟妙惟肖的漫画《未来的龙舟赛》画好了，这时课室里再次响起雷鸣般掌声……后进生何曾不想甩掉差生的帽子？他们只是自己意志薄弱，自制力不强，缺乏信心和勇气罢了，他们不需要疾言厉色般的说教，而是要和风细雨般的师爱。

（三）培养后进生良好的人格魅力

初中学生正处于长身体、长知识阶段，生理、心里等各方面都不成熟，极易受外界因素的影响。这时，如果后进生破罐子破摔，从书刊、报纸、电视、音像制品、网络等阅读和观看一些暴力、色情等不良信息，那就会严重危害他们的身心健康。因此，教师要从多角度引导后进生树立正确的人生观，懂得珍爱生命、珍惜自尊、自觉抵制不良诱惑，做一个合格公民。

首先，用身边的小事引导学生。生活本身就是一本活生生的教材，教师要善于利用身边的小事，特别是正面的事例，教育学生什么是应该做的，什么是不应该做的。

其次，让教材启迪学生的人格。在教学中，笔者利用思想品德这一学科的特点，注重挖掘教材的思想内涵，潜移默化中完善学生的人格。如九年级思想品德第二课《在承担责任中成长》的“热心公益 服务社会”这一教学内容，引导学生参加一些力所能及的公益活动：参加义务植树、清理社区“牛皮癣”、向居民宣传防火知识等，让后进生在参与公益活动的过程中完善自己的人格。

最后，对后进生要更多的肯定、表扬，引导他们养成乐观开朗、意志坚强、富有团队精神的好品质，让师爱与后进生结伴成长！

二、后进生转化的反思

（一）教师要有耐心

要想真正地转化一个后进生，光有爱还是不够的，还应有耐心。因为一个学生的坏习惯一旦形成，就很难改变。养成一个好习惯不容易，它是一个长期培养和积累的过程。因此一个后进生的转化不是一朝一夕的事情，也是一个循序渐进的过程。作为班主任就更要有耐心，俗话说：冰冻三尺非一日之寒。

（二）、教师要有乐观的心态

教育工作是复杂的，对于每一位教师来说，都不可能一帆风顺。这就需要具备成熟的理智感，正确的挫折观，积极的自我暗示，良好的情绪调控能力，以及合理的情绪排泄方式。这样，才能从容面对教育工作中的一切困难和挫折。

（三）教师要懂得“冷处理”

当后进生情绪冲动时，教师要冷静、稍作等待，避免师生间的正面冲突，减少紧张对立的情绪，以利于在处理问题时多一点理智，少一点冲动。

“人非草木，孰能无情”。后进生需要尊重、了解、鼓励，更需要教师的爱。套用一句流行话：“教师爱学生，学生爱教师；班主任给后进生一份情，后进生对班主任掏全心”。让“师爱”常在后进生的心中！

【参考文献】

【1】李洪标：《班主任工作“四激励”》，广东教育2005年版。

【2】李洪元、陆士杰：《后进生的心理特点与教育》，科学出版社1989年版。

【3】《班主任之友》2008、2009年版。

【4】刘步春：《他把树苗狠狠扔到我脚下》，《师道》2004年版。

【5】刘志奎：《班主任处理学生问题的几点思考，中小学德育研究》，2011年版。

【6】《义务教育课程标准实验教科书思想品德》，九年级全一册。

后　记

广州教育学会中学德育专委会理事长　陆小林

过去的一年，广州市中学德育专业委员会坚持以科学发展观为指导，本着引领、服务、创设条件的原则，根据市教育局、德育研究与指导中心、教育学会的部署和要求，在各区德育分会积极配合下组织学术交流，广泛开展形式多样的德育实践活动，探索德育规律，交流与总结我市中学德育的实践经验，反思学校德育存在的问题，展示我市中小学德育研究成果，为我市建设国家中心城市、综合性门户城市、区域文化教育中心、全省宜居城乡“首善之区”和幸福广州作出新的贡献。

为展示我市学校教育成果，我会今年继续开展了学术年会论文征集评选活动并出版了优秀论文集，为老师学习交流发挥其应有作用，使该集成为一本富于思想性、建设性、参考性和可读性的刊物。今年许多参赛论文都运用了现代教育基本理论指导实践和研究，有较强的针对性和推广价值。今年获奖的论文有几个主要的特点：研究成果具有较强的针对性，部分论文实显学校、专业、地域、性别等特色；德育研究深入到具体的技术操作层面，研究成果具有较强的普适性和操作性，较易推广和被借鉴；研究专业水平有所提高，不少研究专题的设计、过程、方法、统计分析等都比较规范；德育研究领域有所拓展，出现了一些新的研究领域。特别是近几年市中学德育研究会的新生力量，如增城市、从化市、白云区等论文进步较快，迅速拉近了与老城区中学研究水平的距离。从今年论文评选中已有一些较专业的研究成果，但数量不多，大多数论文还属于经验总结型，今后研究者应向专题设计、有长期跟踪、有较科学研究方法的行动研究型发展。与新区德育研究进步较快，水平提高幅度较大相比，老三区处于一种较难大幅度提高的“高原效应”状态，如何突破这种状态，取得新的更大的进步，有待老三区去研究。

广州教育学会中学德育专业委员会（中学德育研究会）在成立26年来，得到了广州市教育局和教育学会历届领导的支持和关爱，特别是局思想政治教育处和市教科所的领导和同志对专委会工作的关怀和指导，还有各区教育局领导对专委会工作的支持。在此深表感谢！

最后代表专委会再次感谢《少男少女》杂志社为本书的出版做了许多的具体工作。

本文集所收集的文章，由于时间仓促，在编审过程中难免有许多不足之处，恳请领导、专家与会员给予批评指正。

广州教育学会中学德育专委会理事长　陆小林

（广州市中学德育研究会）

2012年7月3日